청소년의 정치사회화

[현대정치연구소 SSK 총서 1]
청소년의 정치사회화: 새로운 유권자가 온다

인　쇄 | 2025년 3월 24일
발　행 | 2025년 3월 30일
편저자 | 이현우
발행인 | 천명애
발행처 | 도서출판 오름
등록번호 | 제2-1548호 (1993.5.11)
주　소 | 서울특별시 강서구 화곡로31다길 20
전　화 | (02) 585-9123
E-mail | oruem9123@naver.com

ISBN　978-89-7778-530-4　93340

* 값은 뒤표지에 있습니다.

본 저서는 2022년 대한민국 교육부와 한국연구재단의 지원을 받아 수행된 연구임(NRF-2022S1A3A2A02090384).

현대정치연구소 SSK 총서 1

청소년의 정치사회화

새로운 유권자가 온다

이현우 편저   하상응 이현우 조영호 김태심 김해나

Political Socialization of Adolescents: Here Come the Future Voters

Hyeon-Woo Lee (ed.)

Shang E Ha · Hyeon-Woo Lee · Youngho Cho · Taesim Kim · Hannah June Kim

ORUEM Publishing House
Seoul, Korea
2025

책을 펴내며

한국정치의 갈등 수준은 매우 심각하다. 한국정치를 설명하기 위해 양극화, 혐오, 배제, 포퓰리즘, 팬덤 정치 등과 같은 사회심리학적 개념들이 동원되고 있다. 유감스럽게도 정치학자와 평론가들은 정치 양극화의 심각성을 묘사하는 데 주력할 뿐이며, 왜 그러한 현상이 발생하게 되었는지의 원인 규명과 심화 과정에 대해서는 상대적으로 관심이 높지 않다.

이 책의 저자들은 다양한 시각을 통해 한국 정치 양극화의 심화기원을 청소년들의 정치사회화 과정에서 찾아보고 있다. 한국 청소년들의 정치사회화는 '양극화된 사회화polarized socialization'로 정의 내릴 수 있다. 저자들은 유권자로서 한 표를 행사하기 이전인 청소년기에 이미 정치 현안에 대한 극단적인 태도를 내재화한다는 것에 주목한다. 아울러 청소년들의 정치 양극화 원인으로 가정 및 또래 집단 내의 정치 관련 토론과 사회경제적 계급성에 관심을 두고 있다.

일인 미디어 및 '정파성을 띤 미디어partisan media'의 영향력이 지배적인 현재의 한국 사회에서 정치 현안, 정당, 정치인 관련된 편향된 정보가 가정과 학교에서 쉽게 유통되는데, 이러한 정보들은 '정치 세련도political sophistication'가 상대적으로 낮은 청소년들의 정치관 형성에 큰 영향을 미치게 된다. 또한 최근 청소년들은 경제적 지위에 민감해져 친구 부모의 직업을 따지고 어느 아파트에 자가 혹은 전세로 사는가를 구분하는데, 이러한 계층 계급성이 청소년들의 정치 태도에 영향을 미치는 것으로 나타난다.

선거권 및 피선거권이 고등학생 연령까지 낮춰진 민주주의 국가에서는 청소년의 정치행태를 연구한 성과가 축적되고 있다. 한국에서는 불과 몇 년 전까지만 해도 만 19세부터 투표를 할 수 있었을 정도로 제한된 선거법을 유지하고 있었기 때문에 청소년을 대상으로 한 정치학 연구는 사실상 존재하지 않는다. 그런데 2021년 공직선거법 및 2022년 정당법 개정으로 피선거권 연령은 만 18세로, 정당 가입 연령은 만 16세로 하향 조정되었다. 구체적으로 공직선거법 제16조 2항과 3항은 만 18세 이상의 국민에게 국회의원, 지방의회의원, 지방자치단체장의 피선거권이 있음을 규정하고 있고, 정당법 제22조 1항은 만 16세 이상의 국민이 정당의 발기인 및 당원이 될 수 있다고 규정하고 있다.

이처럼 관련 법 개정이 이루어진 상황에서 과거에 관심 대상이 아니었던 고등학생의 정치행태에 관한 연구의 필요성이 제기된다. 1987년 이후 지금까지 축적된 정치 관련 설문조사에서 줄곧 배제되었던 청소년들의 목소리를 담을 수 있는 법적 근거가 마련된 것이다. 고등학생이 정당활동을 할 수 있고, 고등학교 3학년의 경우 선거권과 피선거권까지 갖는 법적 요건이 변화되면서 이들을 대상으로 한 정치 분야 연구가 필요한 시점이다. 이에 필자들은 만 16~18세의 고등학생 표본을 구축하여 그들의 정치행태를 분석하였다.

연구를 위한 설문조사 대상은 고등학교 1, 2학년 청소년과 20~25세의 청년 집단이다. 먼저 청소년 집단 조사를 설명하면, 2024년 1월 현재 서울 소재 고등학교 1, 2학년에 재학 중인 학생들을 모집단으로 실시되었다. 표본의 크기는 1,058명이며, 표본추출은 교육청 교육통계 '학교일람표'의 권역(5개)/학교유형/학년/성별 구성비에 따라 비례 할당한 후 무작위 추출하였다. 그리고 조사 완료 후 학생 현황에 따라 림가중을 부여하였다. 조사를 위한 표집 틀은 SKT 가입자 리스트와 한국리서치가 보유한 응답 패널을 사용하였다. 따라서 무작위 추출을 전제할 경우, 95% 신뢰수준에서 최대 허용 표집오차는 ±3.0%p가 된다. 설문조사는 모바일을 활용한 웹 조사로 진행되었고, 조사 기간은 2024년 1월 11일부터 1월 26일까지다.

한편, 청소년 설문 결과와 비교하기 위한 청년 집단 조사는 서울 소재 고등학교를 졸업했으며, 현재 서울에 거주하는 2024년 1월 기준 20세에서 25세까지 남녀를 대상으로 하였다. 표본크기는 1,026명이다. 표본추출은 행정안전부가 제공하는 '주민등록인구현황'에 따라 권역(5개)/성별/연령별 인구구성비에 따라 비례 할당한 후 무작위 추출 방식을 사용하였다. 표집 틀은 청소년 조사와 마찬가지로 SKT 가입자 리스드와 한국리서치 보유의 응답자 패널을 사용하였다. 따라서 무작위 추출을 전제할 경우에 95% 신뢰수준에서 최대 허용 표집오차는 ±3.0%p가 된다. 설문조사는 모바일을 활용한 웹 조사이며, 조사 기간은 2024년 1월 19일부터 2월 3일이다. 설문지는 집필진이 직접 구성하였으며 연구자들이 연구 주제에 필요한 설문 문항을 기존 연구에서 사용한 설문 문항을 참조하여 작성하였다.

이 책의 구성을 설명하면, 1장에서는 청소년의 정치사회화 과정의 기본이 되는 정보 획득 경로와 네트워크를 중심으로 다루고 있다. 청년뿐 아니라 청소년도 오프라인에서 정치 관련 토론을 하는 것이 확인되며, 정치적 관심이나 정치지식이 많은 청소년들의 가족 중심의 토론이 활발하다는 것을 알 수 있다. 그뿐만 아니라 청소년의 정치이념도 토론 활동과 관련이 있는데, 보수 성향이 강할수록 정치 토론 네트워크의 크기가 작다는 발견도 흥미롭다.

향후 토론 참여라는 행위 단위의 분석과 아울러 토론 내용이 어떤 것인지에 대한 심도 있는 연구를 과제로 제시하고 있다.

2장은 젠더갈등을 주제로 다루고 있다. 청년층에서 두드러지고 선거에서 투표 결정에 영향을 미치는 것으로 확인된 젠더갈등이 청소년에서도 나타나는지를 확인하였다. 분석 결과를 보면 고전적 성차별주의에서는 남녀 청소년 모두 부정적 견해가 많았다. 하지만 현대적 성차별주의에 대해서는 청소년 남성과 여성의 의견이 크게 갈리고 있다. 청소년 남성은 여성도 군복무 의무를 져야 한다는 입장이 64.4%로 다수다. 이에 대한 청소년 여성의 동의는 33%에 그치고 있다. 또한 양성평등이 여성에 대한 특혜라는 주장에 대해 남성의 53.7%가 긍정답변을 했지만 여성 중에는 24%만이 동의하고 있다. 청년층과 마찬가지로 청소년에서도 성별에 따른 갈등이슈가 유사하게 존재하는 것이 확인되었다. 그렇다면 청년의 젠더갈등은 이미 고교 시절부터 존재한 것이라는 것이 확인된다.

3장은 청소년의 탈물질적 가치 성향에 대한 연구를 담고 있다. 경험 연구를 통해 청소년들은 탈물질주의보다 물질주의적 성향이 강한 것으로 나타났다. 일반적으로 물질적 풍요가 일상화된 젊은 세대에서 기성세대보다 탈물질주의가 더 확산되어 있을 것으로 추측되지만 조사 결과는 이와 달랐다. 청소년의 5%만이 탈물질주의 성향을 보이며 물질주의와 혼합주의가 각각 40%와 55%를 차지하고 있다. 물질주의 성향은 강남 3구에 거주하는 경우와 주관적 계층의식이 낮을 때 그리고 이념적으로 진보적일수록 강하게 나타나는 것으로 확인되었다. 마지막으로 탈물질주의 성향이 강할수록 국내 거주 외국인에 대한 관용성이 높은 것으로 나타났다.

4장에서는 청소년의 복지국가에 대한 태도를 분석하였다. 현대국가가 복지국가로 특징지어지는 만큼 미래를 책임질 청소년의 복지국가에 대한 인식은 중요한 연구 주제가 된다. 연구 내용을 살펴보면 복지국가의 역할에 대해 강한 긍정적 태도를 보이고 있다. 청소년 중 70% 정도가 부의 재분배에 대한 국가의 역할이 중요하다고 생각한다. 성별로 보면 청소년 남성보다는 여성이 재분배에 대한 지지가 더 강하며, 이는 선별 복지와 보편 복지에 대해서도 동일하게 나타난다. 또한 이념적으로 진보적 성향의 청소년들이 복지국가에 대한 지지가 강하다. 주관적 계층의식에 따라서도 복지국가에 대한 선호가 차별적인데 자신을 저소득층으로 인식하는 청소년 응답자에서 복지국가의 역할에 대한 강한 지지가 뚜렷하게 나타난다. 하지만 부모의 교육수준은 응답자의 복지국가 인식에는 영향을 미치지 않는 것으로 확인된다.

5장에서는 외국인에 대한 청소년의 평가를 살피고 있다. 대상이 되는 외국인은 결혼이주여성, 다문화가정 자녀, 외국인 노동자, 조선족 그리고 북한이탈 주민이다. 이들 중 조선족에 대한 긍정 인식이 가장 낮으며 결혼이주여성에 대한 인식이 가장 긍정적이다. 조선족에 대한 긍정 평가 점수는 25.3점으로 매우 낮은 것과 달리 다른 4개의 외국인 집단에 대해서는 모두 평균 점수가 50점을 넘는다. 특히 청소년들은 청년에 비해 다문화가정 자녀에 대한 호감도가 상대적으로 높은 것을 볼 수 있다. 외국인집단을 평가하는 데 중요하게 영향을 미치는 요인을 분석한 결과, 한국 경제에 도움이 되는지, 사회발전에 기여하는지 등이 중요한 변수가 된다는 것을 확인하였다. 외국인에 대한 태도는 그들이 한국 사회에 기여할지에 대한 판단에 크게 영향을 받는다.

이번 청소년 대상 설문조사는 본 연구서를 위한 자료에 국한되는 것이 아니다. 이 책에 참여한 저자들은 한국연구재단이 지원하는 사회과학연구(SSK) 지원사업으로 선정된 서강대학교 현대정치연구소의 '양극화된 사회화: 한국 청소년의 정치행태 연구'의 연구진이다(과제번호 2022S1A3A2A02090384). 이 지원사업은 2022년부터 10년간 진행되는 장기 프로젝트다. 그리고 이번 조사는 패널로 구성될 본조사를 위한 예비조사로 시행된 것이다. 이러한 예비조사는 설문 문항들의 타당성과 추가해야 할 설문 등을 파악하는 것을 목적으로 한다. 이번 조사는 사전조사이므로 조사 지역을 서울에 한정하였다.

본격적인 패널조사panel survey로 실시되는 차기 조사부터는 전국 단위의 청소년 조사로 이뤄지며 동일한 응답자들을 매년 조사하는 방식으로 수행될 것이다. 이 연구는 청소년들의 정치 양극화 경향성을 경험적으로 확인하는 작업에 그치지 않는다. 청소년들이 우리의 예상보다 극단적인 정치관을 가지고 있다고 해도, 다양한 정치 현안에 대한 지식과 관심이 부족한 채로 유권자 집단에 편입되고 교육을 받기 때문에, 다른 세대에 비해 상내석으로 정치 태도의 변화 가능성이 높을 것이다. 따라서 청소년들이 유권자가 되기 전, 유권자가 된 직후, 그리고 몇 번의 선거운동에 노출된 후 변화를 시계열적으로 추적하는 작업이 양극화에 대한 처방을 제안하는 데 필수적으로 요구된다. 따라서 이 연구는 고등학생을 대상으로 한 종단자료longitudinal data 구축을 통해 정치 양극화의 원인과 그에 대처하기 위한 처방을 모색하게 된다.

이 연구가 벤치마킹하는 연구는 '벨기에 정치 패널 연구Belgian Political Panel Survey, BPPS, 2006-2011'이다. 벨기에의 루뱅대학교Université Catholique de Louvain 정치연구소에서 수행된 이 연구는 만 16세에서 18세 청소년을 대상으로 패널 설문을 구축하여 진행하였다. 2006년 약 6,300여 명의 만 16세 청소년을 대상으로 일차 설문조사를 수행하였고, 2년 후인 2008년 만 18세가 된 이들을 재차 접촉하여 이차 설문조사를 수행하였다. 이후 2006년부터 접촉한 응답자와 새로운 응답자들을 추가하여 2011년까지 추가적인 연구가 수행되었다. 이 패널 자료를 활용하여 수많은 논문들이 출판되었다. 이 연구는 정치사회화 관련 다른 연구들과 달리 청소년만을 대상으로 패널조사를 했다는 특징을 갖는다.

이 외에도 정치사회화 분야에서 가장 잘 알려진 미국의 '아이-부모 사회화 패널 연구Youth-Parent Socialization Panel Study'도 본조사에서 참조한다. 이 연구는 1965년에 시작하여, 1973년, 1982년, 그리고 1997년에 동일한 표본을 재접촉하여 설문을 수행한 패널 자료이다. 한 가정의 아이와 부모를 모두 설문에 응하게 했다는 점과 무려 30여 년에 이르는 긴 패널을 유지했다는 점에서 인상 깊을 뿐만 아니라 영향력도 큰 연구이다. 이 패널 자료를 활용한 연구들은 아직도 정치사회화, 정치이념, 정치행태 연구에서 빈번히 인용되고 있다.

본 연구의 목적은 청소년을 대상으로 장기적 패널조사를 실시하여 응답자들의 정치사회화 과정을 추적하고 분석하는 것이다. 이번 연구서는 예비조사 결과를 담고 있지만, 앞으로 패널조사 결과가 누적되고 이에 대한 분석이 이루어지면서 한국 청소년의 정치사회화 과정에 대한 정확한 사실과 주요 요인들이 밝혀질 것으로 기대한다.

2025년 3월 이현우

차례

• 책을 펴내며_이현우 / 5

1장 청소년과 청년들은 누구와 정치토론을 하는가? ····· 하상응 / 19

  Ⅰ. 들어가며　20
  Ⅱ. 정치토론 네트워크　24
    1. 정치토론 네트워크의 크기　25
    2. 정치토론 네트워크의 구성　39
  Ⅲ. 정리 및 제언　47
    1. 결과 요약　47
    2. 시사점 및 제언　50

2장 청소년의 젠더갈등과 사회인식 ····················· 이현우 / 57

  Ⅰ. 서론　58
  Ⅱ. 젠더갈등에 관한 기존 연구　60
  Ⅲ. 청소년의 의사소통과 정치적 이념　68
  Ⅳ. 청소년의 성차별 인식　72
  Ⅴ. 청소년과 청년의 성차별 인식 차이와 비교　80
  Ⅵ. 정치이념과 성차별주의 태도　84
  Ⅶ. 청소년의 성별 사회평가　86
  Ⅷ. 이성 호오도와 능력주의　92
  Ⅸ. 요약 및 함의　99

3장 한국 청소년들의 물질주의와 탈물질주의 가치 ···· 조영호 / 105

Ⅰ. 서론 106
Ⅱ. 이론적 배경 111
Ⅲ. 연구전략: 자료와 측정치 124
Ⅳ. 분석 결과 125
  1. 기술통계 분석 127
  2. 추론통계 분석 138
Ⅴ. 논의와 결론 148

4장 복지국가의 역할에 대한 태도 ················· 김태일 / 155

Ⅰ. 서론 156
Ⅱ. 집단별 복지국가의 역할에 대한 태도 분포 158
  1. 인구통계학적 분류 158
  2. 이념과 자기이익 165
  3. 청년의 경제활동 및 사회활동 경험 169
  4. 학교 교육의 영향 172
  5. 가정의 영향 179
Ⅲ. 결론 185

5장 Between Generation and Gender: A Comparison of Attitudes toward Foreigner Groups in South Korea
(외국인에 대한 태도) ················· 김해나 / 189

[국문 요약] 190
Ⅰ. Introduction 193

Ⅱ. Who is a "Foreigner" in South Korea?　197
Ⅲ. Sentiment toward Different Foreigner Groups Overall and by Gender　202
Ⅳ. Youth Attitudes toward Different Foreigner Groups　205
　1. Intergenerational Differences in Sentiment Towards Foreigners　210
　2. Predictors among Korean Youth and Adult Populations: The Effects of Generation and Gender　212
Ⅴ. Conclusion　216

[부록1] 청소년 정치인식 조사 / 229
[부록2] 청소년 정치인식 조사 결과 / 259
　　　조사 결과표 목차 / 응답자 분포 / 조사 결과표

1장 청소년과 청년들은 누구와 정치토론을 하는가?

하상응 • 서강대학교 정치외교학과

Ⅰ. 들어가며
Ⅱ. 정치토론 네트워크
   1. 정치토론 네트워크의 크기
   2. 정치토론 네트워크의 구성
Ⅲ. 정리 및 제언
   1. 결과 요약
   2. 시사 및 제언
참고문헌

[핵심어]

정치토론　　정치관심　　정치이념　　정치지식　　정치사회화
정파적 편향　확증편향　　환경결정론　양극화

I. 들어가며

민주주의 정치체제를 안정적으로 운영하기 위해서는 선거제도가 원활하게 작동되어야 한다. 민주주의의 핵심은 일반 국민들의 의견을 대변하는 대표들이 선거를 통해 선출되어 입법 및 정책 결정 과정에 투입되는 메커니즘이다. 이미 존재하는 법을 강제하는 행정부 혹은 기존 법의 의미를 해석하는 사법부가 민주주의의 기반이라고 볼 수는 없다. 없던 법을 만들고 이미 존재하는 법을 대체하는 법을 새로 제정하는 입법부가 민의를 반영하여 작동하느냐 여부가 민주주의 국가와 권위주의 국가를 나누는 가장 간단하고도 중요한 기준이 된다.

　　이상적인 입법부 구성을 위해서는 일반 유권자들이 정치 관련 정보를 충실히 습득하고 소화한 후, 국가의 이익에 부합하는 공약을 내세운 후보를 선택하여 민의를 대변하게 할 필요가 있다.

하지만 현실에서 이러한 이상적인 유권자를 찾기는 어렵다. 대부분의 유권자들은 중요한 정치현안에 대해 잘 알고 있지 못하고(잘 모르는 유권자uninformed voters), 이미 형성된 자신의 정파적 시각 때문에 정보를 객관적으로 처리하지 못하며(합리화하는 유권자rationalizing voters), 심지어 잘못된 정보를 수용하는 경향을 보인다(잘못 알고 있는 유권자misinformed voters). 정당·정치인·언론도 이러한 문제를 해결하기는커녕 오히려 정파적 편향partisan bias과 가짜뉴스를 부추겨 자신의 이익을 추가하는 경우가 흔하다. 한때 비합리적인 유권자들의 의견이 모여 하나의 집합을 형성하면 그것은 비교적 합리적이라는 논의가 받아들여진 적도 있다(Page and Shapiro 2010). 지금은 아니다. 비합리적인 유권자들의 의견이 임의로 배분된 것이 아니라, 특정 정당 혹은 정치인에 대한 맹목적인 지지로 묶여 움직이고, 정치인들 역시 자신과 가까운 유권자들의 의견에만 귀를 기울이기 때문에 극단적인 목소리가 강화되어 양극화polarization가 심화되는 상황이 진행 중이다.

  이 맥락에서 주목해야 할 지점은 유권자의 정치적 의견 형성이 독방에서 진행되지 않는다는 사실이다. 일반 유권자 개인은 정치 관련 정보를 독립적으로 생산하거나 얻을 수 없다. 주로 언론 매체를 통해 정보를 습득하는 것이 일반적이다. 과거에는 신문과 방송을 통해 주로 정보를 얻었지만, 미디어 환경이 급변한 지금에는 유튜브를 비롯한 다양한 매체를 통해 정치 관련 정보를 얻는다. 그런데 정치 관련 정보의 경중과 진위 여부 등을 판단하고 점검할 기제가 사라진 상황이기 때문에, 과거에 비해 지금 유권자들이 더 많은 양의 정보에 노출됨에도 더욱 쉽게 편향과 오류에 빠지는 현상을 확인할 수 있다. 이미 정치적 입장이 결정된 유권자들은 자신의 이념 성향 혹은 정책 입장을 색안경으로 사용하여 자신이 노출된 정보를 재단한다. 일차적으로 자신의 입장과 일치하는 정보만을 찾아다니는 확증편향confirmation bias, 그 다음으로는 자신의 입장과 배치되는 정보를 배척하는 비확증편향disconfirmation bias이 활성화된다(Lodge and Taber 2013).

    매체를 통해 정치 관련 정보를 접하는 것만큼 중요한 것이 사람들과의 대화를 통해 의견을 교환하는 행위다. 정치 현안을 놓고 다른 사람과 토론하는 과정에서 더 풍부하고 정확한 정부를 얻을 수도 있기 때문이다(Huckfeldt et al. 2004). 때로는 자신의 입장과 유사한 입장을 취하는 사람과의 토론을 통해 정치 정보를 더 세련되게 다듬을 수 있다. 혹은 자신의 입장과 다른 입장을 취하는 사람과의 토론을 통해 새로운 시각을 접할 수 있다(Mutz 2006). 한 유권자가 의도적으로 다양한 매체를 통해 정보를 접하고, 다양한 시각의 사람들과의 토론을 통해 의견을 정리하는 작업을 수행할 수는 없다. 그렇기 때문에 한 유권자가 특정 정치 현안에 대해 어떠한 입장을 갖고 있는지를 파악하기 위해서는 어떤 매체를 사용하여 정보를 접하고, 누구와 토론하는지를 확인하는 작업이 필요하다. 최근 심화된 정치 양극화의 원인을 유권자의 정보 편식, 즉 자신의 입장과 일치하는 정보만을 제공하는 매체를 사용하고, 자신의 입장과 일치하는 의견을 제시하는 사람하고만 대화를 나누는 현상에서 찾는 연구들은 이미 많이 축적되어 있다

(Druckman et al 2018).

    이 장은 한국 청소년(고등학교 1학년과 2학년)의 정치 관련 정보 습득과정에 주목한다. 최근 공직선거법과 정당법 개정을 통해 투표권, 피선거권, 정당 가입 자격이 주어진 청소년의 정치행태에 대한 연구는 거의 존재하지 않는다. 고등학교 1학년과 2학년은 아직 투표권과 피선거권이 주어지지 않긴 하지만, 정당 가입이 가능한 연령이기 때문에 그들의 정치 관련 정보 습득 현황을 살펴볼 필요가 있다. 정치사회화political socialization 분야의 고전적인 연구에 따르면 가정에서 부모와 자식 간의 대화가 정치 관련 견해의 형성에 중요하다. 후속 작업들은 가정뿐 아니라 학교 혹은 직장에서 친구 및 동료 간 대화를 통해 형성되는 의견도 상당함을 보여주고 있다. 정치사회화 연구는 기본적으로 환경결정론environmental determinism을 전제로 하고 있다. 갓 태어난 인간을 백지상태tabula rasa로 가정한 후, 어렸을 때 가족 구성원과의 대화, 집안의 분위기, 학교 혹은 직장에서 동료들과의 상호작용, 성인기에 겪는 정치 경험들이 어떻게 안정적이고 지속적인 정치관을 형성하는 데에 기여하는지를 살펴보기 때문이다. 정치사회화 분과는 1960년대 미국에서 유권자의 정치이념(보수-진보) 형성 과정을 살펴보는 연구로부터 시작되었다(Jennings and Niemi 1974; 1981). 막 투표를 하게 된 10대 말 청소년들과 그들의 부모 간 지지하는 정당의 일치 정도가 크다는 사실을 보고한 일련의 연구가 출발점이다. 넓게 보아 정치사회화 연구와 맞닿아 있는 분석을 수행하는 이 장에서는 청소년의 정치 의견 형성 과정을 살펴보기 위한 예비 작업의 일환으로, 오프라인 대면 접촉을 통한 정치토론의 특성을 탐색해 본다. 앞 장에서 기술된 온라인 설문조사를 활용하여 분석하였고, 비교를 위해 서울에 거주하는 청소년 표본(2005~2008년생, 1,058명)과 청년 표본(1999~2004년생, 1,026명)을 모두 사용하였다.

II. 정치토론 네트워크

유권자의 정치적 견해 형성 과정에 영향을 미치는 정치토론의 특성을 살펴보기 위해선 일반적으로 다음의 두 가지 질문을 던진다. (1)얼마나 많은 사람과 정치토론을 하는가? 그리고 (2)누구와 정치토론을 하는가? 첫 번째 질문은 유권자 개인의 정치토론 네트워크political discussion network의 크기를 확인하기 위한 질문이다(Marsden 1987). 정치 현안이 민감한 대화 주제이기 때문에 의도적으로 회피하는 사람이 있을 수도 있고, 반대로 활발하게 주위 사람과 정치토론을 하는 사람도 있다. 평균적으로 정치토론을 활발히 하는 유권자가 그렇지 않은 유권자에 비해 정치 현안에 대해 정확하고 풍부한 정보를 습득할 가능성이 높고, 정치과정에 적극적으로 참여할 가능성도 높다.

두 번째 질문은 기본적으로 정치토론에서 얼마나 다양한 의견이 제시되는지를 보기 위한 방편이다. 정치토론을 활발히 한다고 해도, 토론 대상이 자신과 동일한 사회인구학적 배경이나 정치적 견해를 갖고 있는 사람들이라면 다양한 정보에 노출되기 어렵다. 따라서 누구와 정치토론을 하는지를 살펴봄으로써 세대, 성별, 학력, 정치이념(보수-진보) 등을 기준으로 한 다양성을 간접적으로 파악할 수 있다. 이 장에서는 설문조사에 담긴 정보를 이용하여 청소년(과 청년)의 정치토론 네트워크의 크기를 파악하고, 이어서 가족 혹은 친구 중 누구와 더 많이 정치토론을 하는지를 살펴본다.

1. 정치토론 네트워크의 크기

우선 정치토론 네트워크의 크기를 살펴보기 위해 다음의 질문에 대한 답을 살펴본다. 응답범주는 "없다", "1명", "2명", "3명 이상"으로 제시되었다.

> 귀하는 지난 1년 동안 가족을 포함해서 몇 명과 정치에 대한 이야기를 나누셨습니까? 온라인(예: 인터넷 커뮤니티 등) 상에서의 대화는 제외하고 응답해 주십시오.

〈표 1〉은 이 질문에 대한 답의 분포를 보여준다. 우선 눈에 띄는 결과는 전체 1,058명의 청소년 표본에서 약 30%가 정치토론은 아무하고도 하지 않는다고 답한 반면, 그 비율이 청년 표본(전체 1,026명)에서는 약 24%에 이른다는 점이다. 한편 3명 이상과 정치 관련 토론을 한다고 응답한 비율은 청소년에게서 약 31%, 청년에게서 약 33%로 확인된다. 청소년 10명 중 7명이 정치토론을 오프라인에서 누군가와 하고 있다는 사실은 고무적이다. 그러나

대학 혹은 사회로 진출한 청년에 비해서는 상대적으로 그 정도가 낮은 점도 주목해야 한다. 카이스퀘어 검정 결과[$X2(3)$= 9.80; p=0.02] 이 두 집단의 정치토론 네트워크 크기의 차이는 통계적으로 유의미함을 알 수 있다.

〈표 1〉 정치토론 네트워크의 크기

	청소년 (2005~2008년생)	청년 (1999~2004년생)
없다	30.25 (320)	24.17 (248)
1명	16.82 (178)	18.81 (193)
2명	22.21 (235)	24.07 (247)
3명 이상	30.72 (325)	32.94 (338)
총계	100.00 (1,058)	100.00 (1,026)

$X^2(3)$= 9.80; p=0.02
열(column) 기준 % 기입, 괄호 안에는 응답자 수

다음으로 정치토론 네트워크의 크기가 어떤 요인에 의해 결정되는지를 보기 위한 작업을 수행한다. 〈표 2〉는 정치관심도 political interest 기준으로 나누어 본 결과를 보여준다. 정치관심도를 측정하기 위한 설문 문항은 "귀하는 정치에 얼마나 관심이 있으십니까"라는 질문으로 구성했고, 이에 대한 응답 범주는 "매우 관심있다", "조금 관심있다", "별로 관심없다", "전혀 관심없다"와 같이 네 개로 구성하였다. 이중에서 "매우 관심있다" 혹은 "조금 관심있

다"로 답한 응답자를 하나의 집단으로, "별로 관심없다" 혹은 "전혀 관심없다"로 답한 응답자를 또 다른 집단으로 묶어서 결과를 확인하였다.

예상대로 정치관심이 높은 집단에 속한 응답자들이 더 활발히 정치토론을 하는 것을 확인할 수 있다. 청소년 표본의 경우 정치에 관심을 갖고 있는 응답자의 약 46%가 3명 이상과 오프라인에서 토론하는 반면, 정치에 관심이 없는 응답자의 약 16%만 그러한 태도를 보이고 있다. 청년 표본에서도 유사한 결과를 확인할 수 있다. 3명 이상과 토론하는 응답자의 비율은 정치관심이 낮은 집단에서 약 19%, 높은 집단에서 약 46%로 확인된다. 청소년 표본[$X^2(3)$= 186.38; p=0.00]과 청년 표본[$X^2(3)$= 160.22; p=0.00] 모두에서 이러한 집단 간 차이는 통계적으로 유의미하다. 하지만 정치에 대한 관심이 많아서 정치토론을 활발히 하는 것인지, 아니면 정치토론을 하다 보니 정치에 대한 관심이 늘어난 것인지를 구분할 수는 없다. 설문조사라는 관찰자료observational data의 특성 때문에 실험자료와 달리 인과관계causality는 규명하지 못하고 상관관계correlation만 확인할 수 있기 때문이다.

〈표 2〉 정치토론 네트워크의 크기: 정치관심도

	청소년 (2005~2008년생)		청년 (1999~2004년생)	
	낮음	높음	낮음	높음
없다	46.20 (249)	13.68 (71)	39.55 (195)	9.94 (53)

	청소년 (2005~2008년생)		청년 (1999~2004년생)	
1명	19.85 (107)	13.68 (71)	21.70 (107)	16.14 (86)
2명	18.18 (98)	26.40 (137)	19.68 (97)	28.14 (150)
3명 이상	15.77 (85)	46.24 (240)	19.07 (94)	45.78 (244)
총계	100.00 (539)	100.00 (519)	100.00 (493)	100.00 (533)
	$X^2(3)$= 186.38; p=0.00		$X^2(3)$= 160.22; p=0.00	
열(column) 기준 % 기입, 괄호 안에는 응답자 수				

〈표 3〉은 정치이념 political ideology 을 기준으로 했을 때 확인되는 집단 간 차이를 보여준다. 정치이념은 "사람들은 자신의 정치성향을 보통 진보와 보수로 구분합니다. 0부터 10까지 눈금 중에서 귀하는 본인이 어디에 속한다고 생각하십니까? 0은 '매우 진보'를 나타내며, 10은 '매우 보수'를 나타냅니다"라는 질문에 의거하여 11점 척도로 측정하였다. 이중에서 가장 많은 응답자들이 선택한 5를 "중도"로 구분하고, 0에서 4까지를 "진보", 6에서 10까지를 "보수"로 재구성하여 분석하였다. 〈표 3〉에서 우선적으로 확인해야 하는 결과는 중도와 진보 혹은 보수 간 차이다. 진보 혹은 보수에 비해 중도에 속한 응답자들은 상대적으로 정치토론 네트워크의 크기가 작다. 청소년 표본의 경우 중도 성향 응답자의 약 38%가 아무와도 정치토론을 하지 않는다고 답하고 있다. 청년 표본에서도 중도 성향 응답자의 약 39%가 그러한 태도를 보인다. 이는 진보 혹은 보수 성향 응답자 중 정치토론을 하지 않는다고 답한

비율보다 크게 높은 수치다. 반대로 중도 성향 응답자는 3명 이상과 오프라인에서 정치토론을 한다고 답하는 비율이 진보 혹은 보수 성향 응답자에 비해 상대적으로 낮다.

또 한 가지 흥미로운 결과는 보수 성향 응답자에 비해 진보 성향 응답자가 상대적으로 더 활발히 정치토론을 하고 있다는 점이다. 이러한 현상은 청소년 표본과 청년 표본 모두에서 확인되나, 청년 표본에서 더욱 두드러지게 나타난다. 예를 들어 3명 이상과 오프라인에서 정치토론을 한다고 답한 진보 성향 청년 응답자의 비율(약 44%)과 보수 성향 청년 응답자의 비율(약 34%)의 차이가 약 10%포인트에 달한다. 전체적으로 〈표 3〉에 제시된 결과의 집단 별 차이는 통계적으로 유의미하다.

〈표 3〉 정치토론 네트워크의 크기: 정치이념

	청소년 (2005~2008년생)			청년 (1999~2004년생)		
	진보	중도	보수	진보	중도	보수
없다	19.93 (59)	37.68 (211)	24.75 (50)	12.69 (50)	38.80 (149)	19.76 (49)
1명	16.75 (49)	17.14 (96)	16.34 (33)	15.23 (60)	19.27 (74)	23.79 (59)
2명	22.30 (66)	22.14 (124)	22.28 (45)	27.92 (110)	21.09 (81)	22.58 (56)
3명 이상	41.22 (122)	23.04 (129)	36.63 (74)	44.16 (174)	20.83 (80)	33.87 (84)
총계	100.00 (296)	100.00 (560)	100.00 (202)	100.00 (394)	100.00 (384)	100.00 (248)
	$X^2(6)=46.41$; p=0.00			$X^2(6)= 99.77$; p=0.00		

열(column) 기준 % 기입, 괄호 안에는 응답자 수

다음으로 정치지식 political knowledge 기준집단별 차이를 살펴본다. 정치지식은 다음의 다섯 문항을 물어서 얻은 답에 근거하여 측정하였다. 다섯 문항 모두 정답(굵은 글씨로 표시)이 있는 문항이다. (1)현재 우리나라 국회의원의 총 의석수는 몇 명입니까? (100명, 200명, **300명**, 400명, 500명), (2)현재 우리나라 대통령의 임기는 몇 년입니까? (3년, 4년, **5년**, 6년 7년), (3)다음 중 대통령의 탄핵을 최종 결정하는 기구는 어디입니까? (국회, 대법원, **헌법재판소**, 중앙선거관리위원회), (4)다음 중 현재 존재하지 않는 정당은 무엇입니까? (더불어민주당, 국민의힘, 정의당, 기본소득당, **통합진보당**), (5)다음 중 선출직 공무원, 즉 선거로 선출되는 공무원은 누구입니까? (감사원장, 대법원장, 중앙선거관리위원회장, **서울시교육감**, 헌법재판소장). 이중에서 정답을 맞춘 개수가 0에서 2인 응답자를 하나로 묶고, 3에서 5인 응답자를 또 다른 집단으로 묶어서 분석을 진행했다. 정답 개수가 0에서 2인 응답자의 비율이 청소년 표본에서는 48.77%(516명), 청년 표본에서는 45.52%(467명)이다. 한편 정답 개수가 3에서 5인 응답자의 비율은 청소년 표본에서 51.23%(542명), 청년 표본에서 54.48%(559명)이다.

쉽게 예상할 수 있듯이 정치지식 수준이 높은 응답자들이 정치토론을 활발히 하는 경향이 발견된다. 특히 3명 이상과 오프라인에서 정치토론을 하는 비율이 정치지식이 높은 청년 표본에서는 약 42%에 이르는데, 정치지식이 낮은 청년 표본에서는 약 22%에 불과함을 알 수 있다. 비슷한 경향성이 청소년 표본에서도 확인된다. 전체적으로 보아 두 표본 모두에서 집단 간 차이가 통계적으로 유의미하지만, 〈표 4〉에 담긴 숫자의 크기를 비교해보면 청년 표본에서의 차이가 더 큰 것으로 확인된다. 또한 〈표 2〉에서 살펴본 정치관심의 경우와 마찬가지로 정치지식과 정치토론 간 인과관계를 여기서 파악할 수는 없다.

〈표 4〉 정치토론 네트워크의 크기: 정치지식

	청소년 (2005~2008년생)		청년 (1999~2004년생)	
	낮음	높음	낮음	높음
없다	39.15 (202)	21.77 (118)	33.83 (158)	16.10 (90)
1명	17.83 (92)	15.87 (86)	23.34 (109)	15.03 (84)
2명	20.54 (106)	23.80 (129)	20.99 (98)	26.65 (149)
3명 이상	22.48 (116)	38.56 (209)	21.84 (102)	42.22 (236)
총계	100.00 (516)	100.00 (542)	100.00 (467)	100.00 (559)
	$X^2(3)=50.51$; p=0.00		$X^2(3)=77.92$; p=0.00	

열(column) 기준 % 기입, 괄호 안에는 응답자 수

〈표 5〉는 성별 차이를 보여준다. 직관적으로 보았을 때 남성과 여성 간 정치토론 네트워크 크기에 차이가 날 이유는 없다. 그러나 예상과는 반대로 여성이 남성에 비해 더 활발하게 정치토론을 하고 있음을 확인할 수 있다. 청소년 표본에서 오프라인 정치토론을 하지 않는다고 응답한 여성의 비율은 약 25%인데 비해

남성의 비율은 약 36%에 이른다. 반대로 3명 이상과 정치토론을 한다고 응답한 여성의 비율이 약 32%, 남성의 비율이 약 29%로 차이를 보인다. 청년 표본에서도 마찬가지다. 오프라인 정치토론을 하지 않는다고 응답한 여성의 비율은 약 20%인 것에 비해 남성의 비율은 약 30%로 약 10%포인트 차이가 난다. 집단 간 차이는 청소년 표본[$X2(3)=16.98$; $p=0.00$]과 청년 표본[$X2(3)=19.76$; $p=0.00$] 모두에서 통계적으로 유의미하다. 최근 20대 남성과 여성의 정치행태 차이에 대한 관심이 높은 현실을 고려하면, 이러한 결과가 왜 생기는지, 이 결과가 주는 시사점이 무엇인지에 대한 심도 깊은 토의가 요구된다.

〈표 5〉 정치토론 네트워크의 크기: 성별

	청소년 (2005~2008년생)		청년 (1999~2004년생)	
	여성	남성	여성	남성
없다	24.52 (127)	35.74 (193)	19.90 (118)	30.02 (130)
1명	18.15 (94)	15.56 (84)	22.26 (132)	14.09 (61)
2명	25.29 (131)	19.26 (104)	24.11 (143)	24.02 (104)
3명 이상	32.05 (166)	29.44 (159)	33.73 (200)	31.87 (138)
총계	100.00 (518)	100.00 (540)	100.00 (593)	100.00 (433)
	$X^2(3)=16.98$; $p=0.00$		$X^2(3)=19.76$; $p=0.00$	

열(column) 기준 % 기입, 괄호 안에는 응답자 수

마지막으로 고등학교의 특성별 구분을 해보았다. 응답자가 다니고 있거나 다닌 고등학교가 남학교·여학교인 경우와 남녀공학인 경우를 나누어 본 결과를 〈표 6〉에 담았다. 흥미롭게도 청소년 표본에서는 남학교/여학교를 다니는 응답자와 남녀공학을 다니는 응답자 간 차이가 통계적으로 무의미하게 나왔다[$X2(3)$=1.24; p=0.74]. 그런데 이 차이가 청년 표본에서는 유의미하다 [$X^2(3)$=16.74; p=0.00]. 청년 표본에서는 남녀공학 출신 응답자들이 상대적으로 정치토론에 덜 적극적인 것으로 확인된다. 3명 이상과 오프라인에서 정치토론하는 비율이 남녀공학 출신에서는 약 26%인데 비해, 남학교·여학교 출신에서는 약 38%로 약 12%포인트 차이가 난다. 이러한 결과가 1999~2004년생(청년 표본)과 2005~2008년생(청소년 표본) 간 세대 효과에서 비롯된 것인지 아니면 고등학교를 졸업하고 생긴 생애주기 효과에 기인한 것인지를 확인할 수는 없다. 사용하고 있는 자료가 종단자료가 아니라 횡단자료이기 때문이다. 이 결과도 〈표 5〉에서 확인한 남녀차이와 마찬가지로 추가적인 검토가 필요한 내용이다.

〈표 6〉 정치토론 네트워크의 크기: 학교 특성

	청소년 (2005~2008년생)		청년 (1999~2004년생)	
	남학/여학	공학	남학/여학	공학
없다	30.62 (169)	29.84 (151)	21.88 (128)	27.21 (120)
1명	15.76 (87)	17.98 (91)	17.78 (104)	20.18 (89)

	청소년 (2005~2008년생)		청년 (1999~2004년생)	
2명	21.92 (121)	22.53 (114)	22.22 (130)	26.53 (117)
3명*	31.70 (175)	29.64 (150)	38.12 (223)	26.08 (115)
총계	100.00 (552)	100.00 (506)	100.00 (585)	100.00 (441)
	$X^2(3)$=1.24; p=0.74		$X^2(3)$=16.74; p=0.00	

열(column) 기준 % 기입, 괄호 안에는 응답자 수

이제까지 제시한 분석 결과에 기반하여 추가적으로 회귀분석을 시행하였다. 〈표 2〉에서 〈표 6〉에 담은 정치토론 네트워크 크기의 결정 요인들 중에서 어떤 요인이 특별히 유의미한 결과를 낳는지를 알아보기 위한 작업이다. 회귀분석에서 종속변수dependent variable는 정치토론 네트워크의 크기, 독립변수independent variable는 정치관심(1="전혀 관심 없다", 4="매우 관심 있다"), 정치이념(11점 척도: 0="매우 진보"에서 10="매우 보수"), 정치지식(0-5), 연령, 성별(0="여성", 1="남성"), 학교 형태(0="남학교/여학교", 1="남녀공학"), 그리고 주관적 계층의식(현재 가족이 속한 사회 계층을 1="최하층"에서 10="최상층"으로 구분해서 선택한 응답)으로 구성하였다. 이에 더해 관찰되지 않은 구별 차이를 통제하기 위해 25개 구에 해당되는 더미 변수들을 회귀분석식에 포함시켜 고정효과fixed effects를 구현하였다. 종속변수가 다섯 개의 변수값을 갖고 있고, 그들 간에는 명확한 순서가 있기 때문에 순서형 로짓ordered logit을 활용하였다. 회귀분석 결과는 〈표 7〉에서 확인할 수 있다.

우선 다른 변수들을 통제하고 보았을 때, 청소년 및 청년 응

답자 모두에게서 정치관심과 정치지식이 높을수록 정치토론 네트워크의 크기가 큰 결과를 확인할 수 있다. 관찰자료인 설문자료의 한계 때문에 인과관계(즉, 정치관심과 정치지식이 높아서 정치토론을 더 활발히 하는지 아니면 정치토론을 활발하게 하다보니 정치관심과 정치지식이 높아지는지)를 확인하기는 어렵지만 이 두 요인 간 밀접한 상관관계는 확인할 수 있다. 한편 여성에 비해 남성이 정치토론을 활발하게 하지 않는다는 사실도 흥미롭다. 이 결과 역시 청소년 표본과 청년 표본에서 동시에 발견된다.

청소년 표본에서는 확인되지 않지만 청년 표본에서 통계적 유의미성이 확인되는 결과도 있다. 하나는 보수 성향일수록 정치토론 네트워크의 크기가 작은 경향이 있다는 것이다. 이 결과는 특별한 관심을 요한다. 〈표 3〉에서 중도에 비해 보수 혹은 진보 성향의 응답자가 정치토론 네트워크의 크기가 큰 것처럼 보이는 결과를 확인한 바 있고, 동시에 미미한 차이지만 진보 성향 응답자가 보수 성향 응답자에 비해 정치토론 네트워크가 큰 경향성도 관찰되었다. 그런데 정치토론 네트워크 크기에 영향을 미치는 요인들을 통제한 후, 청년 응답자에게서 보수 성향일수록 정치토론을 덜 적극적으로 한다는 결과를 얻은 점은 흥미롭다.

다른 하나의 유의미한 결과는 다녔던 고등학교가 남녀공학인 경우 그렇지 않은 경우에 비해 정치토론 네트워크의 크기가 작다는 사실이다. 종속변수가 오프라인에서 대면으로 정치토론을 하는 것을 의미하기 때문에 보수 성향의 청년의 정치토론 네트워크 크기가 상대적으로 작다는 것이 곧 그들이 진보 혹은 중도 성향의 청년에 비해 정치 관련 이야기를 덜한다는 것은 아니다. 그들이 상대적으로 온라인에서 정치토론을 더 활발히 한다면 상쇄될 수 있다. 추가적인 분석이 필요한 지점이다.

남녀공학 출신 청년의 정치토론 네트워크의 크기가 남학교 혹은 여학교 출신 청년보다 상대적으로 작은 사실 역시 설명이 필요하다. 아마도 2016년 강남역 묻지마 살인사건과 2018년 혜화역 시위 등과 같은 성평등을 둘러싼 논란이 고조된 상황에서 중고등학교 시절을 보낸 1999~2004년생 고유의 세대 경험일 것이라는 추측이 가능할 수도 있다. 이 시기에 남녀공학을 다녔다면 정치적인 의미가 담긴 주제에 대한 대화를 회피했을 수도 있다. 하지만 이것은 어디까지나 하나의 가설일 뿐이다. 추가적인 자료 구축을 통해 검증해야 할 필요가 있다.

〈표 7〉 정치토론 네트워크의 크기: 회귀분석 결과

	모형 1 청소년 (2005~2008년생)	모형 2 청년 (1999~2004년생)
정치관심	0.962*** (0.077)	0.883*** (0.081)
정치이념(보수)	0.008 (0.033)	-0.077** (0.032)
정치지식	0.199*** (0.044)	0.272*** (0.042)
연령	0.177 (0.109)	-0.023 (0.039)
성별(1=남성)	-0.410*** (0.119)	-0.388*** (0.127)

	모형 1 청소년 (2005~2008년생)	모형 2 청년 (1999~2004년생)
학교 특성(1=남녀공학)	-0.088 (0.121)	-0.376*** (0.125)
주관적 계층인식(상류층)	0.034 (0.039)	0.039 (0.036)
Pseudo R^2	0.104	0.111
응답자 수(n)	1,058	1,026

순서형 로짓(ordered logit) 결과. 괄호 안 수치는 표준오차임. 25개의 구 기준 고정효과가 고려됨. 절단점(cut points) 정보는 보고하지 않음.
*** p<0.01, ** p<0.05 (양측검정)

위의 회귀 분석 결과를 조금 더 구체적으로 살펴보기 위해 교차항interaction terms을 포함한 추가적인 분석을 진행하였다. 정치이념, 성별, 학교 특성이 모두 통계적으로 유의미한 결과를 낳은 청년 표본만을 활용하여 (1)정치이념과 성별 간 교차항을 포함한 분석, 그리고 (2)정치이념과 학교 특성 간 교차항을 포함한 분석을 수행하였다. 정치이념이 보수적일수록 정치토론 네트워크의 크기가 작은데 그 정도가 남성 대비 여성 혹은 남녀공학 출신 대비 남학교/여학교 출신에서 의미있는 차이가 나는지를 보고자 하는 분석이다. <표 7>에서 제시된 결과에 기반해 보면 정치이념이 보수적일수록 정치토론 네트워크의 크기가 작은데 그 정도가 여성에 비해 남성에게서 더 크게 나타날 것이라는 가설이 가능하다. 마찬가지로 정치이념이 보수적일수록 정치토론 네트워크의 크기가 작아지는데 그 정도가 남학교 혹은 여학교 출신에 비해 남녀공학 출신에게서 더 크게 나타날 것이라는 예상도 가능하다.

추가적인 회귀분석 결과를 <그림 1>에 제시하였다. 예상한 바와 같이 정치이념이 정치토론 네트워크에 미치는 영향은 성별과 출신 학교의 특성 별로 달랐다. 그런데 남성이 여성에 비해 정치적으로 보수적이 될 수록 정치토론 네트워크의 크기가 더 작아질 것이라는 가설과 달리, 여성의 경우 그 정도가 더 심한 것을 확인할 수 있다. 하지만 이 결과는 통계적으로 유의미한 결과가 아니기 때문에 큰 의미를 부여할 필요는 없다(b=0.057, se=0.035, p=0.109). 반면 정치적으로 보수적일수록 정치토론 네트워크 크기가 작아지는 경향성이 남학교 혹은 여학교 출신 대비 남녀공학 출신에게서 더 크게 나타나는 결과는 가설과 일치한다. 이 결과는 유의수준 10% 기준으로 통계적으로 유의미(b=-0.060, se=0.034, p=0.071)하기 때문에 단정적으로 결론짓기 어려운 발견이라고 봐야 한다.

<그림 1> 정치토론 네트워크의 크기: 정치이념, 성별, 학교 특성의 상호작용

[1] 정치이념과 성별 간 상호작용

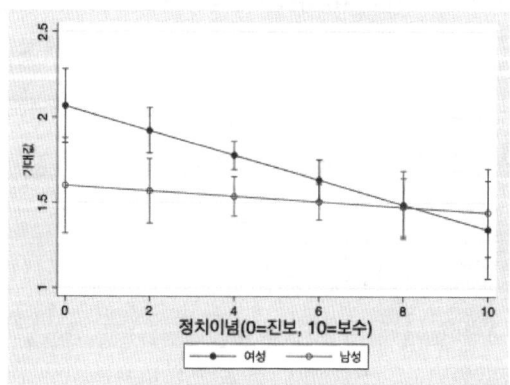

[2] 정치이념과 학교 특성 간 상호작용

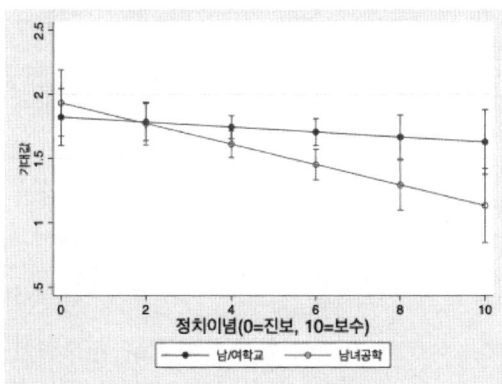

주: 선형회귀 분석 결과. 종속변수는 정치토론 네트워크의 크기. 95% 신뢰구간 포함하여 제시함.

2. 정치토론 네트워크의 구성

다음으로는 정치토론 네트워크가 어떻게 구성되어 있는지에 대해 살펴본다. 다음과 같은 설문 문항에 대한 답을 이용하여 분석이 진행된다.

> 귀하가 정치에 대한 이야기를 나눈 사람들에 대해 조금 더 자세히 알고 싶습니다. 귀하가 정치 관련 이야기를 나눈 사람에 대한 질문에 답을 해 주십시오. 먼저 이 분은 귀하와 어떤 관계입니까?

이 질문은 오프라인에서 대면으로 정치토론을 하지 않는다고 밝힌 320명의 청소년과 248명의 청년을 제외하고 물어보았다. 응답자가 1명과 정치토론을 한다고 대답했으면 그 대상에 대한 정보를, 3명 이상과 정치토론을 한다고 대답했으면 3명의 대상을 적시하고 그들에 대한 정보를 제공하도록 했다. 우선은 위의 질문과 같이 응답자와의 관계를 물었다. 이 장에서 다루지는 않지만 정치토론 대상의 성별, 학력, 연령을 별도로 묻기도 했다. 이 질문들은 자아중심적 네트워크egocentric network를 측정하기 위한 설문도구로 개발된 것인데, 일반적으로는 5명 이상의 대상을 적시한 후 그 대상 간 관계도 살펴봄으로써 네트워크의 특성을 면밀히 살펴보는 목적으로 갖고 있다(Marsden 2002). 이 장에서 활용되는 설문조사에는 정치토론 대상을 3인으로 한정지어 물어봤기 때문에 정치토론 네트워크의 구성이 원활하지 않아 별도의 분석을 수행하지 않았다.

〈표 8〉은 1명 이상의 정치토론 대상이 있다고 답한 모든 응답자를 대상으로 하여, 그들이 첫 번째로 선택한 정치토론 대상과 응답자 간 관계를 살펴본 결과를 담고 있다. 상당한 비율의 청소년(약 37%)과 청년(약 40%) 모두 첫 번째 정치토론 대상으로는 아버지를 선택하고 있는 점이 흥미롭다. 그 다음으로는 친구(청소년의 경우 약 32%, 청년의 경우 약 26%), 어머니(청소년의 경우 약 20%, 청년의 경우 약 25%)가 뒤를 잇는다. 남자형제, 여자형제, 친척, 이웃을 첫 번째 정치토론 상대로 꼽은 비율은 상대적으로 작았다. 청소년과 청년 간 집단 차이는 통계적으로 유의미하다 [$X^2(7)$= 21.0; p=0.00]. 전체적으로 보아 청소년의 경우 정치토론을 친구와 하는 비율이 상대적으로 높고, 청년의 경우 부모와 하는 비율이 상대적으로 높음을 확인할 수 있다. 이 결과는 고전적인 정치사회화 연구에서 제시한 내용과는 다르다고 볼 수 있다.

<표 8> 정치토론의 대상: 첫 번째 선택

	청소년 (2005~2008년생)	청년 (1999~2004년생)
아버지	37.13 (274)	39.97 (311)
어머니	20.33 (150)	24.55 (191)
남자형제	2.44 (18)	0.90 (7)
여자형제	2.44 (18)	3.34 (26)
친구	32.11 (237)	26.48 (206)
친척	1.49 (11)	1.67 (13)
이웃	0.14 (1)	0.77 (6)
기타	3.93 (129)	2.31 (18)
총계	100.00 (738)	100.00 (778)

$X^2(7)= 21.0; \ p=0.00$
열(column) 기준 % 기입, 괄호 안에는 응답자 수

<표 9>는 두 명 이상의 사람들과 정치토론을 하는 응답자들이 두 번째로 선택한 토론 대상과 응답자 본인의 관계를 보여준다. 여기서는 <표 8>과 달리 아버지의 비율이 눈에 띄게 줄어든다. 청소년의 경우 약 11%, 청년의 경우 약 9%만 아버지를 두 번째 정치토론 상대로 선택하였다. 반면 어머니를 선택한 비율은 상당히 높다. 청소년 표본에서는 약 36%, 청년 표본에서는 약 37%가 어머니를 선택했다. 동시에 친구의 비율도 높다. 청소년의

약 37%, 청년의 약 35%가 친구를 두 번째 정치토론 상대로 꼽았다. 하지만 청소년 표본과 청년 표본 간 집단 차이는 통계적으로 무의미하다[$X^2(7)$= 10.28; p=0.17]. 〈표 8〉에서 확인한 바와 같이 남자형제, 여자형제, 친척, 이웃을 두 번째 정치토론 상대로 고른 비율도 낮았다.

〈표 9〉 정치토론의 대상: 두 번째 선택

	청소년 (2005~2008년생)	청년 (1999~2004년생)
아버지	10.54 (59)	8.72 (51)
어머니	35.54 (199)	37.44 (219)
남자형제	4.46 (25)	5.30 (31)
여자형제	6.61 (37)	6.50 (38)
친구	37.32 (209)	34.87 (204)
친척	1.96 (11)	3.59 (21)
이웃	0.00 (0)	0.85 (5)
기타	3.57 (20)	2.74 (16)
총계	100.00 (560)	100.00 (585)

$X2(7)$= 10.28; p=0.17
열(column) 기준 % 기입, 괄호 안에는 응답자 수

〈표 10〉은 3명 이상과 오프라인에서 정치토론을 한다고 응답한 사람들이 고른 세 번째 토론 대상과 응답자 본인과의 관계를 보여준다. 여기서는 친구의 비율이 압도적으로 높다. 청소년의 약 58%, 청년의 약 62%가 친구를 세 번째 토론 대상으로 골랐다. 하지만 청소년과 청년 간 집단 차이는 통계적으로 무의미했다 [$X^2(7)$= 8.18; p=0.32]. 이 결과를 앞의 결과와 비교해 보면 대부분의 응답자는 부모와 친구를 상대로 정치 관련 토론을 수행함을 짐작할 수 있다. 비율이 높지는 않지만 친척과 이웃보다는 남자형제 혹은 여자형제와 정치 관련 토론을 하는 비율이 상대적으로 높았다. 결국 이 설문자료에 포함된 청소년과 청년의 정치토론 상대는 가족 아니면 친구로 요약된다.

〈표 10〉 정치토론의 대상: 세 번째 선택

	청소년 (2005~2008년생)	청년 (1999~2004년생)
아버지	6.77 (22)	3.55 (12)
어머니	5.85 (19)	3.55 (12)
남자형제	8.31 (27)	9.76 (33)
여자형제	6.77 (22)	9.47 (32)
친구	58.46 (190)	61.54 (208)
친척	4.31 (14)	3.55 (12)
이웃	0.31 (1)	0.59 (2)

	청소년 (2005~2008년생)	청년 (1999~2004년생)
기타	9.23 (30)	7.99 (27)
총계	100.00 (325)	100.00 (338)

$X^2(7)= 8.18; p=0.32$
열(column) 기준 % 기입, 괄호 안에는 응답자 수

이상의 결과를 조금 더 자세히 살펴보기 위해 변수들을 조작해 보았다. 우선 가족(부모, 남자형제, 여자형제)과 친구라는 정치토론 대상에만 초점을 맞추기 위해서 토론 대상으로 친척, 이웃, 기타를 고른 응답자들은 모두 제외했다. 물론 오프라인 정치토론을 아무와도 하지 않는다고 보고한 응답자들도 모두 제외했다. 그 다음 정치토론 대상 중 친구와 가족의 비율을 응답자별로 계산했다. 정치토론을 한다고 보고한 응답자의 토론 대상이 토론 대상의 수와 상관없이 모두 친구면 "모두 친구"로 분류했다. 정치토론을 한다고 보고한 응답자들의 토론 대상이 토론 대상의 수와 상관없이 아버지, 어머니, 남자형제, 여자형제에 제한되어 있다면 "모두 가족"으로 분류했다. "친구, 가족 반반" 범주에는 토론 대상을 두 명 고르고, 그중에 한 명이 친구, 다른 한 명이 가족(부모, 남자형제, 여자형제)인 응답자가 포함되어 있다. "친구 2, 가족 1" 혹은 "친구 1, 가족 2"의 범주는 토론 대상을 세 명 고른 응답자의 토론 대상 비율을 따져서 구성한 범주다. 〈표 11〉을 보면 청소년(약 26%)의 경우 청년(약 22%)에 비해 친구의 비율이 조금 높고, 반대로 가족의 비율(청소년 약 41%, 청년 약 44%)이 조금 낮음을 알

수 있다. 하지만 이 차이가 통계적으로 유의미하지는 않다[$X^2(4)$= 64.15; p=0.17].

〈표 11〉 정치토론 네트워크 내 친구-가족 비율

	청소년 (2005~2008년생)	청년 (1999~2004년생)
모두 친구	25.66 (166)	22.19 (152)
친구 2, 가족 1	7.11 (46)	9.78 (67)
친구, 가족 반반	6.65 (43)	7.30 (50)
친구 1, 가족 2	19.17 (124)	16.64 (114)
모두 가족	41.42 (268)	44.09 (302)
총계	100.00 (647)	100.00 (685)

$X^2(4)$= 64.15; p=0.17
열(column) 기준 % 기입, 괄호 안에는 응답자 수

〈표 11〉에서 확인한 변수들 간 관계를 조금 더 치밀하게 파악하기 위해 회귀분석을 수행하였다. 회귀식에는 정치관심, 정치이념, 정치지식, 연령, 성별, 학교 특성, 주관적 계층인식 변수를 포함시켰고, 이에 더해 정치토론 네트워크의 크기를 별도의 통제변수로 삼았다. 그리고 서울시 내 25개 구 단위 고정효과를 보기 위한 더미 변수들도 추가한 후, 종속변수 값이 다섯 개임을 고려하여 순서형 로짓을 사용했다.

〈표 12〉는 회귀분석 결과를 보여주고 있다. 청소년 표본에서

는 정치관심이 높을수록 정치토론 네트워크 내 가족의 비율이 증가하는 결과가 통계적으로 유의미하게 나온다. 이 결과는 청년 표본에서는 확인되지 않는다. 청소년과 청년 모두에서 통계적으로 유의미하게 나오는 변수는 성별과 네트워크 크기다. 여성에 비해 남성이 정치토론 네트워크 내 친구의 비율이 높고, 정치토론 네트워크 크기가 클수록 정치토론 네트워크 내 친구의 비율이 높다. 정치토론 대상이 늘어날수록 친구의 비율이 높은 사실은 직관적으로 이해하기 쉽다. 우선적으로 가족 내 구성원과 정치토론을 하고 그보다 더 많은 사람과 토론을 한다면 가족의 범위를 벗어나 친구를 대화의 대상으로 선택할 가능성이 높기 때문이다. 그런데 여성에 비해 남성이 상대적으로 가족 대신 친구를 정치토론 대상으로 삼는 경향성은 흥미롭다. 이것은 가정에서 남성보다 여성이 더 많은 대화를 나누는 일반적인 현상의 함수일 수도 있고, 어떤 이유에서 남성이 여성에 비해 가정에서 정치관련 토론을 상대적으로 꺼리는 경향성에 기인할 수도 있다.

〈표 12〉 정치토론 네트워크 내 친구-가족 비율: 회귀분석

	모형 1 청소년 (2005~2008년생)	모형 2 청년 (1999~2004년생)
정치관심	0.238** (0.106)	-0.055 (0.105)
정치이념(보수)	-0.055 (0.040)	-0.012 (0.038)
정치지식	0.001 (0.057)	-0.029 (0.052)

	모형 1 청소년 (2005~2008년생)	모형 2 청년 (1999~2004년생)
연령	0.034 (0.139)	-0.013 (0.047)
성별(1=남성)	-0.662*** (0.155)	-0.360** (0.160)
학교 특성(1=남녀공학)	0.181 (0.156)	-0.092 (0.154)
주관적 계층인식(상류층)	0.071 (0.050)	0.069 (0.045)
네트워크 크기	-0.645*** (0.107)	-0.449*** (0.102)
Pseudo R^2	0.053	0.032
응답자 수(n)	647	685

순서형 로짓(ordered logit) 결과. 괄호 안의 수치는 표준오차임. 25개의 구 기준 고정효과가 고려됨. 절단점(cut points) 정보는 보고하지 않음.
*** $p<0.01$, ** $p<0.05$ (양측검정)

III. 정리 및 제언

1. 결과 요약

이 장에서는 설문조사를 통해 청소년과 청년 응답자의 정치토론 네트워크의 크기와 구성에 대해 살펴보았다. 일련의 탐색적 분석 결과 다음과 같은 정보를 얻었다.

첫째, 대부분의 청소년과 청년은 1인 이상과 오프라인에서 정치관련 토론을 한다. 이 경향성은 청소년보다는 청년에서 조금 더 크게 나타난다. 고등학교 테두리를 벗어나 대학 생활 혹은 사회 생활을 하는 과정에서 정치토론을 할 가능성이 높기 때문일 것이다.

둘째, 정치관심도가 높거나, 정치에 대한 지식이 많을수록 정치토론 네트워크의 크기가 큰 경향이 있다. 하지만 다른 이유에서 정치토론 네트워크가 커짐에 따라 정치관심 및 정치지식이 늘 수도 있기 때문에 인과적 해석을 성급히 해서는 안된다.

셋째, 정치이념 기준으로 보면 중도 성향의 응답자가 보수 혹은 진보 성향의 응답자에 비해 정치토론 네트워크의 크기가 상대적으로 작다. 그런데 회귀분석 결과를 살펴보면 청년 응답자들에게서 보수 성향이 클수록 정치토론 네트워크의 크기가 작아지는 경향을 확인할 수 있다. 왜 이러한 결과가 나오는지를 면밀히 살펴보기 위한 후속 작업이 요구된다.

넷째, 여성에 비해 남성의 정치토론 네트워크의 크기가 상대적으로 작은 경향이 있다. 그리고 청년의 경우 남녀공학을 나왔을 때 정치토론 네트워크의 크기가 상대적으로 작다. 이러한 현상은 현재 고등학교를 다니는 청소년들에게선 발견되지 않는다. 이것이 세대 효과인지 아니면 다른 요인에 의한 것인지를 파악하기 위한 추가적인 분석이 요구된다.

다섯째, 정치토론 네트워크의 구성은 주로 가족과 친구로 이루어져 있다. 이러한 경향성은 청소년과 청년 간에 차이를 보이지 않는다.

여섯째, 여성에 비해 남성의 경우 정치토론 네트워크에 친구의 비율이 가족보다 높은 경향성을 보인다. 직관적으로 이해가 잘 되지 않는 이 결과는 남녀 간 사회화 과정의 차이를 면밀히 검토하여 해석되어야 할 것이다.

위와 같은 결과는 모두 온라인 상에서의 정치토론을 제외한, 오프라인 대면 정치토론과 연관된 내용이다. 미디어 환경의 변화로 온라인에서의 정치토론이 오프라인에서보다 활발할 것이기 때문에 추가적인 분석을 통해 결과를 비교해 볼 필요가 있다.

이 장에서 확인한 결과를 보다 세심하게 분석하기 위해서는 정치토론의 내용이 무엇인지를 파악하는 작업이 필요하다. 중요하고 민감한 정치 현안에 대해서 어떠한 이야기를 토론 상대와 주고 받았는지를 알기 위해서는 설문을 통한 연구로 충분하지 않다. 설문을 통해서는 토론 상대의 사회인구학적 배경(연령, 성별, 학력, 직업 등) 혹은 토론 상대의 정치성향(정치이념, 지지정당, 투표선택 등)을 자세히 묻고, 토론 상대들 간 관계(서로 아는 사이 혹은 서로 모르는 사이)를 파악하여 정치 현안 관련 정보원이 다양한지 여부만을 파악할 수 있다. 이 작업을 위해서는 많은 수의 문항이 요구되기 때문에 이 장에서 활용한 설문자료에 반영되지는 못했다. 하지만 이것으로도 충분하지 않다. 이상적인 방법은 실험실에 유권자들을 초대하여 정치토론을 유도한 후 그 과정을 관찰하는 것이다. 아니면 토론 상황을 상정한 실험을 설계하여 다양한 정보에 피실험자를 노출시킨 후 그에 대한 반응을 추적하는 작업도 가능하다. 그리고 오프라인 대면 토론과 온라인 비대면 토론의 차이를 고려하여 두 가지 서로 다른 환경에서의 정치토론 양태와 그 효과에 대한 추가적인 작업도 요구된다.

2. 시사점 및 제언

이 장에서 제시된 분석 결과는 청소년과 청년의 정치토론 네트워크의 크기와 구성을 살펴봄으로써 정치사회화 연구에 기여하려는 목적을 갖고 있다. 유권자로서 본격적으로 정치에 막 입문하는 청소년과 20대 초반에 누구를 통해 정치정보를 공유하는지를 파악하는 작업은 젊은 세대 유권자들과 기성 세대 유권자들 간 이념 및 행태의 차이를 설명하기 위해서도 필요하고, 정치이념과 선호체계의 형성 과정을 설명하기 위해서도 필요하다. 한국에서 고등학생을 대상으로 한 정치 관련 설문조사가 거의 수행되지 않았기 때문에 이 장에서 보고한 내용은 탐색적 분석 결과임에도 불구하고 나름의 시사점을 갖는다고 생각한다. 이 분석 결과에 기반해서 향후 본격적인 정치사회화 관련 연구들이 축적되어야 할 것이다.

정치사회화는 개인의 생애주기를 추적하면서 정치를 보는 시각과 가치관이 어떻게 형성되는지를 확인하는 분야다. 정치사회화 분야의 전통적 연구에서는 가정에서 청소년들이 부모와 상호작용하면서 형성한 정치관(특히 정당 지지)이 성인이 되어서도 유지된다는 결과를 보고했다(Niemi and Jennings 1991).

이러한 연구 전통이 유럽으로 넘어가 독일과 영국에서 가족 내 정당일체감이 세대 간 어떻게 전파되는지를 탐구한 작업도 있다(Zuckerman, Dasovic, and Fitzgerald 2007). 최근 정치사회화 연구의 양적 성장에 크게 기여한 국가는 벨기에다. 벨기에의 루뱅대학교는 2006년부터 2011년까지 벨기에 정치 패널조사 Belgian Political

Panel Survey 자료를 축적한 후 2012년부터 재차 자료(Parent-Child Socialization Study) 구축을 추진하여 긴 패널 자료를 만들고자 하는 목표를 실현하고 있는 보기 드문 연구 기관이다. 이 자료를 활용한 연구들이 다수 출판되기도 했다(Boonen, Quintelier, and Hooghe 2017; Quintelier 2015).

유권자의 정치행태를 분석하는 이론이 합리성을 전제로 하는 경제학에 의존하던 시기에는 정치사회화 연구가 쇠퇴하기도 하였으나, 과거에 구축한 설문자료 응답자를 추적하여 만든 긴 패널자료를 활용하는 시도와 급작스러운 사건 및 환경 변화를 겪어 생기는 재사회화resocialization를 탐구하는 연구들이 명맥을 유지하였다(Erikson and Stoker 2011). 최근에는 유전적 요인(예를 들어 성격)이 정치행태에 영향을 미친다는 연구가 성장함에 따라 정치사회화 연구가 위협을 받고 있다(Dawes and Weinshenk 2020). 유권자의 정치행태의 상당 부분이 유전적인 요인에 의해 형성된다면 환경결정론적인 내용을 담고 있는 정치사회화 연구 결과가 퇴색될 수 있기 때문이다.

그럼에도 불구하고 정치사회화 연구는 새로운 길을 찾아가는 과정을 밟아가고 있다. 특히 정치사회화 연구 전통이 아직 자리 잡지 않은 한국에서는 채워야 할 빈 부분이 여전히 많은 실정이다. 정치사회화 연구의 미래는 새로운 자료의 구축, 새로운 연구대상의 발굴, 그리고 유전-환경의 이분법의 탈피라는 목표를 실현하는 방향으로 진행될 것으로 예상된다.

우선 새로운 자료가 필요하다. 한국의 경우 1960년대 미국에서 수행된 부모-자식의 정치 성향과 행태를 확인하는 자료가 여전히 없는 실정이다. 또한 청소년기의 유권자를 대상으로 한 설문조사를 활용하여 긴 패널 자료를 만든 적도 없다. 정치가 예민한 주제이기 때문에 연구 대상으로서의 청소년의 취약성을 보호해야 한다는 입장에 기본적으로 동의를 하지만, 이미 2020년에 만 18세부터 투표가 가능하고, 2022년 법 개정으로 만 18세부터 입후보가 가능하며 만 16세부터 정당 가입이 가능한 상황에서 청소년을 대상으로 정치 관련 설문조사를 수행할 수 없다는 것은 상식적으로 납득이 안 된다. 연구윤리위원회의 승인 및 부모의 허가라는 절차를 생략할 수는 없겠지만 전체적인 행정 절차가 연구 수행을 지나치게 제약하는 방향으로 가서는 안 될 것이다. 이 연구에서 사용된 설문자료가 출발점이 될 것이라 기대한다.

새로운 연구 대상을 발굴하는 작업도 요구된다. 최근 미국을 중심으로 수행되고 있는 아동을 대상으로 한 연구들이 그 예다. 발달심리학developmental psychology 분야에서 오랫동안 아동을 대상으로 다양한 연구가 진행되고 있음을 고려하면 정치학에서도 아동을 대상으로 한 연구가 불가능하다고 단정할 수는 없다(Lay et al. 2023). 이 역시 아동이 갖는 연구대상으로서의 취약성 문제가 관건이다. 전술한 바와 같이 개인 정보를 보호하고 육체적·정신적 피해를 받지 않는 선에서 연구 설계가 되어 있다면 지금보다는 조금 더 완화된 기준을 적용하여 연구를 육성할 필요가 있다. 특히 아동을 대상으로 한 연구에서 축적된 자료를 바탕으로 연구 참여자를 생애주기에 따라 추적할 수 있는 기회와 재원이 마련된다면 보다 더 풍부한 연구가 가능할 것이다.

마지막으로 유전-환경의 이분법을 극복할 필요가 있다(Hatemi et al. 2009). 정치사회화 연구는 환경결정론적인 요소가 강하다. 사람이 어떤 유전자 혹은 성격을 타고 났는가는 중요하지 않고 대신 정치 관련 인식이 생기기 시작하는 청소년기에 부모로부터 어떤 가치관을 전해 받는지가 결정적인 역할을 한다는 입장이다. 그런데 최근 진행되고 있는 정치심리학 연구에서는 알려진 것보다 유전적 요인이 정치행태에 미치는 영향이 중요함을 보고하고 있다(Dawes and Fowler 2009). 이 두 연구 전통은 사실 병립 가능하다. 유전적 요인의 중요성에 주목하는 학자들이 환경적 요인을 완전히 무시하지는 않기 때문이다. 환경의 영향이 분명히 존재하지만, 유전에 의해 물려받는 성격의 차이에 따라 그 환경의 영향이 더 크게 나타날 수도 있고 작게 나타날 수도 있다는 주장을 하는 것이다. 즉, 타고난 성격이 특정 환경에 노출되었을 때 활성화 될 수도 있고 안 될 수도 있다는 말이다(Gerber et al. 2010). 유전-환경의 상호작용을 연구 주제로 삼는다면 정치심리학 연구가 정치사회화 연구와 맞닿는 부분을 확인할 수 있다. 이러한 작업은 청소년 혹은 아동을 대상으로 하는 정치사회화 연구에서 성격 특성personality traits과 같은 심리학적 개념을 측정하기 위한 노력을 덧붙임으로써 가능할 것이다.

참고 문헌

Boonen, Joris, Elien Quintelier, and Marc Hooghe. 2017. "The Difference Between Self-reported and Perceived Survey Measures and the Implications for Political Socialization Research." *Political Science Research and Methods* 5(2): 367-378.

Dawes, Christopher T., and James H. Fowler. 2009. "Partisanship, Voting, and the Dopamine D2 Receptor Gene." *The Journal of Politics* 71(3): 1157-1171.

Dawes, Christopher T., and Aaron C.Weinschenk. 2020. "On the Genetic Basis of Political Orientation." *Current Opinion in Behavioral Sciences* 34: 173-178.

Druckman, James N., Matthew S. Levendusky, and Audrey McLain. 2018. "No Need to Watch: How the Effects of Partisan Media Can Spread via Interpersonal Discussions." *American Journal of Political Science* 62(1): 99-112.

Erikson, Robert S., and Laura Stoker. 2011. "Caught in the Draft: The Effects of Vietnam Draft Lottery Status on Political Attitudes." *American Political Science Review* 105(2): 221-237.

Gerber, Alan S., Gregory A. Huber, David Doherty, Conor M. Dowling, and Shang E. Ha. 2010. "Personality and Political Attitudes: Relationships Across Issue Domains and Political Contexts." *American Political Science Review* 104(1): 111-133.

Hatemi, Peter K., Carolyn L. Funk, Sarah E. Medland, Hermine M. Maes, Judy L. Silberg, Nicholas G. Martin, and Lindon J. Eaves. 2009. "Genetic and Environmental Transmission of Political Attitudes over a Life Time." *The Journal of Politics* 71(3): 1141-1156.

Huckfeldt, Robert, Paul E. Johnson, and John Sprague. 2004. *Political Disagreement: The Survival of Diverse Opinions within Communication Networks*. New York, NY, United States: Cambridge University Press.

Jennings, M. Kent, and Richard G. Niemi. 1974. *Political Character of*

Adolescence: The Influence of Families and Schools. Princeton, NJ, United States: Princeton University Press.

Jennings, M. Kent, and Richard G. Niemi. 1981. *Generations and Politics: A Panel Study of Young Adults and Their Parents*. Princeton, NJ, United States: Princeton University Press.

Lay, J. Celeste, Mirya R. Holman, Jill S. Greenlee, Zoe M. Oxley, and Angela L. Bos. 2023. "Partisanship on the Playground: Expressive Party Politics Among Children." *Political Research Quarterly* 76(3): 1249–1264.

Lodge, Milton, and Charles S. Taber. 2013. *The Rationalizing Voter*. New York, NY, United States: Cambridge University Press.

Marsden, Peter V. 1987. "Core Discussion Networks of Americans." *American Sociological Review* 52(1): 122–131.

Marsden, Peter V. 2002. "Egocentric and Sociocentric Measures of Network Centrality." *Social Networks* 24(4): 407–422.

Mutz, Diana C. 2006. *Hearing the Other Side: Deliberative versus Participatory Democracy*. New York, NY: Cambridge University Press.

Niemi, Richard G., and Jennings, M. Kent. 1991. "Issues and Inheritance in the Formation of Party Identification." *American Journal of Political Science* 35(4): 970–988.

Page, Benjamin I., and Robert Y. Shapiro. 2010. *The Rational Public: Fifty Years of Trends in Americans' Policy Preferences*. Chicago, IL, United States: University of Chicago Press.

Quintelier, Ellen. 2015. "Engaging Adolescents in Politics: The Longitudinal Effect of Political Socialization Agents." *Youth & Society* 47(1): 51–69.

Zuckerman, Alan S., Josip Dasovic, and Jennifer Fitzgerald. 2007. *Partisan Families: The Social Logic of Bounded Partisanship in Germany and Britain*. New York, NY, United States: Cambridge University Press.

2장 청소년의 젠더갈등과 사회인식

이현우 • 서강대학교 정치외교학과

Ⅰ. 서론
Ⅱ. 젠더갈등에 관한 기존 연구
Ⅲ. 청소년의 의사소통과 정치적 이념
Ⅳ. 청소년의 성차별 인식
Ⅴ. 청소년과 청년의 성차별 인식 차이와 비교
Ⅵ. 정치이념과 성차별주의 태도
Ⅶ. 청소년의 성별 사회 평가
Ⅷ. 이성 호오도와 능력주의
Ⅸ. 요약 및 함의
참고문헌

[핵심어]

젠더갈등	고전적 성차별주의	현대적 성차별주의	의사소통
정치이념	내집단	외집단	사회적 기회

I. 서론

한국에서 젠더 이슈가 본격적으로 부상된 것은 2021년 서울시장 보궐 선거와 2022년 제20대 대통령 선거라 할 수 있다. 2010년대 후반부터 젊은 세대 남성과 여성 사이에 잠재되어 있던 젠더갈등은 2016년 강남역 살인사건, 2018년 미투운동 등을 경험하면서 갈등의 조짐이 가시화되기 시작하였다. 젊은 층에서 남녀 간 태도 차이는 선거를 통해 확연하게 나타났다. 서울시장 보궐 선거에서 20대 유권자의 투표 성향을 보면 남성 유권자 중 72.5%가 국민의힘의 오세훈 후보를 택한 데 비해 여성 유권자들 가운데서는 40.9%만이 지지하여 그 차이가 31.6%에 이르렀다. 또한 2022년 대통령 선거에서도 국민의힘의 윤석열 후보를 택한 비율이 20대 남성 유권자 중에서는 56.5%로 여성 유권자의 31.5%와 큰 차이를 보였다. 젊은 세대에서 다른 세대와 달리 유독 성별에 따른 투표

성향이 다르게 나타나는 것은 남녀 사이에 젠더 인식의 차이에서 나타난 결과라고 볼 수 있다.

본 연구에서는 젊은 층에서 발견되는 젠더갈등이 청소년에게도 나타나는지를 확인하도록 한다. 구체적으로 젊은 층의 젠더갈등이 청소년 시기에 이미 형성된 것인지를 실증적으로 검토한다. 경험적 분석 결과 청소년들에서 청년들과 유사한 정도의 남녀별 성인식 차이가 발견된다면 기존의 성평등 교육 내용의 검토가 필요하다는 것을 확인하게 된다. 성별에 따른 경쟁을 경험하지 않은 청소년들 가운데서 젠더갈등이 존재한다면 가정이나 또래 집단을 통한 편향적 인지과정이 더 중요하다는 것을 의미한다.

반면에 만일 청소년 대상 분석에서 젠더갈등이 존재하지 않는다면 고등학교 졸업 후 대학에서 다양한 시각의 주장을 습득하는 과정이나 사회생활의 경험 속에서 남녀 사이에 성인식 차이가 나타나게 되는 것으로 추정하게 된다. 그렇다면 고등학교 교육에서 이들이 성인이 되었을 때 올바른 성평등 인식을 가질 수 있는 준비가 되도록 교육 내용이 재고되어야 한다는 것을 알려준다. 현재까지 청소년을 대상으로 젠더갈등을 주제로 한 심도 있는 연구는 찾아보기 힘들다. 본 연구에서는 청소년들의 성인식을 실증적으로 다룸으로써 현황을 상세히 파악하는 것을 목적으로 한다.

청소년기에 이루어지는 정치사회화는 평생에 영향을 미치는 중요한 과정이다. 정치사회화란 국가와 사회의 제도와 가치를 이해하고 유지하는 메커니즘과 연관된 것으로(McLeod and Shah 2009), 각 개인이 정치에 대한 믿음·행동·가치를 학습하는 것을 뜻한다. 정치사회화가 이루어지는 시기로는 아동기, 청소년기, 초기 성인기 등 다양한 시기로 구분이 되지만 특히 청소년기는 심리적·사회적 변화가 크고 정치 교육이 체계화되고 본격화되는 시기라는 점에서 청소년 시기의 중요성이 크다(McLeod and Shah 2009; Niemi and Hepburn 1995; Niemi and Sobieszek 1977). 또한, 청소년기는 '정치적 정체성'이 형성 및 구체화되는 시기로, 이 시기에 발달한 정치적 정향은 성인이 되어서는 거의 변하지 않는다(Huntemann and Morgan 2001). 이처럼 청소년기에는 이념이나 인식이 형성되고, 이때 형성된 여러 가치관이 이후의 삶에서 정치적 선택, 정향에 매우 큰 영향을 미치기에 정치적으로 청소년의 인식을 살피는 것은 중요하다. 이 글에서 다루고 있는 청소년의 성 인식이 이러한 정치사회화 과정에 포함된다. 청소년과 청년의 젠더갈등을 포함한 사회인식을 실증적으로 비교하여 분석하는 것은 이들을 분절적 대상으로 간주하던 기존 연구보다 폭넓은 함의를 보여줄 것으로 기대한다.

II. 젠더갈등에 관한 기존 연구

젠더갈등은 새로 출현한 것이 아니라 이전부터 존재해 오던 젠더갈등의 양상이 몇 년 사이 청년층을 중심으로 변화하면서 노정된 것이다. 한국 사회에서 초기 젠더갈등은 주로 남성중심적 문화에 근간한 법과 제도적 영역에 대한 저항의 형태로 나타났다(김기동 외 2021). 주로 호주제, 군 가산점 제도, 여성의 이중노동 등 제도적인 영역에서 논쟁이 벌어졌고(이재경 2013), 이와 관련된 연구들은 성별에 따른 성평등의식 차이 서술과 여권 신장에 대한 연구들이 주류를 이루었다.

하지만 최근의 젠더갈등은 여전히 사회에서 여성이 차별을 받기 때문에 성차별적 구조를 개선해야 한다는 주장과 이러한 요구가 남성에 대한 역차별로 이어진다는 주장이 충돌하며 나타난다. 이전과 달리 남성이 여성의 권리 확대에 불안과 불만을 느끼고 반발하면서 대결 양상이 첨예화된 것이다(Faludi 2009). 특히 이와 같은 최근의 젠더갈등은 이성집단 혐오에 바탕을 두며, 남녀가 정서적으로 대립하는 양상으로 전개되었다.

남성에 대한 역차별에 분노하는 청년 남성들이 주도한 담론에서 여성혐오 표현이 빈번하게 등장하였고, 이에 대한 반발로 청년 여성을 중심으로 남성혐오 표현이 등장하면서 남녀 사이의 정서적 양극화가 심화되고 있다(김보명 2018; 김수아 2015; 엄진 2016; 함승경 외 2019). 즉, 과거의 젠더갈등은 여권 신장을 위한 법적·제도적인 투쟁인 데 비해 최근의 젠더갈등에서도 법적·제도적 투쟁이 지속되기는 하지만 이성에 대한 감정적 대립 및 정서적인 양극화와 같은 새로운 층위의 젠더갈등이 중층화되고 있다.

젠더갈등의 원인을 다룬 연구들은 신자유주의 확산과 남성성 붕괴, 온라인 커뮤니티, 능력주의 등 각기 다른 원인이 이성에 대한 적대감과 배타적 태도를 강화한다는 것을 알려준다. 이처럼 다양한 원인 규명 속에서 이들은 공통적으로 젠더갈등의 원인이 성차별주의 태도의 차이에 영향을 받는다는 사실을 인정한다. 성차별주의는 서로 다른 성별에 대한 차별적인 인식 및 관념으로 정의되는데, 고전적 성차별주의old-fashioned sexism와 현대적 성차별주의modern sexism로 구분된다(Swim et al. 1995).

고전적 성차별주의는 전통적 성역할 인식을 바탕으로 여성과 남성에 대한 다른 위상 및 처우를 타당하게 받아들이는데 사회영역에서 여성의 능력이 남성에 비해 열등하다는 고정관념에 기반한 성적 차별이다. 대표적으로 자녀의 양육이나 가사일 등을 어머니, 즉 여성의 역할로 규정하거나, 군인이나 경찰과 같이 오랫동안 남성이 담당했던 영역에서 남성이 우월하기 때문에 당연한 역할로 받아들인다. 남성과 여성은 원래 다르기 때문에 각자 맡아야 할 역할이 다르다는 것이다.

반면에 현대적 성차별주의는 고전적 성차별주의와 달리 직접적으로 여성의 능력에 대한 폄하 태도를 보이지 않기 때문에 자칫 성평등에 긍정적인 것으로 오해될 수 있다. 그러나 현대적 성차별주의는 기존의 성차별주의와 마찬가지로 억압적인 성 고정관념을 강화한다. 이는 현대적 성차별주의의 몇 가지 특징에서 기인한다. 먼저 현대적 성차별주의는 성 불평등에 대해 오히려 무관심한 태도를 보인다(Swim and Cohen 1997). 현대적 성차별주의는 현재 성차별이 지속되고 있다는 사실 자체를 부정한다. 따라서 성차별이 존재하지 않는다고 인식하기 때문에 성 불평등 이슈에 무관심한 것이라 볼 수 있다. 이처럼 현대적 성차별주의는 현재 성차별을 부인하므로 성차별 해소를 위한 여성의 요구에 대해 적대감을 보이고 여성 우대정책을 남성에 대한 역차별이라며 비판한다.

이와 같은 두 종류의 성차별주의 중에 최근 서구를 비롯해 우리나라에서 나타나는 젠더갈등은 현대적 성차별주의에 기반한 갈등의 성격을 띠고 있다. 구체적으로 현대적 성차별주의는 여성이 자신이 당한 성폭력과 성희롱 등을 사회적으로 고발하는 미투운동MeToo movement이 과도하다는 주장에 동의하는 태도로 성적 위법행위들을 축소하려는 경향을 보인다(Archer and Kam 2020). 또한, 젊은 세대 간에 젠더갈등이 우리나라뿐만 아니라 미국을 포함해 많은 국가에서 주목받고 있는데, 젊은 세대의 경우 이전 세대에 비해 현대적 성차별주의 성향(여성 승진을 장려하는 조치에 대한 부정적 태도와 여성에 대한 차별이 상당히 감소하고 있다고 인식)을 보인다(Bornatici et al. 2020).

성차별주의 태도가 성별에 따른 차이가 나타난다는 국내 실증연구를 살펴보면, 대학생의 경우 여성이 남성에 비해 성차별이 발생하지 않도록 돕는 성평등 의식 수준이 유의하게 높았다(이영란 외 2013). 또한, 20대 남성의 경우 우리 사회에서 여성 차별 문제가 심각하다고 생각하는 비중은 다른 세대에 비해 적지만 남성 차별 문제가 심각하다고 생각하는 비중은 다른 세대에 비해 월등히 높게 나타났다(천관율·정한울 2019). 성차별주의가 남성의 역차별을 강조하는 것임을 고려하면, 20대 남성의 현대적 성차별주의 태도가 다른 세대에 비해 강하게 나타난다고 볼 수 있다.

반면에 여성의 경우 남성에 비해 사회적 기회나 분배에서 불이익을 당하고 있다는 여성 피해의식을 중심으로 남성 혐오가 형성되지만, 남성들의 경우 남성이 여성에 비하여 사회적으로 손해를 입는다는 남성 피해의식에 따른 여성 혐오가 관찰되지는 않았다(석승혜 2023). 피해의식은 자신의 성별이 사회적으로 차별을 받는다고 느끼는 것으로, 피해의식에서 남녀가 차이를 보이는 것은 성차별주의 태도에서 남녀가 질적 차이를 보이는 것이다.

이상의 연구 결과를 보면 최근의 젠더갈등은 여전히 사회에서 여성이 차별을 받기 때문에 성차별적 구조를 개선해야 한다는 주장과 이러한 인식과 개선요구가 남성에 대한 역차별로 이어진다는 주장이 충돌하며 나타난다. 이전과 달리 남성이 여성의 권리 확대에 불안과 불만을 느끼고 반발backlash을 기반으로 하는 대결 양상이 첨예화된 것이다(Faludi 2009). 특히 이와 같은 최근의 젠더갈등은 이성 집단 혐오에 바탕을 두며, 남녀가 정서적으로 대립하는 양상으로 나타난다.

감정적·정서적 측면에서의 젠더갈등 수준이 높을 경우, 정당정치에서 정서적 양극화의 수준도 높아져 젠더갈등이 정치적 갈등으로 확산될 가능성을 보인다(김기동 외 2021). 실제로 젠더갈등은 정치 영역까지 확장된 모습을 확인할 수 있다. 정치권에서는 문재인 대통령이 페미니스트 대통령이 되겠다고 선언하는 등 진보 진영은 페미니스트적 입장을 수용하였고, 보수 정당은 제20대 대통령 선거에서 공약으로 '여성가족부 폐지'를 내세우는 등 청년세대 남성의 요구를 주도적으로 수용하였다.

이러한 정치 진영의 젊은 유권자의 요구에 대한 반응은 청년세대가 성별에 따라 정서적으로 양극화되어 있는 상황에서 정치권이 젠더갈등에 편승해서 자기 진영의 지지를 높이려는 전략을 구사한 것이라 볼 수 있다. 그 결과 2021년 서울시장 보궐 선거와 제20대 대선을 비롯해 최근의 잇따른 선거에서 청년층의 투표가 여성은 진보 정당을 지지하고 남성은 보수 정당을 선택하는 행태로 뚜렷이 나뉘었다.

이와 같이 최근 한국 사회에서는 청년층을 중심으로 이성 집단에 대한 적대감을 표출하는 감정적·정서적 차원에서의 젠더갈등이 나타나고 있다. 또한 청년층 남녀의 정서적 양극화가 정치 영역까지 확산되고 있다는 점에서, 정서적 양극화에 초점을 둔 젠더갈등을 살펴볼 필요가 있다. 이에 본 연구에서는 다양하고 다층적인 젠더갈등 중 이성 집단에 대한 배타성과 적대감으로 대표되는 정서적 측면의 젠더갈등 연구를 진행하고자 한다. 따라서 이후 본 연구에서 언급되는 '젠더갈등'은 주로 이성에 대한 적대감을 비롯한 정서적 측면의 젠더갈등을 뜻한다.

정치사회화 시기인 청소년기에 청소년들이 성차별주의 태도를 형성하고, 형성된 성차별주의 태도에 따라 젠더갈등을 인식할 가능성이 있다. 또한 청소년 시기에 형성된 이성 집단에 대한 호감 혹은 적대감을 바탕으로, 정치적 선택을 할 가능성이 있다. 이러한 가능성이 있음에도, 청년을 대상으로는 젠더갈등의 양상, 원인에 대한 연구가 활발하게 진행되는 반면, 청소년을 대상으로 한 성차별주의 태도 차이나 젠더갈등 연구는 미진한 실정이다.

청소년의 성차별주의 태도 및 성평등 인식에 대한 기존 연구가 일부 있지만 그 내용을 보면 청소년 성평등 인식을 단순히 측정하는 데 그치거나 학교 활동이나 교육과 같이 학교 공간 내에서의 요인들이 성평등 인식 및 성차별 태도에 영향을 미치는지의 여부만 분석하는 제한적이고 기술적인 분석수준에 그치고 있다(안상수 외 2012; 이주영 2022; 최윤정 외 2019; 홍승표 2023). 구체적인 내용을 보면, 학교 제도의 신뢰가 초중고생의 성평등 의식 증진에 영향을 미쳤고(최윤정 외 2019), 2019년 초등학생 고학년(5·6학년)의 양성평등 의식이 과거 연구에 비해 높아진 것을 확인하고 양성평등 교육이 강조된 제7차 교육과정이 학생들의 양성평등 의식 향상에 기여했다는 결과를 보고하고 있다(이주영 2022).

이외에도 학교 구성원이 성평등에 부정적이거나 성차별 의식을 지니고 있으면, 해당 학교 청소년의 성평등 의식에 부정적인 영향을 미친다는 실증연구도 있다(안상수 외 2012). 그러나 이와 같은 청소년을 대상으로 한 젠더 연구는 몇 가지 한계를 갖는다. 먼저, 해당 연구들은 청소년의 성평등 인식 수준 측정만을 대상으로 하고 있어 젠더갈등에 영향을 미치는 요인들에 대한 심도 있는 연구로 발전하지 못하였다. 결국 청소년을 대상으로 한 기존 젠더 연구는 청소년 내에서 젠더갈등이 실재하는지 그리고 실재한다면 청소년의 젠더갈등의 원인이 무엇인지를 밝히지 못했다. 기존 연구들은 성차별주의 태도를 비롯한 젠더 인식이 정치적인 맥락과 강하게 관련되어 있는 현실을 충분히 반영하지 못하고 교육적인 요인만을 대상으로 성차별 의식에 미치는 영향을 분석했다는 한계가 있다.

젠더갈등과 성차별주의 태도는 정치 영역과 밀접하게 관련되어 있다. 청소년의 젠더 인식에 학교라는 환경이 영향을 미치는 것은 사실이지만 그 인식이 어떻게 젠더갈등을 포함한 사회적 이슈 태도에 영향을 미치는지 종속변수가 아닌 독립변수로서의 영향에 대한 관심이 소홀했다는 점에서 연구의 한계를 지적하게 된다. 이러한 기존 연구들과 차별적으로, 본 연구에서는 청소년 내에서 이성 배타성 정도를 측정하고, 청소년의 성차별주의 태도가 젠더갈등에 어떠한 영향을 미치는지를 살피고자 한다. 또한, 기존 연구와 달리 청소년의 정치 관심이나 정치지식을 비롯한 정치적 요인들이 청소년의 이성에 대한 적대감에 영향을 미치는지를 살피고자 한다.

현대적 성차별주의modern sexism는 성차별이 지속되고 있다는 사실을 부정하고, 성차별 해결에 대한 여성의 요구에 적대감을 보이고, 여성 우대정책을 지지하지 않는 차별주의이다(Swim et al. 1995). 능력주의 역시, 특정한 성별에 특혜를 주는 것에 반대한다는 점에서 능력주의에 기반한 젠더갈등은 현대적 성차별주의와 같은 성차별적 태도의 차이에서 기인한다. 즉, 기존의 젠더갈등의 원인을 다룬 연구들은 청년층의 젠더갈등을 초래하는 것이 현대적 성차별주의 태도 차이에서 기인함을 보인다. 따라서 젠더갈등을 연구하기 위해서는 성별에 따라 현대적 성차별주의 태도에서 차이가 있는지 살피는 것이 선행되어야 한다.

III. 청소년의 의사소통과 정치적 이념

청소년의 자아정체성은 다양한 경로를 통해 이루어진다. 본 연구에서 초점을 맞추고 있는 젠더갈등과 관련해서 누구와 가장 많은 대화를 나누는지 특히 대화 상대의 성별이 성차별 인식 형성에 중요한 영향을 미칠 수 있을 것으로 판단된다.

아래 〈표 1〉과 〈그림 1〉에서 보는 바와 같이 남녀 청소년의 대화 상대자의 분포는 같은 성별로 편향성이 매우 크다. 설문에서 청소년 응답자들에게 빈번한 대화 상대를 순서대로 3명을 선택하게 한 후에 이어지는 질문에서 그 대화 상대의 성별을 물었다 가장 대화가 많은 상대는 부모와 친구였는데 그에 따른 성별 분포가 아래 표와 같았다. 이 결과를 통해 청소년의 자아정체성에 동일 성별 인물들이 상당한 영향을 미치며, 따라서 본 연구에서 다루고 있는 성차별 의식 역시도 같은 성을 가진 대화 상대자들에 의해 영향을 받았을 가능성을 보여준다.

물론 같은 성별 대상자들과 대화 빈도가 높다는 것이 성차별적 인식을 심어준다고 단정할 수는 없다. 하지만 동성과 이성의 접촉 빈도의 차이를 볼 때 젠더 이슈가 대화의 주제가 되었을 때 동성 간의 성차별 의식에 공감이 커질 가능성이 상당할 수 있다는 점을 부인하기 어렵다. 특히 응답자의 부모를 제외한다면 동성 친구들이 대화 상대의 절대적 비율을 차지하게 되는데, 동성의 또래 집단에서 성별을 기준으로 내집단과 외집단을 구분하는 성차별 논리는 상당한 호소력을 가질 수 있다.

<표 1> 대화 대상자의 성별 분포(%)

응답자 \ 대화 상대		대화상대1		대화상대2		대화상대3		응답자 수
		남성	여성	남성	여성	남성	여성	
청소년	남성	95.1	4.9	93.0	7.0	85.1	14.9	543
	여성	20.9	79.1	21.1	78.9	23.9	76.1	515

<그림 1>은 <표 1>을 기반으로 작성한 것이다. 그림에서 보는 바와 같이 청소년 남녀 사이에 대화 상대의 성별 편향이 뚜렷하며, 가장 많은 대화 상대인 부모님의 경우에도 동성과의 대화가 훨씬 많은 것으로 나타났다. 첫 번째 대화 상대 이외에 두 번째와 세 번째 대화 상대의 경우에도 이성인 경우가 약간 늘어나기는 하지만 동성과 이성의 비율은 여전히 확연하다.

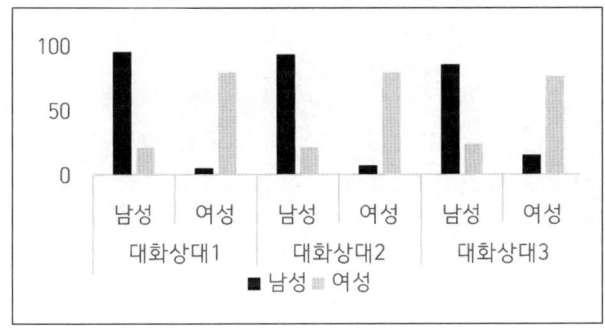

<그림 1> 청소년의 대화 상대자 성별 분포

한편, 성차별 인식을 비롯해서 응답자의 전반적인 정치 태도를 측정해 볼 수 있는 대표적 지표가 정치이념이다. 따라서 청소

년과 청년 남녀 간에 유의한 이념적 차이가 있는지를 확인하는 것이 필요하다. 〈표 2〉는 두 세대 집단의 남녀별 이념 평균을 보여준다. 이념변수의 척도는 0에서 10까지이고 숫자가 작을수록 진보 성향, 5점일 때 중도 그리고 10점일 때 강한 보수로 구성되어 있다.

표를 통해 알 수 있는 것은 청소년과 청년 모두에서 남성의 이념 평균이 여성보다 높다는 것이며, 이는 같은 세대에서 공통적으로 남성들이 더 보수적이라는 것을 의미한다. 그리고 정치이념의 차이는 통계적으로 유의하다. 구체적으로 청소년 남성의 평균은 5.0점으로 중도로 해석된다. 이에 비해 여성의 이념 평균은 4.6점으로 약간 진보적 성향을 가지고 있다. 그 차이는 0.38점으로 크지는 않지만 통계적으로 유의한 차이를 보인다.

청년의 경우 남성은 5.2점으로 청소년 남성에 비해 좀 더 보수적인 것으로 확인된다. 반면에 청년 여성의 이념 평균은 4.2점으로 남성과 차이가 거의 1점에 달할 정도로 진보 성향이 강한 것으로 조사되었다. 이는 청소년 여성의 4.6점보다 훨씬 진보 성향이 강하다. 결과와 같이 청소년에서 남녀가 이념 성향에 차이가 있다는 것은 성별에 따라 정치 정체성을 형성하는 과정에서 접하는 정보의 차이 때문일 가능성이 있다.

여기서 주목해야 할 발견은 청소년에 비해 청년에서 남녀가 각각 더 보수화와 진보화의 경향성을 보인다는 점이다. 고교 시절까지 국가에 의한 교육 내용을 벗어나 대학에 진학하거나 사회에 진출하면서 이전과는 다른 다양한 사회관점을 수용하는 과정에서 성별에 따른 차별적이거나 편향적인 정보를 얻게 된 결과라는 해석이 가능하다. 여기에는 성인식 형성 과정도 포함된다. 그렇다면 이념이 성차별 인식과 밀접한 관련이 있다는 기존 연구를 바탕으로 보면 청소년보다는 청년 남녀에서 젠더갈등이 심화되는 것은 당연한 결과라 할 수 있다. 그럼에도 불구하고 관심을 두어야 하는 것은 청소년 시기부터 남성과 여성 사이에는 성차별 의식이 상당히 차이를 보인다는 사실이다.

〈표 2〉 청소년과 청년의 성별 이념 평균

	성별	평균	t값	자유도	유의확률	평균차이
청소년	남자	5.00	3.30	1056	0.001	0.38
	여자	4.63				
청년	남자	5.22	8.27	1024	0.000	0.99
	여자	4.24				

〈그림 2-1〉과 〈그림 2-2〉는 이념을 진보·중도·보수의 3개 척도로 구분하였을 때 청소년과 청년 남성·여성의 응답자 분포다. 두 그림 모두에서 남성은 여성과 비교하여 진보 비율은 낮고 보수 비율은 높다. 차이점을 보면 청소년에서는 중도 비율이 남녀 모두에서 높은데 청년에서는 남녀 모두 청소년에 비해 낮으며 특히 청년 여성의 중도 비율이 더 낮은 것을 알 수 있다. 대신에 청년 여성의 진보 비율이 청소년 여성에 비해 상당히 높은 것도 확인된다. 전체적으로 청소년에 비해 청년에서 중도 비율이 줄어든 대신에 진보와 보수에서 남성과 여성의 차이가 더 크게 나타나고 있다.

<그림 2-1> 청소년 이념분포   <그림 2-2> 청년 이념분포

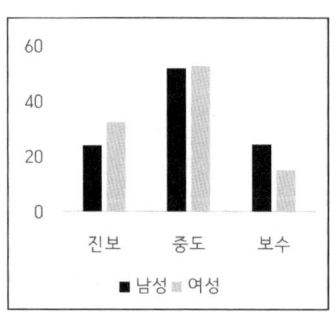
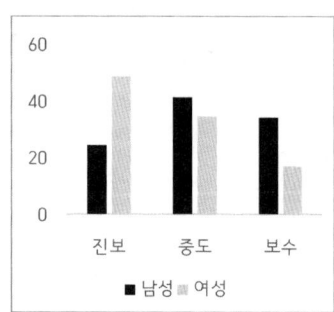

IV. 청소년의 성차별 인식

본 연구를 위한 조사설문지는 성차별 인식과 관련된 다수의 문항을 포함하고 있다. 이를 통해 남녀 사이에 성인식에 대한 응답에 차이가 있는지를 살펴본다. 〈표 3〉에 포함된 2개는 앞서 설명한 고전적 성차별주의와 관련된 것이고, 뒤에 〈표 4〉에서 다루는 2개는 현대적 성차별주의와 연관된 것이다. 고전 성차별주의는 전통적 성역할을 지지하고, 여성과 남성에 대한 다른 대우 및 처우를 타당하게 받아들이고, 여성의 능력이 남성에 비해 부족하다는 고정관념에 기반한 차별이다. 이에 해당하는 것이 첫 번째와 두 번째 설문 문항들이다. 반면, 현대 성차별주의는 현재 성차별이 지속되고 있다는 사실을 부정하고, 성차별 해소를 위한 여성의 요구에 대해 적대감을 보이고, 여성 우대정책을 비판하는 차별주의이다. 젊은 세대는 기성세대보다 현대적 성차별주의 성향을 보인다. 여기에 해당하는 것이 세 번째와 네 번째 설문 문항이다.

〈표 3〉의 고전적 성차별주의 설문에 대해서 청소년 남녀의 찬성과 반대 비율은 상당한 차이를 보여준다. 자녀 양육은 어머니 역할이라는 전통적 시각에 대해 동의하는 청소년 남성은 40%가 조금 넘는다. 청소년 여성 응답자들이 이 주장에 동의하는 비율(29.3%)은 남성에 비해 훨씬 낮기는 하지만 그래도 청소년 여성의 30%는 긍정 답변을 하였다. 즉 청소년 여성들 3명 가운데 1명가량은 육아의 책임이 주로 여성에게 있다고 생각한다. 흥미로운 것은 남성 중 과반이 훨씬 넘는 응답자가 육아는 여성 전담이 아니라 남성도 공동으로 책임져야 한다고 생각한다는 사실이다. 즉 청소년 응답자 남녀 모두에서 육아 책임이 여성의 몫이라는 주장에 부정적 견해가 더 많다.

고전적 성차별주의의 두 번째 질문은 정치는 남성의 영역에 속한다는 주장이다. 이에 대해 청소년 남성 중 30.5%만이 그렇다고 답변하였다. 여기서 '매우 그렇다'는 응답은 7.9%뿐이다. 정치가 남자들의 배타적 분야라는 생각이 청소년 남성들 가운데서 그리 긍정적으로 받아들여지지 않고 있는 셈이다. 청소년 여성의 경우에는 이보다 훨씬 부정적이다. 정치는 남성이 해야 한다는 의견에 찬성하는 비율은 10%에도 미치지 못한다. 거의 절반의 청소년 여성들은(48.3%) 이 주장에 대해 강한 부정적 태도를 보여주었다. 결론적으로 청소년들에게 더 이상 정치는 남성이 독점해야 하는 분야로 인정되지 않으며 여성 정치인에 대한 거부감이 별로 없다는 것을 알 수 있다. 그렇다면 청소년들이 선거에서 후보자를 택할 때 후보자의 성별이 중요한 결정요인으로 작용하지 않는다는 것으로 추측할 수 있다.

〈표 3〉 고전적 성차별주의에 대한 청소년 남녀의 응답 분포(%)

설문 내용	성별	매우 동의	동의	동의 안함	전혀 동의안함	X^2
자녀의 양육은 주로 어머니의 역할이다	남성	7.0	34.4	42.2	16.4	40.4
	여성	2.3	27.0	40.0	30.7	df=3
	차이	4.7	7.4	2.2	-14.3	p=.00
전반적으로 정치는 여성보다 남성에게 맡기는 것이 낫다	남성	7.9	22.8	46.4	22.8	108.2
	여성	1.4	8.5	41.7	48.3	df=3
	차이	6.6	14.3	4.7	-25.5	p=.00

한편, 현대 성차별주의와 관련하여 두 개의 설문 문항이 제시되었다. 최근 젠더 이슈로 부각하고 있는 군대 복무와 여성 우대 정책에 관한 주장이 제시되었다. 병역의무는 청년 남성들에게 매우 큰 부담이다. 2001년 군가산점제가 폐지되면서 병역에 대한 아무런 보상을 받지 못하고 있다는 부당함의 정서가 남성들을 중심으로 광범위하게 형성되어 있다. 따라서 〈표 4〉에서 보는 바와 같이 이 설문에 대한 청소년 남성과 여성의 의견 차이는 상당하다. 청소년 남성 응답자 3명 중 2명(64.4%)이 병역의무는 남성뿐 아니라 여성에게도 부여되어야 한다고 생각한다.

반면에 청소년 여성 가운데 여성의 병역의무에 대해 찬성하는 비율은 남성의 절반 수준에 그치고 있다(33%). 청소년 여성 중

23.7%는 이 주장에 대해 절대 반대의 입장을 보이고 있다. 즉 청소년 여성 4명 중 1명은 여성의 군복무 의무에 대해 절대 반대하고 있는 셈이다. 청소년 전체로 보면 절반 정도가 여성도 병역의무를 가져야 한다는 의견이지만 남성과 여성의 태도에 큰 차이가 있다는 점에서 청소년 전체 평균에만 초점을 맞추는 것은 타당하지 않다는 것을 알 수 있다.

또 다른 현대적 성차별주의 설문 문항은 사회가 지향하고 있는 양성평등 정책이 과연 그동안 남성 중심 사회에서 남성에게 부여했던 특권이 사라지고 남녀를 평등하게 대우하는 평등 정책인지를 묻는 것이다. 청소년 남성 중에서는 절반 이상(53.7%)이 양성평등의 노력이 여성에게 특혜를 주는 결과를 가져온다고 생각하고 있다. 이와 대비적으로 청소년 여성 가운데서는 여성의 특혜라는 인식은 16.9%에 그치고 있다. 특히 청소년 여성의 44% 정도는 절대로 그렇지 않다고 응답하였다. 이들은 양성평등 노력과 정책이 그동안 남성 편향적 사회를 균형적 사회로 변화시키는 데 기여한 것으로 생각하고 있다. 하지만 이처럼 생각하는 청소년 남성은 11.6%에 그치고 있다.

〈표 4〉 현대적 성차별주의에 대한 청소년 남녀의 응답 분포(%)

설문 내용	성별	매우 동의	동의	동의 안함	전혀 동의안함	X^2
여성도 남성과 마찬가지로 군대를 가야 한다	남성	28.7	35.7	26.5	9.0	166.1
	여성	3.1	29.9	43.3	23.7	df=3
	차이	25.6	5.8	-16.8	-14.7	p=.00

설문 내용	성별	매우 동의	동의	동의 안함	전혀 동의안함	x^2
우리 사회에서 양성 평등은 여성에 대한 특혜다	남성	22.8	30.9	34.6	11.6	222.6
	여성	1.9	15.0	39.2	43.9	df=3
	차이	20.9	16.0	-4.6	-32.3	p=.00

〈그림 3〉에서 보는 바와 같이 고전적 성차별주의의 성별 의견 차이와 비교하면 현대적 성차별주의에 대한 남성과 여성의 입장이 훨씬 확연하게 대비적이다. 청소년 남성의 경우 과거 전통적인 성차별주의의 성별에 따른 역할 구분에는 찬성하는 비율이 높지 않다. 물론 과거 성차별주의에 대해서도 청소년 여성의 반대 태도가 훨씬 강하기는 하지만 남성들의 절반 이상이 고전적 성역할의 구분에 대해서 부정적 태도를 보인다. 여성의 양육 책임과 정치는 남성 영역이라는 고전 성차별주의에 대한 태도에서 남녀 사이의 차이는 비교적 크지 않다.

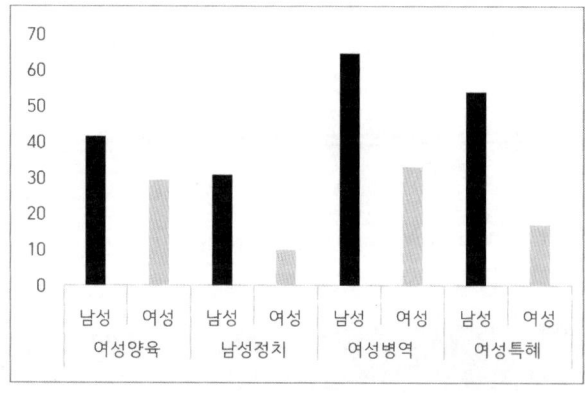

〈그림 3〉 청소년의 성차별 설문에 대한 찬성 분포

하지만 현대적 성차별주의에 대해서는 청소년 남성과 여성들 사이에 태도 차이는 극명하다. 여성의 병역의무 주장에 대해 청소년 남성의 과반이 찬성하고 있으며, 양성평등 정책도 결국 여성에게만 특혜를 주며 자신들은 역차별을 받는다는 의식이 과반의 청소년 남성에게 공감되고 있는 실정이다. 학교에서 양성평등 교육이 시행되고 있음에도 불구하고 자신의 성인식 차이가 상당하는 점이 우려된다.

이상에서 성별에 따른 성차별주의 관련 문항에 대한 응답 태도가 다르다는 것을 확인했다. 이 같은 성별에 따른 차이가 연령에 따라서도 영향을 받는지 또한 확인해 보아야 한다. 성장을 하면서 성정체성이 형성되고 이 과정에서 성차별 의식이 발전하는 것이라면 나이가 들어갈수록 그 강도가 강해질 것이라 예상된다.

〈표 5〉는 앞에서 다룬 성차별주의 관련 4개 설문을 학년과 성별로 구분하여 응답 분포를 제시한 것이다. 이를 통해 각 설문항에 대한 학년별 성별 차이를 비교하는 것이 가능하다. 예를 들어 여성이 자녀 양육을 주로 맡아야 한다는 주장에 대하여 매우 반대한다는 의견분포를 보면 고등학교 1학년의 경우에 남녀 차이가 12.1%p다. 그런데 고등학교 2학년에서는 매우 반대하는 의견의 남녀 간 차이가 15.9%p로 늘어난다. 2학년에서 여성의 육아 전담에 대해 적극적으로 반대하는 비율이 늘어나는 것을 알 수 있다.

이같이 고학년에서 성차별주의에 대한 강한 반대의 비율은 여성 병역을 제외한 나머지 세 가지 설문 문항에서 동일하게 나타

〈표 5〉 청소년 남녀의 성차별주의에 대한 응답 분포(%)

	학년	성별	매우 동의	동의	동의 안함	전혀 동의안함
여성양육	1학년	남성	6.5	34.6	41.2	17.7
		여성	2.3	24.7	43.3	29.8
		차이	*4.2*	*10.0*	*-2.1*	*-12.1*
	2학년	남성	7.4	33.9	43.5	15.2
		여성	2.3	28.8	37.8	31.1
		차이	*5.1*	*5.2*	*5.7*	*-15.9*
남성정치	1학년	남성	8.5	21.2	44.6	25.8
		여성	2.3	7.4	41.2	49.1
		차이	*6.1*	*13.7*	*3.4*	*-23.3*
	2학년	남성	7.4	24.4	48.1	20.1
		여성	0.7	9.7	42.0	47.7
		차이	*6.8*	*14.7*	*6.1*	*-27.5*
여성병역	1학년	남성	25.4	35.4	30.4	8.8
		여성	3.2	30.6	41.2	25.0
		차이	*22.1*	*4.8*	*-10.8*	*-16.2*
	2학년	남성	31.9	36.2	22.7	9.2
		여성	3.0	29.4	44.8	22.7
		차이	*28.9*	*6.7*	*-22.1*	*-13.5*
여성특혜	1학년	남성	21.2	30.4	36.9	11.5
		여성	3.7	14.4	38.6	43.3
		차이	*17.4*	*16.0*	*-1.7*	*-31.7*
	2학년	남성	24.4	31.4	32.5	11.7
		여성	0.3	15.4	39.8	44.5
		차이	*24.0*	*16.1*	*-7.3*	*-32.8*

난다. 정치가 주로 남성의 영역이라는 주장에 대한 강한 반대는 1학년 응답자들 중에서 남녀의 차이는 23.3%p인데 2학년에서는 27.5%p로 늘어난다. 마찬가지로 양성평등의 노력이 결과적으로 여성의 특혜를 가져온다는 주장에 대해서도 강한 반대의견은 1학년에서는 31.7%p인데 2학년 응답자에서는 차이가 32.8%로 늘어난다. 이처럼 성차별주의 설문 문항에 대한 청소년 남녀 사이의 반대의견 차이가 1학년보다 2학년에서 일관적으로 증가하는 것은 학년이 올라갈수록 사회적 이슈에 대한 인식이 높아지는 과정에서 자기 성별에 따른 성정체성이 강해지기 때문이라 해석할 수 있다.

한편, 여성 병역 설문 문항의 학년별로 성별에 따른 차이는 다른 3개의 설문 문항과 차이를 보인다. 매우 동의하는 비율이 2학년 남성에서 상당히 증가하는 현상을 보여준다. 1학년 남성에서는 동의 비율이 60.8%인데 2학년 응답자에서는 68.1%로 상승한다. 반면에 청소년 여성의 동의 비율에는 별 변화가 없다. 병역 이슈는 상대적으로 남학생들에게 민감한 주제이기 때문에 학년이 올라가면서 남성에서 더 큰 변화가 나타나는 것이라 생각된다.

종합하면 성정체성의 형성 과정에서 성별에 따른 편견이 상당히 영향을 미치고 있는 것이 확인되었다. 사회공동체의 구성원으로서 다양한 집단과 공존할 수 있는 가치를 습득하는 것이 중요한데, 성차별 의식이 더 강화되고 있다는 것은 우려되는 현상이다.

V. 청소년과 청년의 성차별 인식 차이와 비교

청소년들의 성차별 인식분포를 평가하기 위해서는 다른 집단의 응답 결과와 비교하는 것이 필요하다. 〈표 6〉은 청소년과 동일한 설문에 대한 청년들의 응답 분포를 보여준다. 전체적으로 청년 남성들이 여성에 비해 남성 중심의 성차별 의식이 강한 것으로 나타나며 앞에서 본 청소년들의 응답 분포와 큰 차이를 보이지 않는다. 자녀 양육을 어머니가 책임져야 한다는 주장에 대한 응답 분포를 보면, 청년 남성의 41.3%가 동의하는 답변을 하였는데 이 비율은 청소년의 41.4%와 거의 유사하다. 마찬가지로 청년 남성 응답자 중 정치가 남성의 영역이라는 주장에 대해 반대하는 의견이 60%가 넘는다. 청소년 남성에서도 69.2%가 반대하고 있다.

이처럼 청년에서도 고전적 성차별주의에 대한 반대 의견이 과반이 넘지만 현대 성차별주의에 대해서는 다른 태도를 보인다. 여성의 병역의무에 대해 찬성하는 비율이 청년 남성에서 70%가 넘는다. 청소년 남성의 64.4%보다 더 높은 비율이다. 마찬가지로 양성평등이 여성에게 특혜를 주는 것이라는 의견도 청년 남성에서 59.8%로 청소년 남성의 53.7%보다 더 높다. 결국 현대적 성차별주의에 대한 긍정 태도가 청년 남성이 청소년 남성보다 더 크다는 것이 확인된다.

<표 6> 청년의 성차별주의에 대한 응답 분포(%)

설문내용	성별	매우 동의	동의	동의 안 함	전혀 동의 안 함	X^2
자녀의 양육은 주로 어머니의 역할이다	남성	6.2	35.1	43.2	15.5	55.0
	여성	3.2	20.1	44.4	32.4	df=3
	차이	3.0	15.0	-1.2	-16.9	p=.00
전반적으로 정치는 여성보다 남성에게 맡기는 것이 낫다	남성	10.9	27.7	40.6	20.8	169.2
	여성	0.7	9.1	37.4	52.8	df=3
	차이	10.2	18.6	3.2	-32.0	p=.00
여성도 남성과 마찬가지로 군대를 가야 한다	남성	30.5	40.6	22.2	6.7	186.5
	여성	4.4	30.9	42.7	22.1	df=3
	차이	26.1	9.8	-20.5	-15.4	p=.00
우리 사회에서 양성평등은 여성에 대한 특혜다	남성	27.0	32.8	30.5	9.7	356.1
	여성	1.2	9.4	33.6	55.8	df=3
	차이	25.8	23.4	-3.1	-46.1	p=.00

한편 청년 여성 응답자들을 살펴보면 고전적 성차별주의에 대해서 청년 여성이 청소년 여성보다 더 강한 부정적 태도를 보인다. 흥미로운 것은 여성의 병역의무에 대해서는 청소년 여성의 동의비율은 33%인데 청년 여성 가운데는 35.3%로 더 높다는 점이다. 남성 청년들은 여성의 의무를 강하게 요구하는데 이에 대한 청년 여성들이 동의하는 비율이 낮지 않다. 그 이유는 청년 여성들이 청소년 여성보다 권리를 주장하려면 의무도 져야 한다는 논리에 동의하는 비율이 높기 때문으로 추론된다. 이러한 관점에서 보면 양성평등이 여성의 특혜가 아니라는 입장이 청소년에서 83.1%인데 비해 청년 여성에서 89.4%로 더 높은 것을 이해할 수

있다.

〈그림 4〉는 각 설문 문항에 대해 성별 청년의 찬성비율에서 청소년의 찬성 비율을 뺀 값이다. 이를 통해 청년과 청소년의 찬성 비율의 차이를 쉽게 볼 수 있다. 여성의 양육 책임에 대해 남성은 청년과 청소년 사이에 거의 차이가 없다. 하지만 여성의 경우 청소년에 비해 청년에서 동의 비율이 상당히 낮아진다. 반대로 정치가 남성 영역이라는 주장에 대해서는 청년 남성이 청소년 남성보다 동의하는 비율이 7.8%p 높다. 여성의 경우 청년과 청소년 사이에 동의 비율에 차이가 없다.

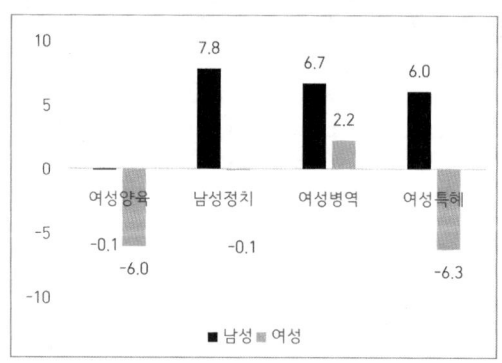

〈그림 4〉 청년과 청소년의 성차별 설문에 대한 긍정응답 차이

한편, 현대 성차별주의에 대해서는 청년과 청소년 사이에 상당한 차이를 보인다. 여성의 병역의무 설문에 대해 청년 남성은 청소년에 비해 동의 비율이 6.7%p 증가한 것을 볼 수 있다. 청년 여성의 긍정응답도 청소년 여성과 비교해 보면 약간 상승(2.2%p) 증가하였다. 여성 집단에서 여성 병역에 대해 상반되는 주장이

존재한다. 한쪽에서는 여성의 출산 등 여성만의 부담이 있기 때문에 남성과 동등하게 병역의 의무를 질 필요가 없다고 주장한다. 다른 한편에서는 여성이 남성과 평등한 사회적 권리를 주장하려면 동일한 의무 부담을 져야 한다는 입장이다. 따라서 청소년과 청년 여성의 여성병역 설문에 대한 긍정응답 비율의 차이가 적은 것은 이처럼 통일되지 않은 견해들이 공존하기 때문으로 해석해 볼 수 있다.

가장 두드러지게 남성과 여성의 견해가 청년과 청소년에서 차이가 나는 것이 양성평등이 여성에게만 특혜를 주는 것인지에 대한 태도다. 청년 남성이 여성의 특혜라는 주장에 찬성한 비율은 59.8%이며 청소년 남성 53.7%다. 반면에 청년 여성이 이러한 주장에 찬성하는 비율은 10.6%로 상당히 낮으며 청소년 여성의 16.9%보다 훨씬 낮다. 남성의 경우 청년이 청소년보다 긍정 비율이 상승하는 데 비해 여성에서는 청년에서 더 낮은 경향성을 보인다. 현대 성차별주의의 핵심이 여성에 대한 혜택으로 인해 남성이 역차별을 받는다는 남성들의 불만이라는 점이 그대로 나타나고 있다.

종합적으로 청소년 여성과 청년 여성의 견해차가 상당하며 청년 여성들의 성차별 의식이 더 강하다는 것을 알 수 있다. 보수와 진보 사이에 가장 큰 견해 차이를 보이는 이슈가 양성평등이 여성의 특혜라는 결과를 가져오는지에 대한 응답 태도라는 것을 확인했다. 이 설문에서 청소년 보수와 진보의 응답 차이가 15.9%p로 다른 설문 응답보다 가장 크게 나타난다. 하지만 청년 보수와 진보의 차이는 거의 30%p에 달하고 있어 이념에 따른 차이가 가장 큰 것으로 나타난다. 현재의 젠더갈등이 남녀의 평등 문제에 달려 있음을 보여주는 실증 결과라 할 수 있다.

VI. 정치이념과 성차별주의 태도

정치이념은 정치사회적 상황과 사건에 대한 해석의 인식 틀이라 할 수 있다. 동일한 정치이슈에 대해서도 개인이 어떠한 정치적 가치관을 가지고 있는지에 따라 이슈를 이해하는 시각이 달라진다. 이에 따라 이념을 진보·중도·보수의 3개 집단으로 구분한 후 각 집단에 속한 응답자들의 태도 분포를 분석하였다. 이념분포 내용은 앞의 〈그림 2-1〉과 〈그림 2-2〉를 참조하면 된다. 〈표 7〉에서 보는 바와 같이 청소년과 청년 모두에서 앞에서 사용한 성차별주의 설문에 대한 긍정응답의 비율은 예외 없이 진보보다 중도가 그리고 중도보다는 보수가 더 높다. 설문의 주장이 모두 남성 중심의 내용을 담고 있기 때문에 진보보다 보수 성향의 응답자들이 더 찬성비율이 높은 것은 예상한 바와 같다.

여기서 주목해야 할 것은 청소년과 청년에서 진보와 보수의 긍정응답 비율의 차이다. 차이가 클수록 정치이념이 응답 태도 결정에 미치는 영향이 크다고 판단할 수 있기 때문이다. 여성 양육 책임에 대해서 청소년의 진보와 보수 사이의 긍정응답 차이는 8.5%p다. 그런데 청년에서는 이보다 2배가 훨씬 넘는 진보와 보수의 차이를 보여준다. 다른 설문 문항에서도 일관적으로 청소년

보다 청년에서 진보·보수 사이의 긍정응답 차이가 더 크게 나타난다. 결국 청소년에 비해 청년 집단에서 이념에 따른 응답 태도의 차이가 뚜렷하다는 것을 알 수 있다. 이는 청년들이 정치이념에 따른 일관적 태도를 보이는 것이라 할 것이다.

〈표 7〉 청소년과 청년의 이념과 긍정응답 분포(%)

설문 내용		청소년	청년	보수·진보 차이 (청소년)	보수·진보 차이 (청년)
자녀의 양육은 주로 어머니의 역할이다	진보	33.9	21.8	8.5	22.1
	중도	33.6	31.8		
	보수	42.4	44.0		
전반적으로 정치는 여성보다 남성에게 맡기는 것이 낫다	진보	17.3	13.7	13.5	24.2
	중도	18.5	20.1		
	보수	30.8	37.9		
여성도 남성과 마찬가지로 군대를 가야 한다	진보	49.0	45.4	1.7	11.4
	중도	48.7	51.3		
	보수	50.7	56.9		
우리 사회에서 양성 평등은 여성에 대한 특혜다	진보	29.1	18.5	15.9	29.5
	중도	35.9	33.9		
	보수	45.0	48.0		

〈그림 5〉는 〈표 7〉에 근거하여 진보와 보수 사이에 성차별 주장에 대한 찬성 비율을 그래프로 나타낸 것이다. 이 그림을 통해 진보와 보수의 차이가 청소년보다 청년에서 더 크다는 것을 시각적으로 확인할 수 있다.

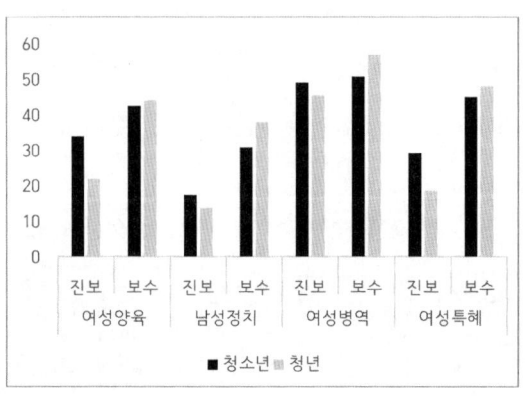

〈그림 5〉 청년과 청소년의 이념에 따른 성차별 설문 긍정응답 차이

VII. 청소년의 성별 사회평가

청소년의 성차별 설문에 대한 인식 차이는 이들이 평상시 느끼는 한국 사회에 대한 인식에서 출발했을 가능성이 있다. 청소년의 성별에 따라 한국 사회 전반에 대한 인식의 차이가 있을 수 있으며, 만일 인식 차이가 있다면 그로 인해 구체적 사안에 대한 태도가 달라질 수 있다. 〈표 8〉은 청소년 응답자들에게 대비되는 한 쌍의 단어들을 제시하고 둘 중 하나를 선택하도록 요구한 후 긍정적 표현을 선택한 결과다.[1] 그리고 〈그림 6〉은 이를 도표로 표시한 것이다. 그림을 통해 모든 평가에서 청소년 남성이 여성보다

---

[1] 여기에 사용된 단어들은 다음과 같다. 평등한 vs. 차별적인 / 소수자 배려 vs. 소수자 차별 / 안전한 vs. 위험한 / 조심해야 하는 vs. 안심할 수 있는 / 법이 지켜지는 vs. 법이 지켜지지 않는 / 자기중심적인 vs. 타인을 배려하는

긍정적으로 평가하고 있음을 알 수 있다.

청소년 응답자들은 5개 선택 쌍 중에서 과반이 긍정 표현을 선택한 것은 '안전한'과 '준법적인'이다. 한국 사회가 자기중심적인지 혹은 타인을 배려하는지의 선택에서 타인을 배려한다는 의견은 30%를 넘지 못하고 있다. 전체적으로 한국 사회에 대한 평가가 긍정적이지 않다는 것도 중요한 발견이지만 청소년 남성과 여성의 긍정답변 비율의 차이에 주목할 필요가 있다.

한국 사회가 소수자를 배려하는 사회인가에 대한 남녀 간의 차이가 가장 두드러진다. 청소년 남성 중 45% 정도가 소수자가 배려되는 사회라고 생각하는 데 비해 여성 가운데서는 27% 정도만이 소수자에 대한 배려가 있는 사회라고 생각하고 있다. 청소년 여성 4명 중 3명이 소수자를 차별하는 사회라는 인식을 하고 있다는 점에서 우려가 되는 부분이다.

청소년이 사회환경을 직접적으로 평가하는 두 가지 기준으로 소수자에 대한 배려와 안전이라는 두 가지 요인의 교차분석을 실시해 보았다. 성별로 구분해 보면 〈표 8〉에서 보는 바와 같이 사회가 안전한지에 대해 여성의 절반만이 그렇다고 생각한다. 안전한 사회라는 인식이 청소년 남성과 12%p 가까이 차이가 난다.

〈표 8〉 청소년의 성별에 따른 사회인식(%)

	평등한	소수자 배려	안전한	준법적인	타인을 배려하는
남성	34.6	44.6	64.5	57.8	28.2
여성	28.2	26.8	52.4	49.5	24.9
차이	6.4	17.8	12.1	8.3	3.3

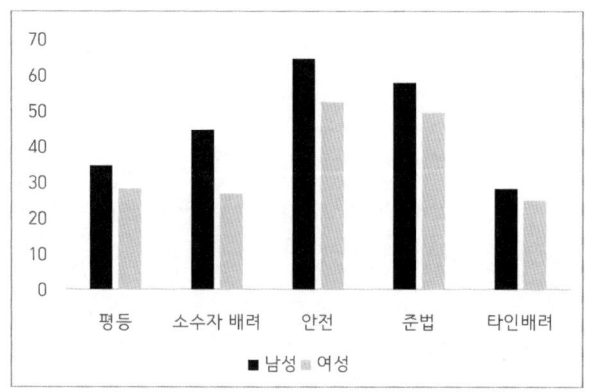

〈그림 6〉 청소년의 성별에 따른 사회인식 비교

아래 〈표 9〉는 소수자 배려와 안전의 두 변수를 교차한 결과다. 청소년 여성 중 39%가 한국 사회는 소수자를 차별하며 위험한 곳이라는 부정적 인식을 가지고 있다. 안전하고 소수자가 배려되는 사회라고 평가하는 청소년 여성의 비율은 그 절반에도 못 미치는 18.3%에 그치고 있다.

이러한 결과는 청소년 남성의 사회인식과 대비된다. 남성 중 소수자가 배려되고 안전한 사회라는 인식을 가진 비율은 여성 응답자의 두 배에 가까운 33.6%이다. 반대로 차별적이고 위험하다는 평가는 24.5%로 여성과 14.5%p의 차이를 보여준다. 청소년 남성은 사회가 소수자를 배려하고 안전하다는 평가가 가장 많고 다음으로 소수자에 대한 차별은 있지만 그래도 안전한 사회라고 생각하는 응답이 두 번째로 많다. 하지만 청소년 여성에게 있어 소수자를 배려하고 안전한 사회라는 평가는 20%에도 미치지 못한다.

〈표 9〉 소수자 배려와 안전한 사회 교차분포(괄호 안 %)

	남성		여성	
	안전한	위험한	안전한	위험한
소수자 배려	182 (33.6)	60 (11.1)	94 (18.3)	44 (8.5)
소수자 차별	167 (30.8)	133 (24.5)	176 (34.2)	201 (39.0)

청소년 남녀 간의 사회평가의 차이에서 우려되는 것은 여성의 사회에 대한 부정 평가 기류가 사회를 구성하는 여러 집단에 대한 부정적 평가와 연관될 가능성이 높다는 사실 때문이다. 사회 전반에 대한 불만과 불안이 크다면 타인을 보는 시각도 긍정적일 수 없을 것이다. 이에 따라 〈표 10〉에서 청소년 남성과 여성의 사회집단에 대한 평가점수를 살펴보았다. 표에서 보는 바와 같이 가장 낮은 점수를 기록한 집단은 기성세대다. 청소년 남성과 여성은 각각 기성세대에 평균 4.9점과 4.5점으로 평가하고 있다.

〈표 10〉 청소년의 성별에 따른 집단 호오도

평가대상 응답자	부모 세대		기성세대		또래 남성		또래 여성	
	남성	여성	남성	여성	남성	여성	남성	여성
평균	5.80	5.24	4.88	4.50	5.51	4.55	5.34	6.01
표준편차	2.00	1.70	2.01	1.63	2.14	2.12	2.11	1.86

남성은 비교적 중립적인 태도를 보이지만 여성은 부정적 태도가 더 많다. 반면에 모든 집단평가에서 청소년 여성의 호감도는 낮은 것이 확인된다. 부모 세대에 대한 평가에서 남성은 5.8점인

데 여성은 5.2점에 그치고 있다. 특히 동성과 이성에 대한 평가에서는 남성과 여성의 차이가 확연히 드러난다. 남성 응답자의 동성에 대한 호감 정도는 5.5점인데 여성 응답자의 여성 집단에 대한 평가는 6.0점으로 다른 집단들보다 호감도가 가장 높다.

내집단에 대한 일체감이 남성보다 여성에서 훨씬 높다는 것을 알 수 있다. 하지만 또래 외집단에 대한 평가를 보면 남성 응답자들은 여성에 대해 5.3점으로 평가하고 있지만 여성 응답자들은 이성인 남성에 대해 4.6점으로 평가하고 있다. 청소년 남성은 동성인 남성과 이성인 여성에 대한 평가 차이는 0.96점으로 1점 이하의 차이를 보인다. 하지만 여성은 그 차이가 1.46점에 이른다. 여성이 상대적으로 여성에 대한 호감은 높지만 외집단인 남성에 대한 평가는 낮다는 점을 보여준다. 이러한 내집단과 외집단 사이의 차이가 크다는 것은 사회 전반에 대한 부정적 평가와 내집단 이해관계에 집중한다는 점에서 바람직한 현상이라고 보기는 어렵다.

청소년의 사회집단에 대한 평가를 보다 폭넓게 해석하기 위해서 동일한 설문에 대한 청년들의 조사 결과와 비교하는 것이 도움이 된다. 〈표 11〉은 청년 응답자들의 성별에 따른 집단 호오도 결과를 보여준다. 청소년과 비교해서 청년 남성 응답자들의 부모 세대에 대한 평가는 낮으며 마찬가지로 기성세대에 대한 평가도 청소년보다 낮다. 반면에 청년 여성의 경우에는 청소년 여성과 비교하여 부모 세대와 기성세대에 대한 평가가 약간 높은 것을 알 수 있다.

〈표 11〉 청년의 성별에 따른 집단 호오도

평가대상	부모 세대		기성 세대		또래 남성		또래 여성	
응답자	남성	여성	남성	여성	남성	여성	남성	여성
평균	5.37	5.34	4.44	4.65	5.18	4.12	4.87	6.04
표준편차	1.88	1.79	2.00	1.82	1.87	2.32	1.93	1.82

청년과 청소년 응답자들 사이에 가장 큰 차이를 보이는 것은 성별 동성 집단과 이성 집단에 대한 평가다. 청년 남성들은 동성인 남성에 대한 평가가 5.2점으로 청소년 남성(5.5점)에 비해 낮다. 더 큰 차이는 여성 집단에 대한 평가로 청소년 남성은 평균이 5.3점이지만 청년 남성에서는 4.9점으로 0.4점이 낮다. 청소년 남성에서는 동성 집단과 이성 집단의 평가 차이가 0.17점에 불과했지만 청년 남성에서는 0.31점으로 거의 2배 증가한다. 주로 동성에 대한 평가보다는 이성 집단인 여성에 대한 평가가 낮아서 나타나는 현상이다. 평균적으로 청소년 남성은 여성을 긍정적으로 평가하지만 청년 남성을 부정적으로 평가하는 비율이 높은 것이다.

청년 여성도 청소년 여성에 비해 이성 호감도가 더 낮다. 청소년 여성은 남성에 대한 평가가 4.6점이고 동성인 여성에 대해서는 6.0점을 보여준다. 그런데 청년 여성에서는 남성에 대한 호감도가 4.1점으로 훨씬 낮고 여성에 대해서는 작은 폭으로 호감이 증가한다. 청년에 있어서는 남성은 동성에 대한 호감이 낮지만 이성인 여성에 대해서는 더 큰 폭으로 호감 정도가 낮은 데 비해 청년 여성은 동성에 대한 호감도는 청소년 여성과 비교하여 별 차이가 없지만 이성인 남성에 대한 호감도가 크게 낮았다.

    어떤 집단이든지 외집단보다는 내집단을 더 우호적으로 느낀다. 이때 집단 구분은 성별뿐만 아니라 출신지, 거주지, 세대 등 다양한 기준이 적용된다. 하지만 내집단에 대한 애착이 크고 외집단에 대한 부정적 평가가 강하다면 사회적으로 과도한 공격적 혹은 집단편향적 태도를 야기할 위험이 있다. 전체 사회집단의 하부 단위로서 개인이 정체성을 갖는 집단의 존재는 사회문화적 다양성 측면에서 바람직하다. 하지만 내가 속한 집단의 이익을 공익보다 우선하거나 과도한 피해자 집단으로 인식하는 것은 사회 통합 차원에서 우려할 문제가 된다. 위의 분석에서 발견된 청소년보다 청년에서 남녀가 이성 집단에 대한 호감도가 낮다는 것은 현재 청소년이 사회에 진출하면 이들도 젠더갈등을 더 심하게 느낄 가능성을 보여준다. 따라서 청소년의 학교 교육에서 양성평등 교육의 중요성과 내실화가 필요하다.

VIII. 이성 호오도와 능력주의

성차별주의에 근거한 의견 태도가 성별에 따라 대비적이라는 것은 앞에서 살펴보았지만 이를 좀 더 심도 있게 연구하기 위해 이성 호오도에 따라 구분해 보았다. 그 결과가 〈표 12〉다. 여기서는 성차별주의 관련 설문 문항들에 대해 이성에 대한 긍정·중립·부정의 호오도가 관련이 있는지를 살펴본다. 이성 호오도는 응답자의 이성에 대한 평가점수로 분류하였는데 0~4점까지는 부정적, 5점은 중립 그리고 6~10점은 긍정으로 구분하였다. 〈그림 7〉은 〈표 12〉를 바탕으로 그래프로 나타낸 것이다.

자녀 양육이 여성의 역할인지에 대한 질문에 대해 이성 평가가 부정적인 집단에서 큰 의견 차이를 보인다. 청소년 남성 중 여성에 대해 부정평가를 한 응답자들 중에는 긍정 답변이 거의 절반에 달하지만(47.9%), 남성에 대해 부정적 평가를 한 청소년 여성의 경우 긍정 답변이 20%에도 못 미친다. 한편, 이성 집단에 긍정 평가를 한 응답자들을 보면, 청소년 남성에서는 43.4%와 여성에서는 34.4%로 여전히 차이를 보인다. 다만 남성을 긍정 평가한 청소년 여성의 긍정응답이 상당히 높은 것을 볼 수 있다.

정치가 남성의 영역이라는 주장에 대해서는 이성 호오도 수준에 관계없이 남성과 여성 모두에서 긍정응답의 비율이 낮다. 특히 남성을 부정적으로 평가하는 청소년 여성 중에서는 불과 3.6%만이 동의하는 태도를 보이며, 이성을 긍정으로 평가하는 여성 가운데서도 13% 정도의 동의 수준을 보여 이 질문에 대해서는 남성보다는 여성의 반대가 압도적이다. 고전적 성차별주의에 속하는 질문인 정치는 남성의 영역이라는 주장에 관해서도 긍정응답이 절반에 달하는 경우는 없다. 그리고 청소년 여성 중 남성을 부정적으로 인식하는 집단에서는 긍정 태도는 단지 3.6%에 그쳐 극단적인 반대 입장을 보인다.

〈표 12〉 이성 호오도와 성차별주의 긍정응답(%)

설문 내용	성별 호오	남성	여성
자녀의 양육은 주로 어머니의 역할이다	부정	47.9	19.8
	중립	36.2	35.0
	긍정	43.4	34.4
전반적으로 정치는 여성보다 남성에게 맡기는 것이 낫다	부정	36.4	3.6
	중립	28.8	14.5
	긍정	29.6	13.1
여성도 남성과 마찬가지로 군대를 가야 한다	부정	70.6	25.9
	중립	65.1	33.7
	긍정	60.3	43.1
우리 사회에서 양성평등은 여성에 대한 특혜다	부정	64.7	8.9
	중립	50.6	17.5
	긍정	50.3	27.9

여성의 병역의무에 관한 태도는 이성 집단을 어떻게 인식하는지에 따라 매우 다른 응답분포를 보여준다. 청소년 남성 중 여성에 대해 부정적 인식을 가진 경우에는 70%가 넘는 응답자들이 여성도 남성과 동등하게 병역의무를 가져야 한다고 생각하고 있다. 반면에 청소년 여성 중 남성에 대한 부정적 평가를 하는 경우에는 여성 병역에 대해 찬성하는 비율이 26% 정도로 남성 청소년과 대비적이다. 이같이 이성 호오도가 낮은 집단에서 찬성 의견 비율의 큰 차이는 다음 질문인 '양성평등은 여성에 대한 특혜'라는 주장에 대한 조사에서도 유사하게 나타난다. 더욱이 이성 호오도가 긍정적인 청소년 남성과 여성 사이에서도 여성 병역의무와 양

성평등이 여성 특혜라는 주장에 대한 태도는 상당한 차이를 보여준다. 이러한 집단별 태도의 차이는 이미 형성된 남성과 여성이라는 성정체성의 인식 틀이 작동한 결과라고 해석할 수 있다.

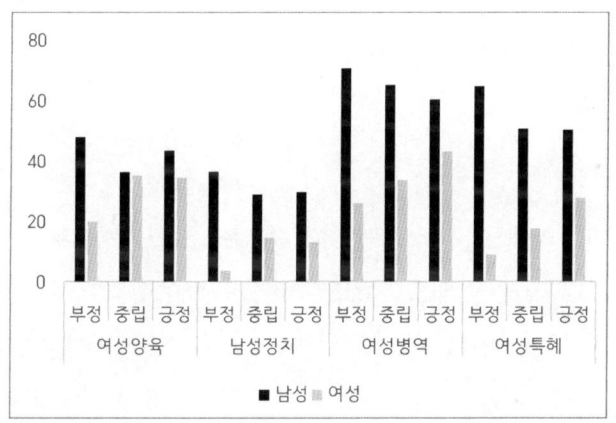

〈그림 7〉 이성 호오도와 성차별주의 긍정응답

응답자가 가지고 있는 가치관 중 능력주의 태도, 즉 노력한 사람에게 더 많은 보상이 주어져야 한다는 주장에 대해 어떻게 생각하는지를 물었다. 능력주의는 평등주의와 대치되는 가치관이다. 자본주의 사회에서 노력에 대한 대가가 주어져야 한다는 주장과 경쟁을 부추기는 능력주의보다 모두에게 평등하게 분배하는 것이 더 중요하다는 주장은 상반되는 견해다.

⟨표 13⟩ 능력주의와 양성평등

노력공정 \ 여성특혜	청소년				청년			
	남성		여성		남성		여성	
	긍정	부정	긍정	부정	긍정	부정	긍정	부정
긍정	45.4	36.9	15.9	74.0	53.6	33.0	8.1	81.5
부정	8.3	9.4	0.8	9.3	6.2	7.2	2.5	7.9

주: 노력 공정-열심히 노력한 사람들이 남들보다 더 많은 소득을 가지는 사회가 공정하다.
여성 특혜-우리 사회에서 양성평등은 여성에 대한 특혜이다.

　능력주의에 대해 청소년 남성 응답자 542명 중 446명이 찬성하여 82.3%가 긍정 태도를 보였다. 청소년 여성의 경우에는 응답자 515명 중 463명이 동의하여 찬성비율이 89.9%가 된다. 청소년 여성의 동의 비율이 남성보다 높다. 위의 ⟨표 13⟩에서 각 셀의 값은 남성과 여성 각각의 집단에서 차지하는 비율이다. 즉 청소년 남성 응답자 전체에서 능력주의와 여성 특혜에 동의하는 비율이 45.4%이다. 그리고 능력주의와 여성 특혜 주장에 모두 반대하는 비율은 9.4%다.

　위의 표에서 보는 바와 같이 양성평등이 여성의 특혜인지를 묻는 질문에 대해서는 남녀 사이에 상당히 다른 태도를 취하고 있다. 청소년 남성 가운데 능력주의를 찬성하고 양성평등이 여성에게 특혜라고 생각하는 비율은 45.4%로 가장 높다. 하지만 특혜가 아니라고 생각하는 응답자도 36.9%로 상당히 많다. 하지만 청소년 여성의 태도는 상당히 다르다. 여성 응답자 4명 중 3명꼴로 능력주의에는 동의하지만 양성평등은 여성의 특혜가 아니라는 태도를 가지고 있다.

능력주의와 여성 특혜에 모두 동의하는 남성 비율은 45.4%에 달했지만 청소년 여성의 경우에는 그 절반에도 못 미치는 16% 정도에 그치고 있다. 그럼에도 이 비율은 4가지 태도 중 두 번째로 높은 비율을 보이고 있다. 종합적으로 청소년 남성보다 오히려 여성이 능력주의에 대해 긍정 태도의 비율이 높지만 양성평등을 여성의 특혜로 보는가에 대해서는 극명하게 다른 입장을 보여준다. 이를 통해 일반적 가치관에서는 남성과 여성의 차이가 별로 크지 않지만, 성별과 관련된 이슈에 대해서는 응답자의 성정체성이 크게 영향을 미치는 것을 확인할 수 있다.

이러한 남녀 사이의 차이는 청년 응답자들에서 더욱 두드러진다. 청년 남성들의 능력주의 찬성비율은 86.6%로 청소년 남성과 별로 다르지 않다. 청년 여성 중 능력주의에 찬성하는 비율은 더 높아서 89.6%인데 이 또한 청소년 여성의 89.9%와 거의 같다. 하지만 위의 표에서 양성평등이 여성의 특혜라는 주장과 교차표를 보면 청소년과 청년의 차이는 더욱 벌어진다.

위의 두 주장 모두에 동의하는 청소년 남성은 45.4%이다. 그런데 청년 남성에서는 53.6%로 더욱 그 비율이 높다. 반면에 청소년 여성의 74%가 능력주의에는 찬성하고 여성 특혜에 대해서는 반대하는 입장인데, 청년 여성의 경우에는 그 비율이 더 높아서 81.5%에 이른다. 이 같은 청소년의 성별 차이에서 나타나는 태도의 차이가 청년에서는 더욱 크게 벌어진다는 것은 청소년기에 형성된 차별적 성정체성이 사회에 진출하면서 더욱 강화된다는 것을 보여준다.

다음으로 〈표 14〉는 청소년과 청년의 교육 기회, 취업 기회, 성공 기회에 대한 성별 인식 차이를 보여준다. 먼저 청소년 남성과 여성의 사회적 기회에 대한 인식을 보면 설문 문항 3개 모두에서 남성의 인식이 더 긍정적인 것으로 나타난다. 비교적 공정성이 유지되고 있다고 받아들여지는 교육 기회에 대해서 청소년 남성이 여성보다 긍정 태도 비율이 8.9%p 높게 나타난다. 그리고 의

〈표 14〉 사회적 기회에 대한 남녀별 인식

		청소년				청년			
		매우 동의	동의	반대	매우 반대	매우 동의	동의	반대	매우 반대
교육 기회	남성	13.8	44.6	29.3	12.3	13.4	48.0	27.9	10.6
	여성	6.4	43.1	33.6	16.9	5.2	40.6	39.5	14.7
	차이	7.4	1.5	-4.3	-4.6	8.2	7.4	-11.5	-4.0
취업 기회	남성	7.6	26.6	38.2	27.7	7.6	34.9	37.0	20.6
	여성	4.1	23.9	42.9	29.1	3.5	25.3	49.1	22.1
	차이	3.5	2.7	-4.7	-1.5	4.1	9.6	-12.1	-1.5
성공 기회	남성	12.3	32.4	33.9	21.4	9.0	31.9	38.8	20.3
	여성	5.0	25.8	42.5	26.6	2.9	29.8	44.9	22.4
	차이	7.3	6.6	-8.6	-5.2	6.1	2.0	-6.1	-2.1

주: 교육 기회-우리나라에서 대부분의 사람들은 자신이 원하는 만큼의 교육을 받을 수 있는 기회를 가진다

취업 기회-우리나라에서 대부분의 사람들은 자신이 원하는 직업을 가질 수 있는 기회를 가진다

성공 기회-우리나라에서 대부분의 사람들은 열심히 노력하면 성공할 수 있는 기회를 가진다

외로 취업시장에서 남녀의 차별인식 차이가 클 것이라는 추측과 다르게 청소년에서 남성과 여성의 평가 차이는 6.2%p로 3개의 설문항 중 가장 차이가 적다. 청소년 남녀 사이에 태도 차이가 가장 큰 문항은 성공 기회다. 그 차이가 13.9%p에 이른다.

한편, 청년 남녀 사이의 사회적 기회에 대한 태도 분포는 청소년의 분포와 다르지 않다. 교육 기회의 공평에 대한 인식의 차이가 15.6%p로 청년 남녀 사이에 가장 큰 차이를 보이고 있다. 반면에 성공 기회에 대한 긍정 태도 차이는 8.1%p로 남성의 긍정 응답이 높기는 하지만 다른 설문 문항과 비교해서 차이가 적다. 또한 청소년과 비교해도 그 차이가 적은 것으로 나타난다.

IX. 요약 및 함의

본 연구에서는 청소년 남성과 여성이 어떠한 경로를 거쳐서 성 정체성을 형성하는가를 확인한 후 성별에 따라 고전적 성차별주의와 현대적 성차별주의에 대한 태도가 어떠한지를 비교해 보았다. 청소년 남성과 여성의 정치이념은 남성은 중립적인 데 비해 여성은 약간 진보적인 것이 확인되었다. 그리고 고전적 성차별주의에 대해서는 청소년 모두 부정적 견해가 많았다. 하지만 현대적 성차별주의에 대해서는 남녀 사이에 뚜렷한 차이를 보였다.

청소년 남성은 여성의 동일한 군복무에 대한 의견이 많았고 반면에 여성은 평등주의가 여성에게 혜택이 아니라는 인식이 다수다. 청소년 여성들은 여성의 군복무에 대해서는 부정적 견해가 압도적이다. 현대적 성차별주의가 주장하는바, 청소년 여성들은 남성 중심의 사회를 더 평등한 사회로 만들어야 한다는 주장에 동의하고 반대로 청소년 남성 중에는 그러한 여성의 주장이 남성의 역차별을 가져온다는 생각이 공감하는 빈도가 높았다. 한편, 한국 사회 평가에서도 청소년 남성과 여성은 차이를 보였다. 남성보다는 여성들이 사회에 대한 평가가 부정적이었으며 특히 소수자 배려나 안전한 사회라는 부분에서 남성보다 평가가 낮았다.

본 연구에서는 청소년 조사와 분석에 그치지 않고 동일한 설문항을 가지고 청년을 대상으로 설문 조사한 결과를 비교하면서 분석하였다. 대체로 청소년에 비해 청년의 이성에 대한 적대감이 높은 것이 확인된다. 특히 청년 여성의 남성에 대한 평가가 가장 부정적이다. 현대적 성차별주의는 여성의 권리 확대 주장과 이에 반발하는 남성 그리고 다시 그러한 남성에 대해 거부감이 강화되는 여성이라는 논리구조를 펼친다. 그러한 관계가 사실이라면 일종의 악순환 구조가 될 수 있다. 여성의 요구에 남성이 반발하고 이에 여성이 남성에 대한 부정적 인식이 강해지고 여성 권리주장을 더 강화하게 되고 또다시 남성의 더 강한 반발이라는 비관적 예측이 제기될 수 있다.

조사 대상인 고등학생들이 대학이나 사회로 진출하면서 성차별적 편견이나 자신의 성을 옹호하는 일방적 주장에 노출될 가능성이 높다. 고등학교 시기에 성정체성의 기반을 공고히 해야 할 필요가 여기에 있다. 앞의 실증분석에서 살펴보았듯이 청소년에 비해 청년의 성차별 의식이 더 강한데 청소년은 곧 청년이 될 것이라는 점을 감안하면 성평등 교육에 소홀할 경우 청소년이 청년이 되면서 젠더갈등은 더 심화될 우려가 있다.

참고 문헌

김기동·정다빈·이재묵. 2021. "한국인의 젠더정체성과 젠더갈등." 『한국정치학회보』 제55권 4호, 5-42.

김보명. 2018. "혐오의 정동경제학과 페미니스트 저항: 〈일간 베스트〉, 〈메갈리아〉, 그리고 〈워마드〉를 중심으로." 『한국여성학』 제34권 1호, 1-31.

김수아. 2015. "온라인상의 여성 혐오 표현." 『페미니즘 연구』 제15권 2호, 279-317.

석승혜. 2023. "세대적 피해의식과 젠더 갈등." 『사회사상과 문화』 제26권 2호, 137-78.

안상수·김인순·최윤정·김금미·최연혁·김보연·김나연. 2012. "성평등 실천 국민 실태조사 및 장애요인 연구(IV)." 한국여성정책연구원 연구보고서 2012(24), 1-574.

엄진. 2016. "전략적 여성혐오와 그 모순: 인터넷 커뮤니티 '일간베스트저장소'의 게시물 분석을 중심으로." 『미디어, 젠더 & 문화』 제31권 2호, 193-236.

이영란·김경미·최소은. 2013. "대학생의 성희롱 및 성평등 인식 수준 및 영향 요인." 『지역사회간호학회지』 제24권 1호, 40-50.

이재경. 2013. "한국사회 젠더 갈등과 사회 통합." 『저스티스』 제134권 2호, 94-109.

이주영. 2022. "초등학생의 양성평등의식에 관한 연구: 고학년을 중심으로." 『한국융합학회논문지』 제13권 1호, 499-505.

천관율·정한울. 2019. "20 대 남자: '남성 마이너리티' 자의식의 탄생." 서울: 시사IN북.

최윤정·박성정·김효경. 2019. "학교 양성평등 지표를 활용한 교육환경 진단 연구," 한국여성정책연구원 연구보고서 2019(52), 1-326.

함승경·최지명·김영욱. 2019. "언론 보도의 여성 혐오 그리고 남성 혐오 분석: 언어 네트워크와 비판적 담론 분석의 결합," 『PR 연구』 제23권 6호, 24-51.

홍승표. 2023. "학교 사회자본이 청소년의 다문화 수용성과 성평등의식에 미치는 영향," 박사학위논문. 서울대학교 대학원.

Archer, Allison MN, and Cindy D. Kam. 2020. "Modern Sexism in Modern Times Public Opinion in the #Metoo Era," *Public Opinion Quarterly* 84(4): 813-837.

Bornatici, Christina, Jacques-Antoine Gauthier and Jean-Marie Le Goff. 2020. "Changing Attitudes Towards Gender Equality in Switzerland (2000-2017): Period, Cohort and Life-Course Effects," *Swiss Journal of Sociology* 46(3): 559-585.

Faludi, Susan. 2009. *Backlash: The Undeclared War Against American Women*. New York, NY, United States: Crown.

Huntemann, Nina, and Michael Morgan. 2001. "Mass Media and Identity Development." In *Handbook of Children and the Media*, edited by Dorothy G. Singer and Jerome L. Singer, Los Angeles, CA, United States: 309-322.

McLeod, Jack M., and Dhavan V. Shah. 2009. "Communication and Political Socialization: Challenges and Opportunities for Research," *Political Communication* 26(1): 1-10.

Niemi, Richard G., and Barbara I. Sobieszek. 1977. "Political socialization," *Annual Review of Sociology* 3: 209-233.

Niemi, Richard G., and Mary A. Hepburn. 1995. "The Rebirth of Political Socialization," *Perspectives on Political Science* 24(1): 7-16.

Swim, Janet K., and Laurie L. Cohen. 1997. "Overt, Covert, And Subtle Sexism: A Comparison Between the Attitudes Toward Women and Modern Sexism Scales," *Psychology of Women Quarterly* 21(1): 103-118.

Swim, Janet K., Kathryn J. Aikin, Wayne S. Hall and Barbara A. Hunter. 1995. "Sexism and Racism: Old-Fashioned and Modern Prejudices." *Journal of Personality and Social Psychology* 68(2): 199-214.

ized_corpus = {}
# 3장 한국 청소년들의 물질주의와 탈물질주의 가치

조영호 • 서강대학교 정치외교학과

Ⅰ. 서론
Ⅱ. 이론적 배경
Ⅲ. 연구 전략: 자료와 측정치
Ⅳ. 분석결과
    1. 기술통계 분석
    2. 추론통계 분석
Ⅴ. 논의와 결론
참고문헌

[핵심어]

물질주의   탈물질주의   가치변화   신근대화론   세계가치조사
삶의 의미   개방성   포용성   사회의 다양화
경제발전   질서유지   표현의 자유

I. 서론

2021년 미국 워싱턴 DC에 소재한 국제적으로 유명한 설문조사 기관인 퓨 리서치 센터Pew Research Center 2021에서 "당신의 삶을 의미 있게 만드는 것은 무엇인가?(What Makes Life Meaningful?)"라는 주제로 17개 선진국 국민들의 의식을 조사하였다. 이에 참여한 나라들은 호주, 뉴질랜드, 스웨덴, 프랑스, 그리스, 독일, 캐나다, 싱가포르, 이탈리아, 네덜란드, 벨기에, 일본, 영국, 미국, 스페인, 대만, 그리고 한국이었다. 최근 한국은 개도국에서 벗어나 선진국으로 인식되기에 조사에 포함되었는데, 그 결과가 매우 흥미로웠다. 단일 주제에 초점을 맞추어 전화로 진행된 본 조사는 17개국 16,254명과 한국인 1,006명의 응답자들에게 해당 주제에 대해 주관식으로 물었고, 응답자들은 편의에 따라 본인의 삶을 의미 있게 만드는 것에 관해 한 가지에서부터 여러 가지의 답을 제시하였다.

간단히 결과를 요약하자면, 한국인들 중 약 62%는 한 가지 응답만을 답하였는데, 이는 여러 가지를 제시한 다른 나라의 국민들에 비해 삶의 의미를 단일한 요인에서 찾으려는 경향이 가장 컸다. 이중 가장 중요한 요인이 바로 물질적 안정material well-being인 점이 예외적 특성이다. 참고로 물질적 안정을 우선순위로 언급한 나라는 많지만, 이를 1순위로 응답한 나라는 한국이 유일하였다. 다음으로 건강과 가족 등이 한국인들에게 인생의 의미를 주는 요인으로 나타났다. 다른 나라와 비교할 때 한국을 제외한 대다수의 나라들의 응답자들은 가족을 1순위로 꼽았고, 직업과 친구들을 2순위로 응답한 반면, 한국인들의 응답에서 직업과 친구들은 6%와 3%로 조사된 나라들 중 가장 낮았다. 한국은 서구의 나라들과 달랐고, 아시아의 일본과 대만과도 다른 특성을 보였다.

이와 같은 결과는 한국 사회에 대해서 다음 몇 가지 중요한 시사점을 말해 준다. 먼저 다수의 한국인들이 삶의 의미를 단일한 요인에서 찾는다는 점은 한국인들이 삶에 여유가 부족하다는 점을 말해 준다. 직업과 친구들이 자신들의 삶에 큰 의미를 주지 못한다는 점은 한국인들이 현재 가진 직업에 대해 불만이 높고 사회적 관계로부터 의미를 찾지 못하고 있음을 뜻한다. 가장 중요한 점은 무엇보다 한국인들이 물질적 안정을 삶의 의미를 주는 최우선 항목으로 선택했다는 점인데, 이는 한국인들이 다른 선진국 국민들에 비해서 물질적으로 충분치 못한 삶의 상태에 있다고 느끼고, 또 불안해하며, 물질주의 가치를 높게 평가하고 있음을 보여준다. 물론 조사된 경제 선진국들 중에서 한국은 1인당 소득에서 중하위권으로 일본, 대만, 이탈리아와는 비슷하고 그리스에 비해서는 잘사는 나라라는 점에서 한국이 객관적 지표에서 예외적으로 낮다고 볼 수는 없다. 그러나 한국인들이 인생에서 중요하게 생각하는 것들은 예외적이었다.

일반적으로 한국인들이 보여주는 경향은 탈물질주의 가치변화post-material value change를 주창한 선구적 학자인 로널드 잉글하트(Ronald Inglehart 1977, 1997)의 이론적 설명과 다른 양상을 보인다. 한국은 탈물질주의 가치변화 이론에서 예외적 사례에 해당한다. 왜냐하면 잉글하트에 따르면 인간사회는 경제적 배고픔을 해결하기 위해 모든 노력을 쏟아야 하는 생존의 단계를 넘어서면 사람들이 보다 높은 가치를 중심으로 자아성취에 나서는데, 한국은 이와 같은 경향을 보이지 않기 때문이다. 잉글하트에 따르면 젊고 교육받은 어린 세대일수록 물질적 가치보다는 탈물질적 가치를 추구하기 시작하면서 장기적으로 사회는 경제적 성장보다는 일과 삶의 균형을, 사회적 위계보다는 자유로운 분위기를, 집단을 우선하기보다는 개인의 다양성을 존중하는 방식으로 변화해 나간다. 이것은 보다 인간적인 사회로 나아가기 위한 변화이다.

1960~70년대 서구의 풍요로운 시대를 배경으로 기존의 좌파와 우파의 집단적·운동주의적·생산주의적·물신주의적 담론으로부터 이탈하여 개인에 기반하여 새롭게 일어난 환경·인권·생활정치 등 새로운 정치사회적 운동을 설명하기 위해 출발한 잉글하트의 탈물질주의 가치변화 이론은 서구의 정치사회적 변화를 설명하는 데 있어서는 적실성을 보였다. 서구의 시민들, 특히 교

육받은 청년층은 기존의 물질주의적 성장과 거대 생산을 중시한 좌파 및 우파 담론으로부터 거리를 두고, 보다 인간적인 사회로 나아가기 위한 운동을 주창하기 시작하였고, 이것이 서구 사회의 근본에 변화를 주었기 때문에 잉글하트는 이를 조용한 혁명silent revolution이라고 명명하였고(Inglehart 1977), 그의 이론은 광범위하게 받아들여졌다. 하지만, 잉글하트의 이론이 보편성을 지향함에도, 그것이 비서구권에서 얼마나 타당한가 하는 점은 여전히 논쟁적이다. 왜냐하면 탈물질주의 가치변화이론의 핵심은 경제적 발전, 즉 근대화가 사회 계층과 계급을 다변화시킴은 물론 물질적으로 부유하게 만듦으로써 탈물질주의로의 문화적 변화를 촉발하고, 이것이 다시 정치경제적 변화를 유발한다는 전망을 하고 있는데, 비서구권인 한국은 경제발전을 이룩하였고 과거에 비해 비교할 수 없을 정도로 부유해졌음에도 불구하고 경제적 변화에 조응하는 탈물질주의 가치변화는 더디거나 정체되어 있기 때문이다.

본 연구는 청소년들의 물질주의적 및 탈물질주의 가치를 경험적으로 탐구하고, 그 시사점을 제시하고자 한다. 청소년들의 탈물질주의에 대한 연구는 두 가지 점에서 중요하다. 먼저 탈물질주의 가치와 정치사회적 변화의 중요한 이론적 메커니즘 중 하나는 새로운 세대일수록 탈물질주의 가치를 일찍 수용하고, 노년 세대를 대체한다는 것이다. 하지만 대체로 선행연구들은 청년을 포함한 국민 전체를 조사하고, 세대별 차이를 비교할 뿐 정작 미래 세대인 청소년들에 대한 경험적 조사는 매우 부족하다. 다음으로 청소년들의 탈물질주의 가치를 알게 될 경우 미래 한국에 대한 정치사회적 변화에 대해 예측적 정보를 얻을 수 있다. 잉글하트가 주장한 경제적 발전이 탈물질주의 가치변화를 추동한다는 이론은 비서구권에서 완전히 맞지는 않지만, 탈물질주의 가치가 보다 인간적인 사회변화를 추동한다는 점은 보편적으로 발견된다. 과연 한국의 청소년들은 어떤 가치를 지향하고 있을까?

본 연구는 2024년 초순 서울시 청소년들을 대상으로 조사된 설문조사를 분석하여, 청소년들 사이에서도 물질주의 가치가 우세하다는 점을 보여준다. 한국의 역사에서 어느 세대보다도 유복하게 자란 학생들 사이에서도 물질주의 가치가 여전히 강하다는 경험적 발견은 한국사회가 경제적 발전에도 불구하고 성장 위주의 사회에서 삶의 질을 중시하는 사회로 질적인 변화를 이루지 못했다는 점을 시사한다. 또한 물질주의 가치를 우선하는 청소년들과 성인들의 사회문화는 한국의 발전이 딜레마적인 상태에 직면하고 있음을 뜻한다. 즉 물질주의 가치는 지속적인 경제발전을 도모하는 목적에 도움이 될 것은 분명하지만, 수단의 관점에서 저출산·고령화로 인해 생산인력이 부족하여 외국인 노동자들이 필요한 시대에, 개방적·관용적 사회 분위기 조성에는 방해가 되기 때문이다. 보다 개방적이고, 포용적이며, 인간적으로 따뜻한 사회가 다양한 사람들을 품을 수 있다는 점은 역사적으로 자명하고, 이를 위한 정치적 조정과 노력이 절실해 보인다. 마지막으로 이 연구는 왜 한국이 높아진 경제 수준에도 불구하고 물질주의 가치가 여전히 높고 여유가 부족한가에 관해서 논의한다.

II. 이론적 배경

1960년대 서구의 근대화 이론은 사회과학에서 가장 지배적인 학문적 이데올로기였고 지금도 여러 분야에서 타당성이 매우 높은 이론이다(Acemoglu and Robinson 2022; Boix 2003; Lipset 1960). 근대화 이론에 따르면, 경제가 성장하면서 사회는 합리적이고 분화되며 다양한 이익 및 가치를 중심으로 집단적 정치가 발생하여 보다 민주적이고 개방적이며 관용적인 사회로 이행한다는 것이다. 학자들은 근대화와 경제발전이 추동하는 정치사회적 변화와 더불어 거시적 및 미시적 메커니즘을 규명해 왔는데, 잉글하트는 문화적이면서도 개인적 차원에서 설명을 제시한 최초의 학자이다. 잉글하트의 신근대화 이론neo-modernization theory에 따르면(Inglehart 1977; 1990; 1997; Inglehart and Welzel 2005), 경제발전이 일어나면 생활적으로 부유한 환경에서 자라난 새로운 세대를 중심으로 탈물질주의 가치가 광범위하게 수용되고, 이것과 기존 사회의 질서 및 가치 간 갈등이 여러 방면에서 일어난다는 것이다. 잉글하트는 이와 같은 갈등으로 인해 새로운 세대가 기성세대를 자연적으로 대체하기도 하고, 정치적 권력이 교체됨으로써 인간적 사회진보로 연결된다고 진단한다.

이론적 차원에서 잉글하트의 정치사회학적 이론은 크게 두 가지 가설에 의존한다. 먼저 매슬로(Maslow 1943)의 진화론적 인간 욕구 5단계 이론이다. 매슬로에 따르면, 모든 인간은 생을 유지하는데 필수적인 (1)생리적 욕구, (2)안전 욕구 등을 가장 우선시하며, 이것이 충족된 다음 상위 단계의 욕구인 (3)애정·소속 욕구, (4)존중 욕구, (5)자아실현 욕구 등을 충족시키고자 한다. 매슬로는 후기에 (6)자기초월 욕구, 즉 종교적 차원을 추가하였다. 다시 말해, 모든 인간은 하위 단계에 속한 욕구를 충족시킨 후, 상위의 고차원적 욕망을 추구하기 시작한다. 잉글하트(Inglehart 1977)는 매슬로(Maslow 1943)의 욕구단계이론을 차용하여 인간의 가치에도 단계가 있으며, 우선순위가 존재한다고 간주하였다. 즉 물질적 결핍을 느끼는 사람은 그 결핍을 충족시키고자 물질주의 가치를 선호하고, 물질적 풍요를 누리는 사람은 물질적 가치보다 상위의 가치인 탈물질주의를 선호한다는 것이다. 잉글하트는 1950·60년대 전후 유럽의 평화와 번영이 1960~70년대 젊은 세대들의 가치변화를 촉발시켰다고 주장하였다(Inglehart 1977).

다음으로 사회화 가설은 실존적 상태에 따라서 나타나는 개인 수준에서의 가치선호가 어떻게 집합 수준의 가치변화로 일어나는지 설명한다. 세대와 사회화 연구의 선구적인 학자인 만하임(Mannheim 1952)에 따르면, 성장 과정에서 결정된 가치관은 쉽게 바뀌지 않는다. 가령 자라면서 전쟁의 참혹함을 경험한 사람들은 나이가 들어도 그 경험에 기초한 생각으로 사회와 주변을 해석하고 행동을 계획하며 실행한다. 사람의 인지적 능력cognitive capacity은 제한적이기 때문에 인생의 초기에 형성된 가치관과 세계관은 이후 약간의 변용을 허용할 뿐 기본적으로는 지속하는 경향을 보인다. 특히 최소한의 노력으로 최대한의 결과를 내려고 하는 인간의 인지적 과정cognitive process은 근본적인 문제가 없는 이상 가치관의 거시적 변화를 거부하는 보수적 속성을 보인다.

잉글하트는 사회화 가설을 수용하여 같은 세대는 유사한 가치관을 공유하고 기성세대와는 다를 것으로 주장한다. 왜냐하면 개인들이 성장 과정에서 직면하는 사회·경제적 조건은 다른 세대와 다르고, 동일한 세대의 구성원이 공유하기 때문이다. 농업경제에 기초한 세대들은 동일한 가치관과 규범을 세대전이를 통해 최대한 유지하려는 경향을 보이는 반면, 20세기 이후 모든 나라가 근대화와 경제발전을 최우선으로 추구하는 시대에 서로 다른 세대는 서로 다른 실존적 조건에 직면하여 다른 경험을 통해 다른 가치관을 형성할 수밖에 없다. 나아가 경제발전과 근대화의 단계가 세대마다 다르고, 성공과 실패의 경험도 시기에 따라 다르지만 동일한 세대는 유사한 경험치를 갖기 때문에 이들이 공유하는 가치와 세계관은 다른 세대와 다를 수밖에 없다. 이렇게 형성된 가치의 선호는 개인적 차원에서 인생을 통해서 쉽게 바뀌지 않고 안정적으로 유지되는 경향을 보이고, 집단적 차원에서 다른 세대와의 갈등의 양태를 보인다. 이것이 농업 사회에서 세대갈등보다는 장유유서의 특성을 보이고, 근대화된 사회에서 세대갈등과 차이가 가내에서부터 정치사회의 장에서 두드러지는 이유이다.

마지막으로 잉글하트(Inglehart 1977)는 욕구변화이론 및 사회화 가설을 종합하여, 경제발전과 가치선호의 변화가 맺고 있는 관계를 '세대 간 가치변화 이론'이라고 제시하였다. 이 이론에 따르면 공통의 세대는 대체로 동일한 사회·경제적 발전 과정 속에서 성장하기 때문에, 여기서 발생하는 정치사회적 가치가 유사해지는 동질화 경향을 보인다. 이는 세대 내 친소관계에서 발생하는 또래의 압력peer pressure이 강하기 때문이다. 특히 경제적으로 성장하는 사회에서 젊은 세대는 기성세대에 비해 풍족하고 안정적인 환경 속에서 성장하기 때문에, 탈물질주의를 더 선호하는 경향을 보인다. 자연스럽게 기성세대는 젊은 세대에 비해 상대적으로 물질주의를 더 선호할 수밖에 없는 결과가 나타난다. 나아가 집합수준에서 나타나는 가치선호의 변화는 세대갈등과 세대교체를 통해 일어나고 새로운 정치사회적 변화로 이어진다. 구체적으로 잉글하트는 제2차 세계대전 이전의 공포와 결핍을 경험한 기성세대와 전후 평화와 풍요, 그리고 번영을 경험한 새로운 세대의 사회화 과정의 차이에 주목하여 1970년대 이후 탈물질주의적 균열이 등장하였고, 이것이 서구의 인권·환경·소수자·생활정치·지역 운동 등으로 나타났다고 진단하였다.

1970년대 이후 서구의 정치적 변화가 절차적 민주주의를 넘어서 보다 정의롭게 개방적이며 개인을 존중하는 실질적 민주주의로의 이행을 견인했다는 점에서, 잉글하트(1997)는 탈물질주의 가치변화가 근대화 이론의 문화적 메커니즘을 설명했다고 주장하였다. 즉 경제발전이 민주적·관용적 사회를 만든다는 명제에서 양자를 연결하는 핵심적 문화 메커니즘이라고 진단하였다. 1980년대 이후 비서구권에서 광범위하게 일어난 민주화의 제3물결이 80여 개 국가들에서 권위주의를 무너뜨리고, 자유주의적이고 민주적 사회로 이행하기 시작했는데, 잉글하트와 벨첼(Inglehart and Welzel 2005)은 탈물질주의 가치변화가 이에 기여했다고 주장하였다.

한국은 1960년대 이후 시작된 수출 중심 산업화 전략의 성공으로 경제발전을 이룩하였고, 1980년대 이후 민주화에 성공하여 최근 선진국 대열에 들어섰다. 이와 같은 외형적 변화를 관찰하면서 국내외 학자들은 가치변화 이론에 기초한 신근대화론이 한국에도 적용 가능할 것으로 내다보았다(어수영 1992; 2004; Inglehart and Welzel 2005). 실제로 이들의 분석에 따르면 한국의 젊은 세대들은 기성세대들에 비해 탈물질주의를 더 선호하는 경향을 보이고 있으며(어수영 1992; 2004; 마인섭 외 1997), 경제성장과 세대 그리고 탈물질주의 사이의 상관관계 또한 가장 높았다(Inglehart and Abramson 1994). 뿐만 아니라 한국인들의 물질주의의 비율은 감소해 왔으며, 물질주의와 탈물질주의가 혼합되어 있는 혼합형 비율의 증가, 즉 물질주의로부터의 이탈이 커지는 양상을 보였다(김욱·이이범 2006). 따라서 이들은 탈물질주의가 한국에서도 자리잡고 있으며, 시간이 지남에 따라 확산될 것이라는 낙관적 전망을 조심스럽게 제시하였다.

잉글하트는 1960년대부터 서유럽과 북미에서 탈물질주의 가치변화를 측정하고 추적해왔고, 가치변화가 교육받은 도시 중산층 청년들 사이에서 뚜렷하게 나타난다는 증거를 발견하여, 이것이 격렬한 투쟁과 싸움을 동반하지 않는다는 점에서 조용한 혁명 silent revolution이라고 이름하였다. 잉글하트는 1960년대 시작한 유럽가치조사 European Values Survey를 1980년대 이후 세계가치조사 World Values Survey로 확대하여, 전세계 응답자들에게 "향후 10년간 이루어야 할 국가목표 가운데 가장 중요한 것과 그 다음으로 중요한 것은 무엇이라고 생각하십니까?"라고 물어본 다음, 네 가지 선택지 중 두 가지를 순차적으로 선택하게 하였다. 네 가지 선택지는 (1)고도의 경제성장, (2)국방 강화, (3)직장과 사회에서의 참여 증대, (4)도시와 농촌을 아름답게 하는 일 등으로, 앞선 두 가지는 물질주의 가치를, 뒤의 두 가지는 탈물질주의 가치를 대표한다. 응답자들은 순서에서 맨 먼저 나오는 초두 효과에 영향을 받기 때문에 순서를 응답자 별로 무작위 변환하게 하고 물질주의적 목표를 모두 선택한 경우 물질주의 유형으로, 탈물질주의적 목표를 모두 선택한 경우 탈물질주의 유형으로, 마지막으로 양자를 하나씩 선택한 경우 혼합형으로 분류한다.

한국은 1981년 세계가치관조사 1차년도부터 참여하였고, 따라서 1980년대 이후 시계열적 자료의 축적으로 탈물질주의로의 가치변화를 시간적으로 비교할 수 있다. 결과적으로 초기 선행연구들의 전망은 경험적으로 지지되지 않는 것으로 나타났다. 〈그림 1〉은 한국인들의 물질주의 및 탈물질주의 가치의 시계열적 변화를 보여주고 있는데, 물질주의 가치 유형은 1981년 43%에서 2005년 54%로 증가하였다가, 2010년 2019년 45%로 다소 낮아진 것으로 나타났다. 혼합형의 경우 1990년대 일부 상승하였으나, 2005년 낮아졌다가 다시 50% 및 51%로 반등하는 경향을 보였다. 마지막으로 탈물질주의 유형은 1980년대에 비해서 오히려 하향하는 추세를 보였는데, 1989년 11% 이후 2005년 이후 5% 이하를 보였다. 결과적으로 1990년대와 2000년대 초반 한국도 경제성장에 맞는 탈물질주의 가치변화가 일어날 것이라는 잉글하트의 신근대화 이론의 낙관적 전망은 타당하지 않은 것으로 나타났다.

〈그림 1〉 한국인들의 물질주의 및 탈물질주의 가치의 시계열 변화: 1981~2019

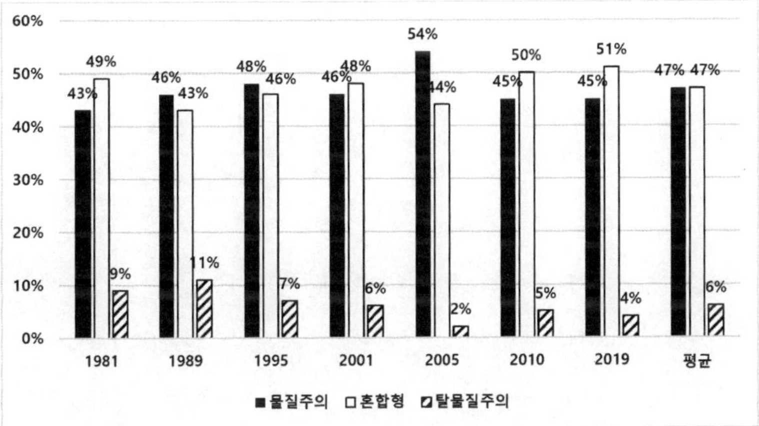

연도	물질주의	혼합형	탈물질주의
1981	43%	49%	9%
1989	46%	43%	11%
1995	48%	46%	7%
2001	46%	48%	6%
2005	54%	44%	2%
2010	45%	50%	5%
2019	45%	51%	4%
평균	47%	47%	6%

출처: 세계가치조사(https://www.worldvaluessurvey.org)

한국에서 경제발전에도 불구하고 탈물질주의 가치변화가 거의 일어나지 않는다는 점은 비교정치의 관점에서 예외적 사례에 해당한다. 왜냐하면 세계적으로 경제가 발전한 선진국들에서 정도의 차이는 있지만 탈물질주의자들의 비율은 상당히 높게 나타나기 때문이다. 실제로 한국의 1인당 국민소득은 1981년 4,280달러에서 최근 조사된 2019년 31,600달러로 약 7배 이상 높아졌으나, 그 객관적 조건의 변화가 탈물질주의 가치변화로 전이되지는 않았다. 경제적 생활수준의 비교기준을 산업화가 시작된 1960년대로 잡을 경우, 산업화 이전 한국이 전 세계에서 가장 가난했음을 고려했을 때, 현재 한국인들의 부유함은 당시와 비교할 수 없을 정도이다. 왜냐하면 현재 배가 고파서 기아로 죽는 사람은 거의 없기 때문이다.

그렇다면 한국인들의 탈물질주의 가치변화는 다른 나라와 어떻게 다른가? 〈그림 2〉는 한국과 주요 선진국들의 물질주의와 탈물질주의 가치를 가장 최근에 수행된 제7차 세계가치관조사(2017-2022)에서 나타난 유형별 결과를 보여준다. 〈그림 2〉에서 보듯이 한국은 물질주의 유형의 비율이 서구의 프랑스 20%, 독일 8%, 스웨덴 3%, 영국 18%, 미국 15%는 물론 일본의 26%에 비해서도 45%로 매우 높게 나왔다. 반면 탈물질주의 가치 유형은 4%로 비교 대상국가들 중 가장 낮았다. 다른 비교 대상 국가들에서 탈물질주의 유형은 독일이 34%로 가장 높았고, 일본이 12%로 가장 낮았다. 요컨대 〈그림 2〉는 한국이 경제적으로 부유하고 선진화되었음에도 불구하고 탈물질주의 가치변화는 일어나지 않고 있음을 거듭 제시한다.

〈그림 2〉 한국과 주요 선진국의 물질주의 및 탈물질주의 가치 비교: 2017~2022

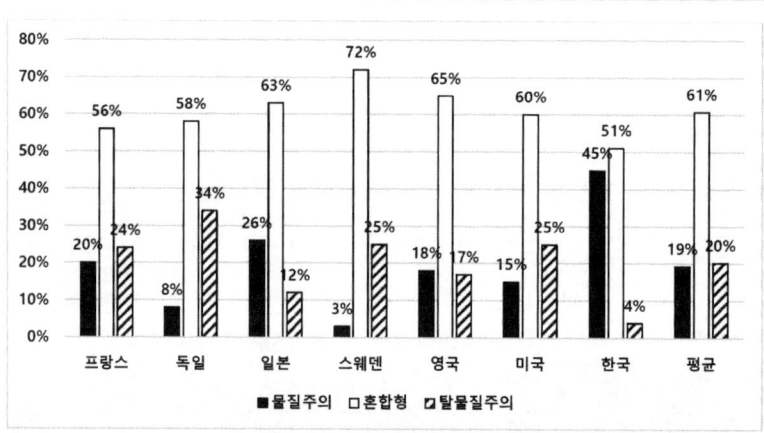

출처: 제7차 세계가치조사(https://www.worldvaluessurvey.org)

〈그림 1〉과 〈그림 2〉는 다른 선진국들과 달리 한국에서 경제발전이 탈물질주의 가치변화를 추동하지 못한다는 점을 제시하는데, 그 이유는 무엇인가? 잉글하트의 신근대화 이론에 따르면 경제가 근대화되고 성장하여 가정에서 배고픔과 생존의 문제가 해소되면 새로운 세대는 물질주의 가치보다는 탈물질주의 가치를 선호하고, 이를 중심으로 성인기 이후 사회경제적 및 정치적 활동을 수행해 나간다. 그러나 한국의 경우 물질주의적 사회적 분위기가 지속되고 있는 것으로 보인다. 이는 한국의 지속적 경제발전에 긍정적인 문화자본으로 기능하지만, 한편 한국인들의 삶의 조건이 개선되었음에도 불구하고 보다 인간적인 사회로 나아가기 위한 변화는 더디다는 점을 시사한다. 즉 한국은 고도의 경제발전기에도 현재와 같이 선진적 경제를 이룬 시기에도 여전히 물질주의 가치가 우선시되는 사회에 속한다.

한국인들이 경제적 풍요에도 불구하고 탈물질주의 가치변화로 나아가지 못하고 있는가 하는 점에 관해서는 여러 이론들이 제시되고 있으나, 현재까지 만족할 만한 답에 이르지는 못하고 있다. 여기에는 한국이 예외적 사례에 해당되고, 사례가 하나라는 점은 여러 경쟁적 가설을 검증할 충분한 사례가 부족함을 의미하기 때문이다. 다만 학자들은 문화적 및 정치경제적 원인을 제시하고 논의하는 중이다. 가령 정수복(2007)은 한국 문화에 내재된 현세적 물질주의를 지적한다. 한국인들의 높은 물질주의적 성향은 무교巫教와 유교로 대표되는 전통 종교의 산물로서, 일종의 고착화된 세계관 혹은 가치관이라는 것이다. 초월적 세계관을 바탕으로 현세를 부정함으로써 성스러움을 강조하는 세계의 여러 종교들과 달리, 무교의 경우 현실세계와 초월세계 사이의 윤리적 긴장이 존재하지 않는다. 나아가 한국의 종교는 그 다양성에도 불구하고 무교적 기반이 강력하다. 마찬가지로 한국인들의 문화에 지대한 영향을 미친 유교의 경우 초월적 세계보다 현세적 삶의 성공에 중점을 둔 신념체계를 가지고 있으며, 현세의 의무와 현존하는 사회적 틀 내에서의 예의와 활동을 강조한다.

나아가 〈그림 3〉에서 보듯이 20세기 중반에 한국에서 근대화와 더불어 급속히 확대된 서양의 수입 종교인 가톨릭과 개신교 또한 한국인들의 현세구복적 내면 세계를 크게 변화시키지 못했다고 진단한다. 실제로 근대화 이전 한국에서 종교는 전통적인 불교는 물론 서양에서 들어온 개신교와 천주교도 소수에 불과하였고, 모두 초월적 세계관을 강조함에도 역설적으로 근대화와 더불어 급성장하였다. 해방과 전쟁으로 대표되는 정치적 불안정과 가난, 그리고 근대화의 시대적 변화는 종교적 위안을 필요로 하였고, 한국인들은 교회나 성당, 절에서도 본인과 가족들의 물질적 성공과 안녕을 기원하는 기복적 특성을 보였다. 물론 이런 경향이 한국만의 특수성은 아니지만, 이런 기원이 다른 것들을 압도하는 것은 한국적 종교 현상이라는 것이다. 결과적으로 정수복은 한국인들의 세속적 구복과 현세주의는 근대화와 경제발전의 과정에서 변화했다기보다는, 오히려 지속적으로 강화되어 왔다고 주장한다. 이것이 서구에서는 근대화와 더불어 종교가 쇠퇴한 반면, 한국은 근대화와 경제발전의 시기에 종교가 부흥한 이유이다.

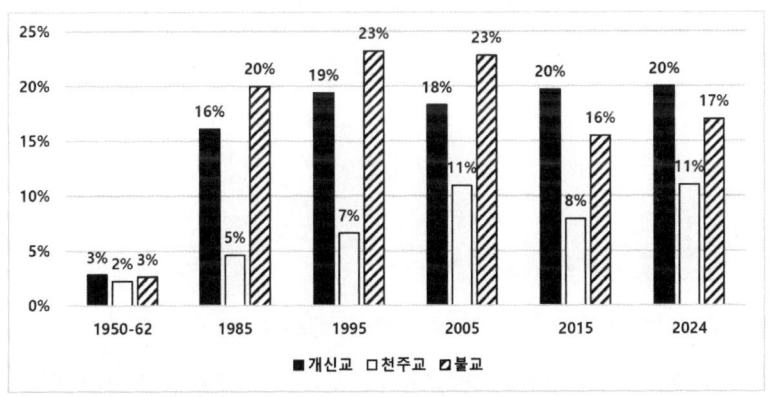

출처: 통계청 인구주택총조사

　　한편 정치경제적 접근을 채택하는 학자들은 한국인들이 직면한 안보적 및 사회경제적 조건이 녹록하지 않다는 점을 지적한다. 경제가 성장하고 탈물질주의 가치변화가 일어날 시점에서 발생한 1997년 외환위기는 한국인들에게 물질적 안정이 얼마나 중요한가를 다시금 새롭게 일깨워 주었다는 것이다. 특히 한국은 세계적으로 유일하게 북한과 전쟁을 통해 분단이 지속되고, 현재까지 전쟁 위협은 계속되고 있다. 한국은 북한의 위협에 지속적으로 대응하기 위해 안보와 경제에 매진할 수밖에 없는 나라라는 점에서, 한국인들이 처한 실존적 처지는 서구는 물론 섬나라인 일본이나 대만과도 다를 수밖에 없다. 한국인들에게 더 많은 물질적 부유함은 과거에도 현재에도 집단적 생존과 직결되는 필수적인 요소라는 것이다. 구체적으로 박재흥·강수택(2012)은 외환위기와 신자유주의로의 전환 등이 실업률을 높이고 비정규직을 양산하게 되면서 탈물질주의에 대한 선호가 감소하게 되었다고 지적한다.

〈그림 4〉에서 보듯이 한국에서 비정규직 근로자 비율은 2000년대 이후 고질적인 문제였고, 최근 38%로 상승하였다. 이는 비교정치의 관점에서도 매우 심각한 현상인데, OECD의 비정규직 정의가 한국과 조금 다르지만, 2022년 한국의 비정규직의 비율은 27%로 OECD 국가들 중 2위를 기록하였다(OECD 2022). 관련 연구는 2000년대 이후 탈물질주의의 지체와 감소를 지적하면서, 그 이유를 실업률의 증가와 비정규직의 확산 등이 탈물질주의를 선호하는 젊은 세대들에게 경제에 대한 위기의식과 불안감을 심어줬기 때문이라고 설명한다. 한편 최정운(2013)은 한국인들이 경제적·정치적 힘에 목말라 하는 현상이 20세기 중반 한국전쟁이 만들었다기보다는, 오히려 이전에 조선이라는 국가의 멸망, 보호의

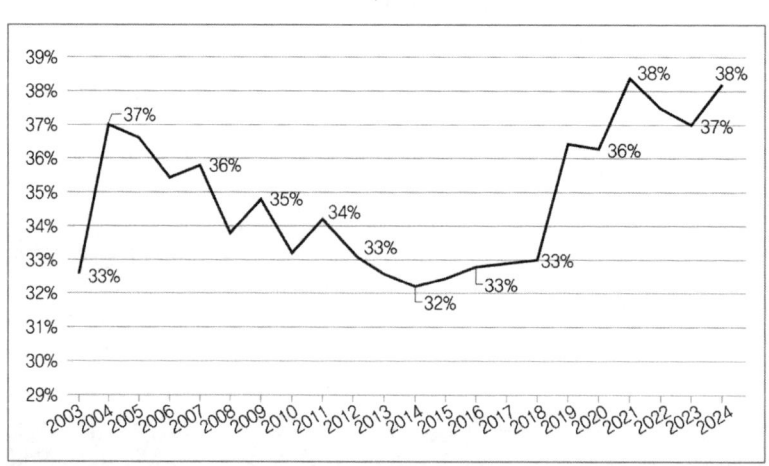

〈그림 4〉 한국 비정규직 근로자 비율

출처: 통계청

상실, 식민화의 불안 등이 주조했고, 이것이 지속적으로 강화된 결과라고 진단한다. 요약하자면, 정치경제적 조건을 진단하는 학자들은 한국이 20세기에 겪은 특수한 역사적 경험이 현재의 한국인들이 물질주의 가치를 계속 추구하게 만든다고 지적한다.

선행연구들은 한국이 경제발전과 탈물질주의 가치변화 이론에서 예외적 사례에 속한다는 점을 보여주지만, 과연 앞으로도 이러한 경향이 지속될 것인가에 관해서는 다소 침묵하고 있다. 한국의 선행연구들은 물질주의적 문화의 우세를 전망하지만, 2000년대 이후 자라난 새로운 세대가 기성세대와 다르다는 점이 다양하게 보고된다는 점에서 추가적인 경험 연구가 필요한 실정이다.

특히 가치변화에 관련된 대다수의 연구는 성인들을 대상으로 연구했다는 점에서 미래의 변화를 전망하는 데 한계를 보여 왔다. 왜냐하면 성인들의 가치는 변화에 저항하는 보수적 경향을 보이기 때문이다. 즉 거시적 변화는 예측이 가능하지만, 그 거시적 변화의 미시적 기초는 여전히 알기가 어렵다. 켄트 제닝스와 리처드 니에미(Jennings and Niemi 1981)의 정치사회화 장기 연구에 따르면 청소년들의 정치와 사회 의식은 이미 13~14세에 발흥하여 형성되기 시작한다는 것이다. 이를 고려할 경우 물질주의와 탈물질주의 간 동학을 밝히기 위해서는 청소년들에 대한 조사가 필수적이다. 나아가 한국이 신근대화 이론의 예외적 사례로 남을지 아니면 새로운 변화를 맞이할 것인지를 가늠하기 위한 검증의 대상은 바로 청소년들이 되어야 할 것이다.

III. 연구전략: 자료와 측정치

이 연구는 한국 청소년들의 물질주의와 탈물질주의 가치를 경험적으로 탐색하기 위하여 2024년 1월 11~26일 간 서울 소재 고등학교 1, 2학년에 재학 중인 1,058명을 조사한 서강대 현대정치연구소 자료를 분석한다. 한국에서도 과거 청소년들의 중요성을 인식하고, 시민교육과 정치사회화의 관점에서 경험 연구가 수행된 바 있으나(김광웅·방은령 2001), 탈물질주의를 다루지 않았고 그 연구의 범위가 매우 제한적이었다. 따라서 본 연구가 청소년들의 탈물질주의 가치를 처음으로 다루었다는 점에서 학계에 기여할 것으로 기대한다.

본 연구에서 활용한 측정치는 잉글하트가 세계가치관조사에서 사용한 질문을 약간 변용하였다. 잉글하트(1997)는 1960~80년대 초기 (1)고도의 경제성장, (2)국방 강화, (3)직장과 사회에서의 참여 증대, (4)도시와 농촌을 아름답게 하는 일 등 네 가지 선택지를 중심으로 가치 유형을 측정하였으나, 4점 척도(4-item index)의 물질주의·탈물질주의 가치지수에 대한 비판에 대응하면서 기존의 세트 문항에 두 세트를 추가하여 12점 척도(12-item index)를 개발하였기 때문이다. 잉글하트와 에이브람슨에 따르면(Inglehart and Abramson 1999) 4점 척도와 12점 척도 간 신뢰성과 타당성은 유사하였다. 본 연구는 12점 척도에서 활용한 문항을 일부 변용하고 종합하여, 한국의 실정과 청소년들에 가장 적합하다고 판단되는 네 가지 문항을 개발하여 설문에 적용하였다.

구체적으로 조사는 청소년들에게 세계가치조사에서와 같이 "귀하가 생각할 때 향후 10년간 이루어야 할 국가목표 가운데 가장 중요한 것은 무엇입니까? 중요한 순서대로 2가지를 선택해 주십시오"라고 질문하였고, 네 가지 선택지를 제시하였다. (1)안보와 질서 유지, (2)정치에 국민의견 반영 확대, (3)경제성장과 물가상승 억제, (4)언론과 표현의 자유 확대. 1번과 3번은 물질주의 가치를, 2번과 4번은 탈물질주의 가치를 대표한다. 학생 응답자들에게는 두 번의 선택지가 주어졌기 때문에 선행연구의 관행을 따라 물질주의적 목표를 두 번 선택한 경우 물질주의 유형으로, 탈물질주의적 목표를 모두 선택한 경우 탈물질주의 유형으로, 마지막으로 양자를 하나씩 선택한 경우 혼합형으로 분류하였다.

마지막으로 연구는 기술통계와 추론통계를 활용하여 한국 청소년들의 물질주의 및 탈물질주의에 관해 종합적이고 체계적인 정보를 제시하고자 한다. 기술통계 분석은 주로 교차분석을 시각적으로 보여주고, 추론통계는 이항 및 순서형 로짓모델을 활용하여 청소년들의 물질주의 및 탈물질주의 가치의 원인을 분석한다.

IV. 분석 결과

2022년 국내 여론조사회사인 엠브레인은 성인들에게 5~10년 안에 이루고 싶은 인생목표가 무엇인가를 복수의 응답으로 물었고, 성인들 중 절반인 53%는 '원하는 만큼의 목돈 만들기'로 나타났

고, 45%는 '은퇴 후 여유롭게 살기'였으며, 23%와 21%는 현재 '일
·공부 분야에서 경력 쌓기' 및 '자격증 따기'였다. 이와 같은 응답
은 한편으로 자아실현과 사회적 인정을 위해 노력하고 있음을 의
미하지만, 다른 한편으로 인생의 목표가 다소 단순하여 여유가 부
족하고 물질적 안정을 끊임없이 추구하고 있음을 보여준다.

　　최근 언론에 따르면 청소년들 사이에서 가장 선호되는 인생
의 목표는 바로 건물주라고 한다(마지혜 2018). 여러 직업들에 대한
언급이 있지만, 목표 선택의 기준은 바로 돈, 즉 물질적 성공과
보상이라는 것이다. 예컨대 아이들은 놀이터에서부터 주변 친구
들과 아이들의 집이 자가인지, 전세인지를 물질적으로 구분하는
양상마저 보인다.

　　과연 언론에서의 지적이 신뢰성과 타당성을 갖춘 조사에서도
발견되는가? 서울에 거주하는 청소년들의 물질주의 및 탈물질주
의 가치는 어떤 양태를 보이는가? 청소년들의 가치관에 영향을
미치는 원인은 무엇인가? 잉글하트의 이론에 따라 한국 청소년들
의 생활수준 상승이 가치변화를 추동하는가? 나아가 이들의 물질
주의 및 탈물질주의 가치는 우리 사회에 어떠한 의미를 가지는가?
이 질문들에 답하기 위하여 본 연구는 두 단계의 검증 절차를 밟
고 있다. 먼저 기술통계를 통해서 청소년들의 탈물질주의 가치와
원인 변수들을 교차분석을 통해서 검토하고, 이후 양자 간 발견된
관계를 회귀분석의 추론통계를 통해 검증한다. 구체적으로, 기술
통계 분석을 통하여 탈물질주의의 양적 지수는 물론, 유형별 비교
분석을 수행한다. 나아가 추론통계인 회귀분석을 수행함으로써

기술통계 분석을 통하여 발견된 관계들이 통계적 유의미성을 가지는지를 검증한다. 이러한 단계적 분석은 변수들 간의 관계에 대한 보다 풍부한 정보들을 제공하면서도 엄밀한 경험적 검증을 가능하게 한다는 장점을 갖는다.

1. 기술통계 분석

기술통계 분석은 사람들의 정치적 가치와 태도에 대한 기초적인 정보를 제공한다. 먼저 〈그림 5〉는 서울 소재 고등학생들이 물질주의 및 탈물질주의 가치에 대한 문항에 어떻게 응답했는지에 대한 기초적인 양상을 보여준다. 세 가지 경향이 두드러지는데, 먼저 학생들은 우리 사회의 발전목표들 중에서 무엇보다 경제성장을 중시하고 있었다. 1순위 응답의 거의 절반에 해당하는 48%가 향후 10년간 우리나라가 이루어야 할 발전목표 중 경제성장과 물가상승 억제를 선택함으로써 한국의 청소년들 사이에서도 경제적 안보는 매우 중요하다는 점이 분명한 것으로 보인다. 다음으로 물질주의와 탈물질주의 선택지들 중에서 전체적으로 물질주의적 항목을 선택한 경우가 1순위와 2순위 모두에서 높았다. 1순위에서 약 76%가 물질주의 가치를 선택하였고, 2순위에서도 59%가 해당 가치의 목표들을 선택하였다. 마지막으로 '안보와 질서 유지' 항목과 '정치에 국민들의 의견 반영 확대' 항목은 다소 유사한 선택을 보인 반면, '언론과 표현의 자유 확대' 항목은 향후 우리나라의 발전목표에서 최하순위를 차지하였다.

〈그림 5〉의 정보를 요약하자면, 한국의 청소년들은 경제발전과 안보를 여전히 우리 사회의 발전목표로 간주하고 있는 것으로 파악된다. 이는 한국이 고도 경제 성장기를 지나왔음에도 불구하고, 청소년들은 여전히 경제성장과 안보 및 질서가 앞으로도 우리 사회의 중요한 발전목표가 되어야 한다는 점을 수용하고 있음을 보여준다. 즉 경제발전과 안보 등 물질적 안녕과 관련된 조건들이 성인 시민들은 물론 청소년 학생들 사이에서도 중요한 가치로 깊이 자리매김하고 있음을 의미한다. 이는 한국이 향후에도 지속적인 경제성장과 혁신을 추진함에 있어서 도움이 될 것이 분명하다. 그럼에도 불구하고, 한국인들의 발전주의적 가치와 욕망은 성인들과 청소년들 모두에서 발견되기 때문에 경제발전이라는 차원이 다른 발전 차원들, 즉 사회의 안녕과 개인의 성장 등과 같은 측면들을 억제할 것으로 보인다. 아울러 경제성장과 안보가 중요한

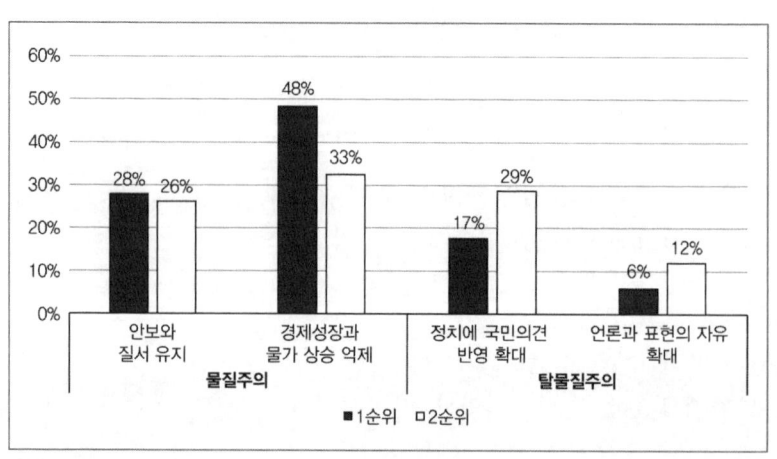

〈그림 5〉 물질주의 및 탈물질주의 가치 문항에 대한 청소년들의 응답

가치로 수용됨에도, 소수는 여전히 탈물질주의 가치를 중시한다는 점에서 가치갈등의 긴장도 일부 발견된다.

서울에 소재한 청소년들이 물질주의 가치를 강하게 수용하고 있다면, 그 유형은 어떤 분포를 보이는가? 일반적으로 유형의 분류는 개별적인 정보를 개념적으로 정리하고 비교가능한 형식으로 보여준다는 점에서 현상의 이해를 돕는다. 〈그림 6〉은 조사된 서울 청소년들을 물질주의, 혼합형, 탈물질주의 가치 유형별로 비교한 막대그래프를 제시한다. 잉글하트의 분류에 따라 물질주의 유형은 두 선택 모두에서 경제성장과 안보 및 질서를 선택한 이들을, 탈물질주의는 두 번 모두 정치에서의 국민의견 반영확대와 표현의 자유를 선택한 응답자들을, 그리고 혼합형은 나머지로 분류하였다. 〈그림 6〉에 따르면 서울의 청소년들 중 가장 많은 이들은 혼합형으로 약 55%가 이 유형에 포함되었다. 다음으로 물질주의 유형이 40%였으며, 마지막으로 탈물질주의 유형은 5%로 매우 소수였다. 물론 세계가치조사에서 나타난 성인들의 유형 분류와 직접적으로 비교하기는 어렵지만, 〈그림 1〉에서 보이는 대략적인 비율과 유사한 것으로 나타났다.

〈그림 6〉이 시사하는 가장 중요한 점은 한국에서 물질주의 가치가 매우 깊고 강력하다는 것이다. 미래세대인 청소년들 사이에서도 물질주의 가치가 우선된다는 점은 한국에서 이 가치가 깊이 뿌리내려 전승되고 있으며 향후에도 그 경향이 계속될 것이라는 전망을 제시한다. 약 40%의 학생들과 나머지 55%의 학생들이 전부 혹은 일부에서 물질주의 가치의 발전목표를 우선한다는 점

은 한국이 당분간 앞으로도 경제발전과 안보의 문제에 치중해야 한다는 점을 제시한다. 경제발전, 안보, 자유의 확대, 개인의 존중, 환경, 인권 등을 비롯한 다양한 발전의 목표는 상충적 관계에 있다. UN의 발전 개념에 따르면 발전은 경제적 발전 차원도 있지만, 사회적 차원, 인권적 차원, 인간안보적 차원, 환경적 차원, 정치적 차원 등을 포괄하는 개념이며, 한 사회는 모든 차원들을 동시에 추구할 수는 없다. 한 국가가 가진 자원이 제한적이기 때문에, 하나의 목표에 치중하기 위해 사회적 에너지를 집중하다 보면 다른 차원에 자원을 투입할 여력이 부족하다는 것이다. 이러한 상충관계는 사회의 가치갈등의 형태로 나타나고, 정치적 균열이 일부를 형성한다. 한편 혼합형과 탈물질주의가 각각 55%와 5%를 차지한다는 점은 가치갈등의 양상이 구도와 맥락에 따라 달라질 수 있음을 시사한다. 55%의 혼합형은 구도와 맥락에 따라 물질주

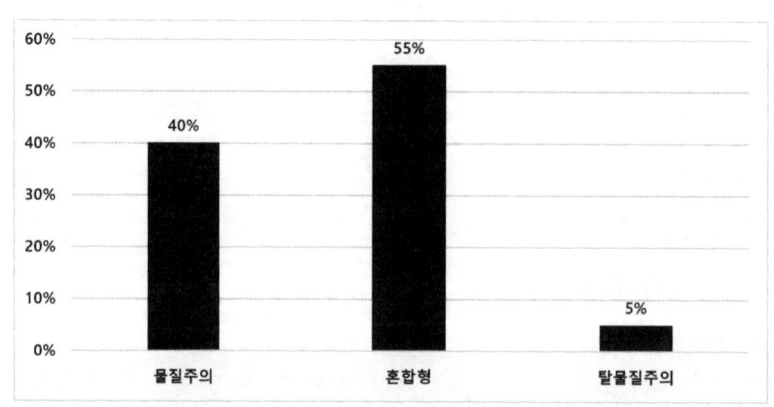

〈그림 6〉 물질주의 및 탈물질주의 가치 유형별 비교

의 가치 목표와 탈물질주의 가치 목표 간 선택을 할 수 있다는 점에서 물질주의 가치가 완전히 압도하지 못할 수도 있다는 것이다. 그럼에도 불구하고 서울의 청소년들 사이에서도 물질주의 가치의 우세하다는 점은 부정할 수 없는 진실에 가깝다.

그렇다면 청소년들의 물질주의 및 탈물질주의 가치에 영향을 미치는 중요한 변수들은 무엇이고, 한국에서는 어떤 원인이 실질적인가? 이 질문에 관해서 크게 두 이론이 가설적 해답을 제공한다. 먼저 신근대화이론neo-modernization theory에 따르면, 새로운 세대들의 가치에 가장 중요한 영향을 미치는 원인은 경제적 생활 수준의 차이이다. 매슬로의 이론을 차용하여, 생존과 안보적 욕구는 생활 수준이 개선됨으로써 자연스럽게 해결되기 때문에 사람들은 보다 상위의 가치를 추구하기 시작한다는 것이다. 즉 가정 내에서 생활 수준이 높아지면, 그 만큼 생존과 안보적 욕망으로부터 이탈하고 자아실현 등 보다 상위의 가치 실현에 나서게 된다.

다음으로 수정 가치변화이론revisionist value change theory에 따르면 (Flanagan 1982; Flanagan and Lee 2000), 탈물질주의로의 가치변화는 일종의 신좌파적·반권위주의적·진보적 이념을 반영한다. 즉 탈물질주의 가치는 기성의 질서에 도전하는 구좌파로부터 신좌파로의 변화를 반영하고 있다는 것이다. 또한 가치변화와 이념변화는 중첩된 현상으로 기존의 혁명주의·운동주의·집단주의·반여성주의·생산주의에 기초한 마르크시즘에서 탈피한 새로운 좌파적 운동이 탈물질주의 가치변화를 추동하였다는 것이다. 따라서 물질주의에서 탈물질주의 가치변화도 결국 전통적 공산주의와 사회

민주적 운동 이후에 출현한 새로운 이념변화에 기초한 것이고, 변화한 것은 이념의 내용이다. 나아가 탈물질주의에 기초한 이념적 진보운동은 사회적 약자들의 이익을 대변한다는 점에서 여전히 사회변혁 혹은 개혁적 성격을 가지므로 기성질서에서 소외된 이들이 가치변화를 빨리 수용하게 된다.

그렇다면 한국에서 가정의 생활 수준과 주관적 이념이 청소년들의 가치에서의 차이를 설명하는가? 이 연구는 신근대화 이론의 관점에서 세 개의 변수를 검토한다. (1)부모의 학력, (2)주관적 계층수준, (3)강남 3구의 거주 여부. 수정 가치변화이론을 검증하기 위해 주관적 이념과 성별을 포함한다. 부모의 학력과 주관적 계층의식, 및 강남 3구의 거주는 청소년들의 생활 수준을 가늠할 경제적 준거가 되고, 주관적 이념은 이념적 차원을, 여성은 현재 한국에서 약자를 의미한다는 점에서 양자를 고려한다. 조작화에서 부모의 학력은 부모 중 대학을 졸업한 수를 0~2로 구분하였고, 주관적 계층의식은 5개 구간으로 나누었으며, 강남 3구의 거주 여부는 더미 변수이다. 주관적 이념은 진보·중도·보수로 분류하였고, 사회적 약자의 정치적 특성을 검토하기 위해서 젠더 변수를 포함하였으며, 여학생을 더미 변수로 두었다.

〈표 1〉은 한국 청소년들의 물질주의 및 탈물질주의 가치에 관해 몇 가지 두드러진 특성을 보여준다. 먼저 한국 청소년들이 물질주의-탈물질주의 평균값은 0.653으로 물질주의에 좀 더 가깝게 나타났다. 상술한 유형 분류에서 물질주의 유형이 40%, 혼합형이 55%, 그리고 탈물질주의 유형이 5%임을 고려할 때, 0.653이

라는 평균값은 수학적으로 자연스러운 결과이다. 중요 변수들의 수치들 중 중요한 점은 평균과 어떤 차이를 보이는가 하는 점이다.

〈표 1〉 한국 청소년들의 물질주의 및 탈물질주의 가치와 사회인구학적 배경

	물질주의-탈물질주의 가치지수(0~2)
평균	0.653
부모 교육수준	
대학 졸업 미만	0.663
1명 대학졸업	0.683
모두 대학졸업	0.640
주관적 계층의식	
하	0.609
중하	0.661
중	0.628
중상	0.689
상	0.693
강남 3구 거주 더미	
강남	0.599
비강남	0.667
주관적 이념	
진보	0.737
중도	0.632
보수	0.591
성별	
남학생	0.656
여학생	0.650
사례수	1,058

구체적으로 각각의 변수들은 흥미로운 경향을 보인다. 첫째, 부모의 교육수준과 관련하여 청소년들 중 가장 물질주의 가치를 보이는 집단은 부모 양쪽이 모두 대학교육을 받은 집단이었다. 부모들 중 1명만 대학을 졸업한 가정에서 자란 청소년들 사이에서 탈물질주의 지수는 가장 높은 0.683을 보인 반면, 부모 모두가 대학을 졸업할 경우 평균보다 물질주의 지수가 강하게 나타났다. 이는 잉글하트의 이론적 전망과는 일치하지 않는다. 일반적으로 교육수준이 높은 부모들 하에서 자녀들의 교육수준이 높아지고, 서구에서는 교육받은 도시 중산층 청년들 사이에서 탈물질주의 가치가 높게 나타나는데, 한국에서는 그와 같은 경향이 나타나지 않았다. 오히려 교육수준이 높은 가정에서 자란 아이들 사이에서 물질주의 가치는 가장 높다는 점은 탈물질주의가 사회로의 변화는 사회의 상층부로부터 막혀 있다는 점을 시사한다.

둘째, 주관적 계층의식은 하층에서부터 상층으로 이동할수록 보다 뚜렷하게 탈물질주의적 경향을 보여준다. 본인의 가정을 하층으로 인식한 청소년 집단에서 물질주의-탈물질주의 지수는 0.609로 가장 강하게 나타난 반면, 본인의 가정이 상층이라고 생각하는 청소년 집단에서 해당 지수는 0.693으로 0.08 이상의 차이를 보였다. 전체적으로 주관적 계층의식이 상층으로 이동할수록 탈물질주의 가치를 보이는 것은 확실하지만, 중하층의 경우 이러한 경향으로부터 다소 이탈하는 것으로 보인다. 즉 본인의 가정이 중하층이라고 생각하는 집단은 바로 아래의 하층은 물론 바로 위의 중층에 비해서도 탈물질주의 가치 태도를 보인다. 그럼에도 불구하고, 상층에 비해서는 물질주의 가치가 강하다는 점에서, 전체적으로 주관적 계층의식과 탈물질주의 가치는 양의 관계를 가지는 것으로 보인다. 객관적 부유함과 주관적 계층의식 간 상관관계를 여기에서 규명하기는 어렵지만, 주관적 계층의식이 탈물질주의 가치와 연관성을 가진다는 사실은 가치변화가 주관적 특성을 반영한다는 점을 뜻한다.

셋째, 청소년 응답자들이 강남 3구에 거주하는지 여부는 학생들의 물질주의-탈물질주의 가치에 지대한 영향을 미치는 것으로 보인다. 표에 따르면 강남 3구에 거주하는 학생들과 비강남에 거주하는 학생들 간 물질주의와 탈물질주의 지수에서의 차이는 0.07에 가까웠다. 이는 강남 3구에 거주하는 학생들이 보다 물질주의 가치를 우선하고 있는 반면, 비강남권에 거주하는 학생들이 전자에 비해서 보다 탈물질주의 가치를 수용하고 있음을 보여준다. 1970년대 강남 대개발이 시작되고 서울대는 물론 강북의 명문 고등학교들이 강남으로 대거 이전하면서, 대치동을 중심으로 한 강남 지역이 사교육과 대학입시에서 우위를 보이기 시작하는 현상은 1990년대 두드러지기 시작하였고, 현재 강남과 경쟁할 만한 지역은 존재하지 않는 것으로 보인다. 이는 한국 사회에서 새로운 인재와 엘리트를 배출하는 지역이 바로 강남이 되었음을 의미하고, 한국은 엘리트 재생산의 중심부에서부터 물질주의 가치관이 세대를 통해 전이되고 있음을 〈표 1〉은 보여준다.

넷째, 주관적 이념은 탈물질주의 가치변화와 긴밀한 관련성을 가진다. 〈표 1〉에 따르면 탈물질주의 가치는 이념이 보수에서 진보로 이동할수록 높은 경향을 보인다. 가령 보수의 해당 지수는 0.591, 중도는 0.632, 진보는 0.737을 보였다. 흥미로운 점은 이들 이념집단 간 차이인데, 물질주의-탈물질주의 지수의 차이는 보수와 중도 간 0.41인 반면, 중도와 진보 간 0.105로 두 배 이상을 상회하였다. 이는 한국 청소년들 사이에서 물질주의와 탈물질주의 가치갈등에서 진보적 이념집단이 타 집단과 뚜렷한 차이를 보인다는 점을 시사한다. 일반적으로 진보와 보수를 구분하는 개념은 나라마다 상이한데, 가령 유럽에서 좌파와 우파의 균열은 전통적으로 소득의 분배를 중심으로 형성된 반면, 미국에서 자유와 보수의 균열은 종교적 가치와 인종적 차이를 반영한다. 한국에서 진보와 보수를 가르는 핵심적인 원인은 북한과 통일에 대한 입장으로서 이는 한국전쟁의 트라우마와 반공독재의 역사를 반영한다. 한편 한국에서 진보와 보수는 경제성장에 이견이 거의 없고, 페미니즘을 비롯한 전통적·현대적 가치에 유보적인 태도를 보인다는 점에서 유사한 양태를 보인다. 하지만 본 연구에 따르면, 청소년들 사이에서 진보와 보수의 정치적 균열이 물질주의적 및 탈물질주의 가치의 차이와 연관된다는 점에서 이념적 균열이 사회적 가치와 연계되어 있다는 점을 알 수 있다. 이 발견은 향후 한국에서도 가치갈등이 이념적 및 정치적 양상을 보일 것을 시사한다. 어쩌면 사회적 갈등의 정치화는 이미 시작되었을 수도 있다. 가령 지난 문재인 정부 시기에 환경·원전·차별금지 등 사회적 가치갈등에 대해서 대통령이 적극적으로 발언하였는데, 이는 한국정치의 양극화를 촉진한 것으로 평가된다(조영호 2022).

다섯째, 물질주의-탈물질주의 지수에서 남학생과 여학생 간 성별 차이는 거의 없는 것으로 보인다. 일반적으로 한국 사회에서 여성은 직장에서의 채용과 승진 및 보상은 물론 정치적 대표성에서 약자의 위치에 있다고 알려져 있다. 이는 국제적인 지수에서도 나타나는데, 세계경제포럼World Economic Forum(2024)에 따르면 한국의 성차별 지수는 146개 조사대상 국가들 중 94위에 머물고 있다. 가령 1점 만점에서 아이슬란드가 0.94, 노르웨이 0.88 등 유럽 국가들이 최상위에 위치한다면, 한국은 0.7로 중하위권으로 개발도상국가들과 비슷한 위치에 있다. 그러나 이와 같은 한국의 기성사회에 대한 평가와 달리, 학교에서 여학생들이 권리와 학력은 최근 남학생들을 능가한다. 실제로 대학에 진학하는 여학생들의 비율은 2009년 남학생들을 역전하였고, 2021년은 여학생들의 대학 진학률은 81.6%로 남학생들의 76.8%와 비교해 4.8%포인트 높았다. 여학생들의 학력과 권리의식이 객관적으로 높아졌다는 사실과 한국의 기성사회에서 여성들의 취업과 승진이 남성에 비해서 취약하다는 점은 한국 여성들의 정치사회적 불만이 왜 높은가를 설명해 준다. 최근 정치적 행동주의에서 뚜렷하게 등장하는 두 집단은 보수적 노령세대와 젊은 여성들인데, 후자의 경우는 여성들이 높아진 자기의식과 사회적 인정 간 괴리로부터 기인하는 것으로 보인다.

종합하면, 한국 고등학생들의 물질주의와 탈물질주의 가치에 영향을 미치는 요인들은 정치적 및 경제적 측면을 반영하였다. 구체적으로 정치적 차원에서 청소년들의 탈물질주의 가치는 진보적일수록 높게 나타난 반면 물질주의 가치는 보수적 학생들 사이에서 높게 발견되었다. 경제적 차원에서 청소년들의 탈물질주의 가치는 본인의 주관적 계층인식과 거주지역에 따라 구분되었다. 양자의 방향은 반대를 가리켰는데, 주관적 계층인식이 높을수록, 거주 지역이 강남 3구가 아닐 경우 탈물질주의가 높게 나타났다. 흥미롭게도 잉글하트의 신근대화 이론에 따르면 생활 수준이 부유해질수록 물질주의 가치로부터 이탈하여 탈물질주의 가치를 수용하는 경향이 강해진다고 알려져 있는데, 이 이론은 한국 청소년들에 대해 반은 맞고, 반은 맞지 않는 것으로 나타났다. 즉 객관적인 부유함보다 주관적 계층의식이 중요하다는 점은 잉글하트의 신근대화 이론의 예상과는 달랐다.

2. 추론통계 분석

본 연구는 앞서 제시한 연구 디자인에 근거하여 물질주의와 탈물질주의의 각 유형별로 로지스틱 logitistic 회귀분석을 수행하고, 다음으로 세 유형을 순서형 로지스틱 ordered logistic 회귀분석을 통해 검증하였다. 다음의 〈표 2〉는 통계적 분석의 계수값 coefficient 을 정리한 것으로, [모델 1]에서 [모델 3]은 종속변수를 각각 물질주의형·혼합형·탈물질주의형으로 두었고, 마지막 [모델 4]는 세 유형을 종합한 지수를 중심으로 회귀분석을 실행한다.

먼저 [모델 1]에서 한국 청소년들 사이에서 물질주의형과 비물질주의적 유형 간 차이에 영향을 주는 변수는 상술한 기술통계 분석의 예상과 크게 다르지 않았다. 한국 학생들 중 탈물질주의 유형에 속하는 이들은 주관적 계층의식이 낮고, 강남 3구에 거주하며, 이념적으로 보수적이었다. 주관적 계층의식이 낮은 이들이 보다 물질주의적인 국가적 목표를 지향한다는 점은 잉글하트와 매슬로의 이론에서 충분히 예상이 되지만, 강남 3구에 거주하는 학생들 사이에서도 물질주의가 높다는 점은 두 이론가의 예상과는 다르다. 그러나 이는 한국에서 가장 부유한 강남 3구에서의 학생들과 거주자들의 삶이 각박하고, 빈부격차는 심하며, 학업경쟁이 치열하다는 점을 역설적으로 시사한다. 즉 이들이 탈물질주의 가치를 수용하고 삶의 의미를 다른 곳에 두기에는 실존적 처지가 녹록하지는 않은 것으로 보인다. 어쩌면 강남 3구에서 물질주의의 경향이 높다는 점은 역설적으로 대한민국에서 가장 발전된 지역에서부터 물질주의 가치는 흘러 넘치고 spillover 있음을 시사한다. 이러한 사회적 압력은 새롭게 자라나는, 따라서 기성의 가치와 질서를 가장 잘 학습하고 수용하려는 학생 세대에서 더 뚜렷하게 드러나는 법이다. 마지막으로 기술통계의 논의와 같이 이념은 탈물질주의 가치에 영향을 미치는 중요한 변수였고, 부모의 교육수준과 성별은 관계성이 있다는 점을 확증할 통계적 근거가 부족하였다. 즉 관련성이 있다고 결론 짓기는 어렵다.

[모델 2]는 혼합형과 비혼합형 간 차이에 영향을 미치는 변수들을 보고한다. 〈표 2〉에 따르면 주관적 계층의식은 유의미한 관련성을 보여주지 못하는 반면 이념과 강남 3구의 거주 여부는 [모델 1]의 물질주의 유형의 분석결과와 완전히 반대의 양상을 보인

다. 구체적으로 물질주의적 유형을 결정하는 영향력만큼이나 강남 3구 거주 여부와 이념은 혼합형과 부의 관계를 가졌다. 즉 강남 3구에 거주할수록 혼합형에서 이탈할 가능성이 높고, 이념적으로 진보적일수록 혼합형이 되는 경향이 강했다.

[모델 3]의 탈물질주의형 분석에서는 두 가지 흥미로운 점이 나타났다. 먼저 거의 모든 변수들이 통계적 유의미성을 보여주지 못하였다. 하지만 강남 3구에 거주하는 학생들일수록 다른 유형들에 비해서 탈물질주의형이 될 가능성 또한 높게 나타났다. 즉 강남 3구에 거주하는 학생들의 경우 물질주의형과 탈물질주의형에서 보다 극화된 가치를 지향한다는 점을 [모델 3]은 제시한다. [모델 1~3]을 종합할 경우, 강남 3구에 거주하는 학생들은 혼합형과 같은 보다 중간적인 가치지향을 갖기보다는 보다 일관적으로 물질주의형이나 탈물질주의형으로 양분된 가치지형을 보여준다.

마지막으로 [모델 4]는 물질주의형-혼합형-탈물질주의형을 순서로 둔 회귀분석 결과를 보고한다. 분석 결과는 앞선 [모델 1-3]의 발견들보다 종합적인 점들을 보여주는데, 구체적으로 주관적 계층의식, 강남 3구 거주, 그리고 주관적 이념이 통계적 유의미성을 보였다. 앞선 모델들의 발견들과 연결되어, 주관적 계층의식이 높을수록, 강남 3구 바깥에 거주할수록, 그리고 이념적으로 진보적일수록 탈물질주의 가치를 수용할 가능성이 높았다.

<표 2> 한국 청소년들의 물질주의와 탈물질주의 회귀분석 결과

	모델 1 (물질주의형=1)	모델 2 (혼합형=1)	모델 3 (탈물질주의형=2)	모델 4 (순서형)
부모 교육수준	0.100	-0.107	0.051	-0.081
주관적 계층의식	-0.097*	0.084	0.048	0.088*
강남3구 거주	0.311**	-0.306*	0.015**	-0.278*
주관적 이념	0.373***	-0.374***	0.060	-0.326***
성별(여학생=1)	0.066	-0.036	-0.142	-0.074
상수	-1.085***	0.907***	-3.206	
Cut point 1				-0.986
Cut point 2				2.401
사례수	1,058	1,058	1,058	1,058
Pseudo R2	0.016	0.015	0.002	0.010

주: * $p<0.1$, ** $p<0.05$, *** $p<0.01$; 표준오차(standard error)는 보고하지 않음.

앞선 기술통계 분석과 회귀분석 결과는 공통적으로 청소년들의 물질주의와 탈물질주의 가치에 있어서 주관적 계층의식, 강남 3구 거주, 및 주관적 이념이 영향을 미친다는 점을 제시한다. 그렇다면 이중 어느 변수가 가장 큰 영향력을 보여주는가? 이 질문에 답하기 위해서 각 독립변수의 표준화된 계수값standardized coefficient을 측정하였다. 표준화된 계수값은 독립변수의 표준편차가 1만큼 상승함에 따라 종속변수가 변화할 확률을 예측해 준다는 점에서 독립변수들이 가지는 척도scale의 차이를 통제한다. 가령 강남 3구의 거주여부는 이항변수binary variable로서 0과 1의 값만을 가짐으로써 한 단위의 변화가 모든 변이를 의미하지만, 주관적 계층의식은 5분위를 가짐으로써 한 단위의 변화는 전체 대비 5분의 1에 불과하다. 이와 같은 독립변수들 간 척도의 차이는 비표준화된 계수값의 해석을 왜곡할 가능성이 있다. 따라서 표준화된 계수값은 독립변수들의 절대적 영향력의 비교를 가능하게 해주고, 다음의 〈그림 7〉은 그 결과 값을 제시한다.

〈그림 7〉에서 보는 바와 같이, 한국 청소년들의 물질주의와 탈물질주의 가치에 가장 큰 영향력을 미치는 변수는 무엇보다 주관적 이념이었다. 주관적 이념의 표준화된 계수값은 -0.222로 강남3구 거주 및 주관적 계층의식의 -0.114 와 0.116에 비해 두 배 정도 큰 것으로 나타났다. 결국 이러한 분석 결과는 청소년들의 가치 지향에 있어서도 이념적 차이가 큰 영향을 미친다는 점을 보여주는데, 한국에서 이념갈등은 과거 대북 이슈를 중심으로 시작되었으나 정치 이슈는 물론 사회문화적 가치와도 연계성을 가진다는 점을 제시한다. 청소년들이 기성 사회의 질서와 역학을 세밀히 관찰하고 본인들의 미래에 가장 도움이 되는 방향에서 가치 학습과 수용을 결정한다면, 청소년들이 이념적인 기준으로 물질주의 및 탈물질주의 가치에서 차이를 보인다는 사실은 기성 사회가 이미 이러한 가치균열을 보였고, 이것이 청소년들의 시각에 중요하게 포착되었다는 점을 이 연구의 경험적 결과는 보여준다. 왜냐하면 청소년들은 기성사회의 모든 것을 학습하고 수용하는 것이 아니라, 그중 보다 중요하게 본인들의 삶과 미래에 도움이 된다고 판단되는 것들을 전략적으로, 선택적으로 내면화하기 때문이다.

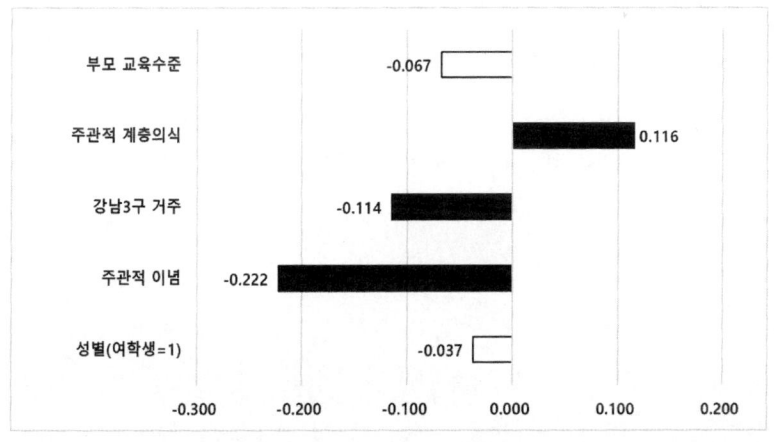

주: 검은 막대는 통계적으로 0.1 수준 이상의 유의미성을 가진 독립변수들이며, 흰색 막대는 통계적 유의미성을 가지지 못한 독립변수들임.

　　마지막으로 본 연구는 한국 청소년들의 물질주의와 탈물질주의 가치가 우리 사회의 미래에 가지는 의미에 관해 탐구해 보겠다. 한국의 저출산 고령화의 문제는 자연적인 출산을 통해서는 극복하기 어렵다는 점에서 향후 한국 사회에서 외국인들의 유입은 늘어날 것으로 전망된다. 특히 이들 중 대다수는 노동자일 가능성이 높다. 이는 인종적 민족주의가 강력하고 사회적으로 동질성이 세계에서 가장 높은 한국 사회가 다양화된 사회로 전환해 나가야 함을 의미한다. 이미 2023년을 기준을 대한민국에 거주하는 외국인의 비율은 5%에 육박하고, 그 수는 200만 명이 넘었으며, 한국은 이제 다문화사회에 이른 것인지도 모른다.

　　이와 같은 사회의 구조적 변화에 필수적인 시민들의 태도는 바로 개방성과 포용성에 있을 것이다. 만약 시민들이 외국인들에 대해서 배타적 태도를 가질 경우, 궁극적으로 외국인들이 입국을 주저하게 만들고 다른 나라로 이주하게 만들 뿐 아니라 국내에 거주하는 외국인들도 내국인과 갈등이 불가피할 것이다. 특히나 다문화를 전혀 경험해 보지 못한 한국사회에서 다가올 문화적 다양화와 갈등의 충격은 다른 나라에 비해서 클 것으로 예상된다.

학자들은 탈물질주의로의 가치변화가 사회의 다양성을 존중하고 차별을 낮추는 방식으로 기존의 사회를 보다 인간적으로 만든다고 진단한다(Inglehart 1977; 1990). 이는 무엇보다 1970년대 일어난 서구의 변화가 사회적 약자들과 성적 소수자들은 물론 기성 질서에서 가려진 집단들의 사회적 인정social recognition을 정치의 장으로 이끌어냈기 때문이다. 즉 서구의 탈물질주의 가치변화는 보다 다양성을 존중하고 관용하며 차별을 줄이는 정치적 변화를 이끌었다고 평가된다.

그렇다면, 한국 학생들의 물질주의와 탈물질주의에 대한 가치는 외국인 노동자를 비롯한 사회적 약자 혹은 타자에 대한 태도와 어떤 관련성을 갖는가? 탈물질주의 가치를 지향하는 학생들은 외국인 노동자들과 사회적 타자들에 대해서 보다 개방적인 태도를 가지는가? 이 질문들에 답하기 위해 이 연구는 우리 사회에서 사회적 약자를 대표하는 두 집단에 대한 부정적 및 긍정적 이미지를 분석하였다. 구체적으로 두 집단은 우리나라에서 일하는 외국인 노동자와 우리나라에 사는 조선족 동포이다. 탈물질주의 가치변화의 가설이 한국에서도 타당성을 가진다면, 청소년들 사이에서도 탈물질주의 유형에 속하는 이들은 물질주의 유형에 비해 이들 두 집단에 대해 보다 긍정적인 태도를 보일 것으로 예상된다.

〈그림 8〉은 가치 유형에 따른 국내 거주 외국인 노동자와 국내 거주 조선족에 대한 긍정적 및 부정적 인식에 대한 차이를 보여준다. 질문에 대한 응답치는 0~4까지 5점 척도를 가지고, 0과 1은 부정적, 2는 중립적, 3과 4는 긍정적 인식을 의미한다. 〈그림 8〉에서는 보고하지 않지만, 전체적으로 외국인 노동자들과 조선족 동포에 대해 긍정적으로 인식하는 비율은 각각 50%와 24%로 나타났다. 흥미롭게도 현재 한국의 학생들 사이에서 종족적으로 같은 조선족 동포들에 대한 인상이 종족적으로 같다고 보기 어려운 외국인 노동자들에 대한 인식에 비해 부정적이었다. 이와 같은 차이는 〈그림 8〉에서도 나타나는데, 평균적인 인식에서 외국인 노동자는 2.5인 반면 조선족 동포는 1.8이었다.

그렇다면, 탈물질주의 가치를 가질수록 사회적 타자와 약자들에 대해 개방적이고 긍정적인 태도를 보이는가? 〈그림 8〉은 이와 같은 가설적 예상을 지지하지만, 그 구체적 양상은 다소 복잡하였다. 국내에서 일하는 외국인 노동자들에 대해서 탈물질주의형은 혼합형과 물질주의형에 비해서 0.1만큼 긍정적인 인상을 가지고 있었다. 그러나 국내 거주 조선족 동포에 대해서 나타나는 차이는 물질주의와 다른 두 유형 간에 발생하였다. 구체적으로 조선족 동포에 대한 인식지수가 물질주의형에서 1.7인 반면, 혼합형과 탈물질주의형은 1.9로 동일하였다. 이와 같은 미세한 차이점에도 불구하고 전체적으로 물질주의 가치로부터 이탈할수록 국내에 거주하는 외국인 노동자와 조선족 동포에 대한 인식은 긍정적으로 개선되는 경향을 보였다.

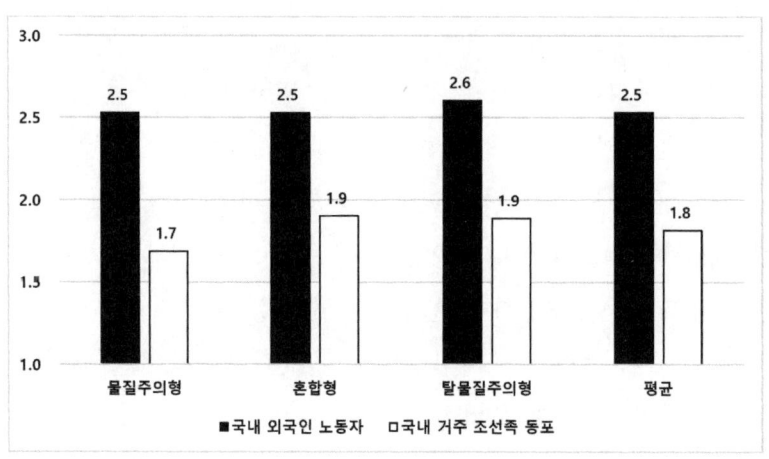

〈그림 8〉 가치 유형에 따른 외국인 노동자와 조선족에 대한 긍정적 및 부정적 인식

이와 같은 결과는 한국 사회에 두 가지 상반된 시사점을 제시한다. 먼저 한국이 단일인종 단일문화에 기초한 사회로부터 다문화적 사회로 이행해 나감에 있어서 탈물질주의 가치변화는 그 이행을 용이하게 해 줄 수 있다는 점을 시사한다. 그러나 한국에서 물질주의 가치가 매우 강력하고, 경제발전과 생활 수준의 향상에도 불구하고 탈물질주로의 가치변화가 거의 이루어지지 않고 있다는 점은 장기적으로 다문화사회로의 이행이 불러일으킬 사회적 비용이 만만치 않을 것임을 시사한다.

이와 같은 전망은 1970년대 서구의 역사적 변화에 대한 비교를 통해서도 유추해 볼 수 있다. 서유럽과 북미는 기본적으로 다문화적인 사회였고, 이민을 자유롭게 허용하는 사회정책을 채택하였다. 20세기 초반 민족주의와 인종주의가 대두되었고, 제2차 세계대전이라는 참극을 겪기도 하였지만, 이후 서유럽과 북미는 배타적인 사회 분위기를 개방적으로 전환하였다. 이러한 전환은 정치적으로 세계대전의 트라우마를 극복하기 위한 이유도 있었지만, 전후 경제 재건과 성장에 있어서 외국인 노동자들이 절실히 필요했기 때문이다. 가령 전후 서유럽은 임금인상과 일자리 부족의 문제를 해결하기 위해 튀르키예와 그리스 등지에서 대규모 이주 노동자를 수입하였고, 한국인들도 광부와 간호사로 일하기 위해 독일로 떠났다. 마찬가지로 미국은 중남미와 아시아에서 저숙련 노동자들은 물론 고숙련 노동자들도 병행하여 수입하여 지속적인 경제성장을 모색하였다. 한국에서도 값싼 노동력 투입을 통한 성장의 전략은 이미 1997년 외환위기를 통해서 종언을 고하였다. 왜냐하면, 더 이상 농촌 지역에서 값싼 노동자들을 도시와 공단으로 공급하지 못하는 한계에 직면하였고, 출산율 또한 낮아지면서 한국은 고부가가치 기술과 혁신에 기반한 수출지향경제로 이행하였다(김경미 2017). 그럼에도 불구하고 경제 운용에 필수적으로 요구되는 인력은 부족하다는 점에서 2000년대부터 외국에 거주하는 동포들의 귀환과 귀화 정책을 적극 추진하였고, 2010년대 이후부터는 외국인 노동자들의 유입을 독려하고 있다. 한편 외국인 노동자들의 관점에서 이들은 아시아의 한국·대만·일본을 비롯하여 서구의 선진국들 중 하나를 선택할 수 있다는 점에서 보다 개방적이고 관용적인 사회는 더 많은 외국인들의 선택을 받을 것으로 전망할 수 있다.

이 점을 고려할 때, 한국인들이 보이는 강력한 물질주의 가치는 딜레마적인 상황에 처해 있는 것으로 보인다. 한편 다수의 한국인들이 지향하는 물질주의 가치는 경제성장에 유리하게 작용할 것이지만, 이는 외국인들에게 개방적이고 관용적인 인상을 주기는 어려울 것이다. 그럼에도 불구하고, 외국인 노동자들은 한국의 경제성장에 중요하다는 점에서 두 마리의 토끼를 동시에 잡기 위한 정치적 노력이 절실할 것으로 보인다.

V. 논의와 결론

이 연구는 한국 청소년들의 물질주의와 탈물질주의 가치에 대한 경험적 분석을 시도하였다. 국내는 물론 국제적 차원에서도 한국 사회가 경제적 성과를 중시하고, 한국인들이 물질적 성공을 삶에 있어서 중시한다는 점은 잘 알려져 있다. 이는 잉글하트의 신근대화이론의 관점에서 이례적 사례에 속하는데, 왜냐하면 한국은 1960년대 세계 최빈국에서 이제는 경제적으로 성공한 선진국이 되었기 때문이다. 잉글하트의 신근대화 이론에 따르면 사람들은 하루하루의 생존을 걱정하는 단계에서 물질주의 가치를 우선하는 경향을 보이지만, 생활 수준이 높아져 생존의 문제를 걱정하지 않게 되면서 보다 고차원적인 가치를 중심으로 개인의 미래를 생각하고 그러한 개인들이 모여서 보다 인간적인 사회로의 진보를 만들어낸다는 것이다. 이는 시간에 의해 신세대가 구세대를 교체하는 자연적 방식이나 혹은 세대갈등을 통한 쟁투적 방식으로 일어나기도 한다.

2024년 서울지역에 거주하는 청소년들에 대한 경험적 분석을 통해 밝힌 결과는 크게 세 가지였다. 첫째, 서울의 학생들은 탈물질주의 가치보다는 물질주의 가치 지향을 높게 가지고 있었다. 전체적으로 물질주의자, 혼합주의자, 그리고 탈물질주의자들의 분포는 각각 40%, 55%, 그리고 5%였다. 탈물질주의 유형이 5%에 불과하다는 결과는 성인 시민들을 대상으로 하는 세계가치조사의 결과와 매우 유사하였다. 결국 한국에서는 성인들과 학생들 모두에게서 물질주의 가치가 압도적으로 우세하였다.

둘째, 학생들의 물질주의 및 탈물질주의 유형에 영향을 미치는 변수는 크게 거주 지역으로서의 강남 3구, 주관적 계층의식 및 주관적 이념이었다. 구체적으로 강남 3구에 거주할수록, 주관적 계층의식이 낮을수록, 그리고 이념적으로 진보적일수록 탈물질주의보다는 물질주의 가치성향을 보였다. 흥미롭게도 탈물질주의 가치에 있어서 남녀 간 성별의 차이는 보이지 않았는데, 이는 한국의 여학생들이 더 이상 또래 집단에서 약자의식을 가지지 않는다는 점을 시사한다. 아울러 부모의 학력이 높음에도 불구하고 자녀들 사이에서 물질주의 가치가 오히려 높게 나타났는데, 이는 우리 사회에서 가장 지적인 수준이 높은 가정에서부터 물질주의 가치가 시작된다는 점을 알려준다. 이는 왜 강남 3구에 거주하는 학생들 사이에서 물질주의 가치가 높게 나타나는 현상과 연결된다. 한국에서 강남 3구는 경제적으로 가장 부유한 지역임에도 물질주의 가치는 타지역에 비해서 높았다. 이는 한국에서 사회경제 및 정치 엘리트가 가장 많이 배출되는 지역에서부터 탈물질주의 가치로의 변화는 어렵다는 점을 보여준다. 특히 청소년들이 우리 사회의 미래라면, 당분간 탈물질주의 가치변화와 사회적 변화는 어려울 것으로 전망된다.

마지막으로 탈물질주의 가치는 사회적 타자 혹은 약자들에 대한 태도와 연관되어 있었다. 구체적으로 탈물질주의 가치를 가진 학생들은 물질주의 가치를 가진 또래에 비해 국내에 거주하는 외국인 노동자들과 우리나라에 살고 있는 조선족 동포들에 대해 보다 긍정적인 인식을 보였다. 한국이 현재와 가까운 미래에 다문화사회로의 이행이 불가피하다면, 탈물질주의 가치변화가 이를 보다 평화롭고 용이하게 해 줄 수 있을 것이다. 그러나 성인들의 설문조사와 청소년들의 설문조사 모두에서 탈물질주의 가치가 매우 낮다는 점은 향후 한국이 다양성을 존중하는 사회로 변화해 나가는 과정이 쉽지는 않을 것이라는 전망을 제시한다. 나아가 한국인들이 물질주의 가치가 매우 높다는 점은 장기적으로 저출산 고령화의 압력 속에서도 경제성장을 지속하기 위해서는 외국인 노동자들의 유입이 필수불가결한데, 이러한 정책의 성패에도 부정적인 영향을 줄 것이다. 왜냐하면 외국인들을 환대하는 관용적이고 개방적인 사회 분위기를 조성하지 않으면, 한국행을 고려하는 우수한 외국인들은 다른 나라를 선택할 수밖에 없기 때문이다.

그렇다면 마지막으로 왜 한국에서 물질주의적인 성공이 지속적으로 중요한 가치로서 깊이 뿌리내리게 되었는가? 새롭게 자라나는 학생들이 물질주의 가치를 광범위하게 수용한다는 사실은 그들에게 비친 기성사회에서 물질적 안녕과 성공이 대단히 중요하다는 점을 그들이 자연스럽게 인지하고 있음을 알려준다. 왜냐하면 학생들의 사회적 가치의 학습은 본인들의 생존과 성공의 관점에서 전략적으로 이루어지기 때문이다. 상술하였듯이, 한국은 1960년대 세계 최빈국에서 현재 경제적으로 부유한 선진국 대열에 들어섰다는 점은 확실하다.

그럼에도 불구하고 한국인들이 여전히 물질주의 가치를 중요하게 여긴다는 점은 개인적 차원을 넘어선, 보다 구조적인 압력이 작용하고 있는 것으로 보인다. 여기에는 보다 역사적 구조와 최근에 일어난 구조적 변화 모두를 고려해야 한다. 먼저 한국인들은 20세기 국권상실의 충격과 보호받을 수 없다는 막다른 상황에 직면하였고, 식민지의 설움을 겪었다. 나아가 세계에서 가장 파괴적이라고 알려진 한국전쟁은 남한과 북한을 초토화시켰다. 한편 이러한 고난과 고통의 세월을 이기고 노동을 통해 수출산업화를 통해서 현재 선진국으로 외부에서 인정받고 있으나, 그것은 외부에서의 인정일 뿐 우리 스스로가 자신을 바라보는 것과는 다르다. 특히 외국인들을 쉽게 인식하지 못하지만, 한국인들은 작은 실수에도 나라의 존망이 어려워질 수 있다는 깊은 차원의 불안감을 가지고 있다. 이는 북한과의 대결이 중단된 것이 아니라 여전히 계속되고, 한국이 주변 강대국에 둘러싸여 있다는 지정학적인 불안과 연계되어 있다. 한국은 여전히 역사적으로 그리고 국제정치적으로 안심하기 어려운 상태인 것이다.

다음으로 1997년 외환위기 이후 변화된 경제적 상황은 새로운 세대의 어깨는 물론 안정된 직장을 다니는 사람들의 마음을 무겁게 하고 있다. 외환위기는 2000년대 초반 성공적으로 극복하였지만, 새로운 시대에 직면한 개인들은 달라졌다. 평생직장은 사라졌고, 취업하더라도 오랜 기간 다니기는 어렵게 되었다. 특히 복지제도와 인프라가 부족해 안정을 주지 못하는 한국에서 경제적 불안감은 다른 선진국에 비해서 클 수밖에 없다. 그렇기 때문에 한국인들은 현재 다니는 직장에 대해서도 만족을 하지 못하고 '스펙'을 더 쌓아서 더 나은 직장을 향한 구직 활동에 나서고, 목돈을 모아서 안녕감을 갖고 싶어하는 것이다. 이러한 기성사회의 모습을 자라나는 학생들은 재빨리 습득하게 된다. 그렇지 않고서는 자신들의 미래도 어두울 수 있기 때문이다. 이런 구조적 환경이 물질주의 가치를 세대에서 세대로 전이하게 만들고, 청소년들 또한 탈물질주의보다는 물질주의 가치가 중요하게 여기게 된다.

참고 문헌

김경미. 2017. "발전주의 국가의 적응: 한국의 사례." 『한국정치연구』 제26권 3호, 87-112.

김광웅·방은령. 2001. 『한국 청소년의 정치의식과 형성요인』. 서울: 집문당.
김욱·이이범. 2006. "탈물질주의와 민주주의: 한국과 일본의 정치문화변동 비교." 『한국정당학회보』 제5권 2호, 89-124.
마인섭·장훈·김재한. 1997. "한국에서의 탈물질주의적 가치관의 등장과 사회적 균열구조의 변화." 『한국과국제정치』 제13권 3호, 29-52.
마지혜. 2018. "아이들 장래희망이 건물주? ••• 주주되는 법부터 가르쳐라." 『한국경제신문』 (11월 29일).
박재흥·강수택. 2012. "한국의 세대변화와 탈물질주의." 『한국사회학』 제46권 4호, 69-95.
어수영. 1992. "한국인의 가치변화와 민주화." 『한국정치학회보』 제25권 2호, 137-169.
―――. 2004. "가치변화와 민주주의 공고화: 1990-2001년 간의 변화 비교연구." 『한국정치학회보』 제38권 1호, 193-214.
정수복. 2007. 『한국인의 문화적 문법』. 서울: 생각의나무.
조영호. 2022. "문재인 정부 평가: 정치, 경제, 사회." 『의정연구』 제28권 1호, 5-40.
최정운. 2013. 『한국인의 탄생』. 서울: 미지북스.
Acemoglu, Daron, and James Robinson. 2022. "Non-Modernization: Power-Culture Trajectories and the Dynamics of Political Institutions." *Annual Review of Political Science* 25: 323-339.
Boix, Carles. 2003. *Democracy and Redistribution*. Cambridge, NY, United States: Cambridge University Press.
Flanagan, Scott C. 1982. "Changing Values in Advanced Industrial Societies: Inglehart's Silent Revolution from the Perspective of Japanese Findings." *Comparative Political Studies* 14(4): 403-444.
Flanagan, Scott C., and Aie-Rie Lee. 2000. "Value Change and Democratic Reform in Japan and Korea." *Comparative Political Studies* 33(5): 626-659.
Inglehart, Ronald. 1977. *The Silent Revolution: Changing Values and Political Styles among Western Publics*. Princeton, NJ, United States: Princeton University Press.

──. 1990. *Culture Shift in Advanced Industrial Society*. Princeton, NJ, Unites States: Princeton University Press.

──. 1997. *Modernization and Postmodernization*. Princeton, NJ, Unites States: Princeton University Press.

Inglehart, Ronald, and Paul R. Abramson. 1999. "Measuring Postmaterialism." *American Political Science Review* 93 (3): 665-677.

Inglehart, Ronald and Christian Welzel. 2005. *Modernization, Cultural Change, and Democracy*. New York, NY, Unites States: Cambridge University Press.

Jennings, M. Kent, and Richard G. Niemi. 1981. *Generations and Politics*. Princeton, NJ, Unites States: Princeton University Press.

Lipset, Seymour. 1960, *Political Man: The Social Bases of Politics*. Garden City, NY, Unites States: Doubleday.

Mannheim, Karl. 1952. *Essays on the Sociology of Knowledge*. London, United Kingdom: Routledge and Kegan Paul.

Maslow, Abraham H. 1943. A Theory of Human Motivation. *Psychological Review* 50(4): 370-396.

Pew Research Center. 2021. "What Makes Life Meaningful? Views from 17 Advanced Economies." November (https://www.pewresearch.org/global/2021/11/18/what-makes-life-meaningful-views-from-17-advanced-economies/)

World Economic Forum. 2024. "Global Gende Gap Report." (https://www.weforum.org/publications/global-gender-gap-report-2024/digest/)

4장 복지국가의 역할에 대한 태도

김태심 • 서강대학교 현대정치연구소

Ⅰ. 서론
Ⅱ. 집단별 복지국가의 역할에 대한 태도 분포
   1. 인구통계학적 분류
   2. 이념과 자기이익
   3. 청년의 경제 및 사회 활동 경험
   4. 학교 교육의 영향
   5. 가정의 영향
Ⅲ. 결론
참고문헌

[핵심어]

국가의 책임	보편 복지	복지국가	복지 태도	사회화
선별 복지	성별 격차	이념	자기이익	정책선호
재분배				

I. 서론

이 장에서는 서울시 거주 청소년 및 청년 대상 설문조사 자료를 사용하여 그들이 복지국가의 역할과 관련하여 어떤 태도를 가지는지 그 분포를 분석한다. 복지국가에 대한 태도는 민주주의 국가에서 시민들의 경제 관련 정책선호를 파악하는 데 있어서 중요한 측면으로 제시되어 왔다. 하지만 사회화 시기 청소년과 청년들을 대상으로 한 연구의 수는 아직까지 많지 않다. 무엇보다 청소년과 청년들은 성인에 비하여 경제활동 경험이 적고, 복지국가에 대한 직접적인 정책 경험도 적다. 그럼에도 불구하고 이들은 향후 유권자로서 수십 년간 정치적 영향력을 행사할 것이기 때문에 이들이 사회화 시기에 어떤 정책선호를 가지고 있는지 파악하는 것은 향후 복지정치의 향방을 가늠하는 데 있어서 중요한 자료가 될 수 있다. 과연 상대적으로 적은 경제적 경험과 정책 경험에도 불구하고 사회화 시기 청소년과 청년들은 자신의 정책선호를 결정할 수 있는가? 만약 복지 태도에 있어서 차이가 발생한다면 어떤 요인이 영향력을 미치는가?

이 장에서 청소년과 청년들의 복지국가의 역할에 대한 태도는 재분배, 선별 복지, 보편 복지 차원에 대하여 응답자들이 국가가 얼마나 책임이 있다고 생각하는지를 기준으로 측정되었다. 구체적으로 다음과 같은 문항이 사용되었다. "귀하는 다음 사항에 대해 정부에게 얼마나 책임이 있다고 생각하십니까? (1)재분배: 고소득층과 저소득층 사이의 소득 격차를 줄이는 것, (2)선별 복지: 가난하고 도움이 필요한 사람들을 돌보는 것, (3)보편 복지: 모든 국민에게 경제적 안정과 적절한 생활 수준을 보장하는 것." 각 태도는 "(1)전적으로 책임이 있다, (2)상당 부분 책임이 있다, (3)일부만 책임이 있다, (4)책임이 없다"의 4점 척도로 측정되었다. 다만 이 장에서는 보다 직관적인 기술을 위하여 가장 부정적인 태도~가장 긍정적인 태도의 순서로 역코딩하여 보고한다.

이 장에서는 청소년 및 청년 응답자들을 여러 집단으로 구분하여 복지국가의 역할에 대한 태도의 분포에 차이가 있는지 확인할 것이다. 우선 인구통계학적 분류 기준에 의거하여 청소년 및 청년 집단, 성별, 거주지역에 따른 태도의 차이가 있는지 확인할 것이다. 다음으로 개인들의 복지국가 관련 태도에 영향을 미치는 변수로 알려진 이념(조정인 2012)과 자기이익(Meltzer and Richard 1981)—주관적 계층인식—에 따른 차이를 살펴볼 것이다. 연구에 포함된 청소년과 청년 집단은 연속된 연령대이지만, 청년들은 청소년에 비해 보다 다양한 경제 및 사회 활동 경험이 있을 가능성이 높으며 이것이 경제인식 및 정책선호에도 영향을 미칠 가능성이 높다. 이에 따른 차이를 확인하기 위하여 청년 응답자들의 유급 경제활동 여부와 대학 진학 여부에 따라 복지국가의 역할에 대한 태도에 차이가 나타나는지 확인할 것이다. 한편으로 사회화 이론(Neundorf, Smets, and García-Albacete 2013; Tyler and Iyengar 2023)에서 중요하게 다루어지는 두 가지 요인인 학교와 가정의 영향 역시 살펴볼 것이다. 우선 학교의 영향을 확인하기 위하여 학교 유형, 계열, 남녀공학/성별분리 여부에 따른 태도 차이가 있는지 확인할 것이다. 가정의 영향을 확인하기 위해서는 부모의 교육수준과 부모의 고향에 따른 복지국가의 역할에 대한 태도의 차이를 비교할 것이다. 결론에서는 이러한 결과들을 종합적으로 검토하고 함의를 논의하면서 이 장을 마무리한다.

II. 집단별 복지국가의 역할에 대한 태도 분포

1. 인구통계학적 분류

1) 청소년 집단과 청년 집단 비교

우선 〈표 1〉은 이 연구에서 사용하고 있는 설문조사의 주요 응답자인 청소년 집단과 청년 집단을 비교하고 있다. 두 집단은 연속된 연령대이고, 동일 세대에 포함되지만, 미성년자와 성인이라는 차이가 있고, 사회 및 경제 생활의 경험에 있어서도 큰 차이가 존재한다. 그럼에도 불구하고 이들의 복지국가의 역할에 대한 태도의 분포는 매우 유사한 것으로 보인다. 재분배, 선별 복지, 보편 복지 차원에서 전체 응답 범주에 걸쳐서 대체로 비슷한 응답 분포가 관찰되었다. 특히 눈에 띄는 것은 복지국가의 역할에 대한 매우 강한 긍정적인 태도이다. 청소년 집단과 청년 집단 모두 재분배에 대해서는 약 70% 이상, 선별 복지와 보편 복지에 대해서는 약 80% 이상이 상당 부분 혹은 전적으로 정부의 책임이라고 응답하였다. 재분배보다는 선별 및 보편 복지에 좀 더 긍정적인 태도가 관찰되었지만, 재분배에 대한 지지 역시 상당히 높은 수준이다.

이러한 복지국가에 대한 긍정적인 태도는 기존의 성인 대상 조사에서 관찰된 것과 유사한 것이다. 가령 〈그림 1〉은 성인 대상으로 진행된 〈한국종합사회조사 KGSS〉 2016년 조사의 재분배 관련 문항의 응답 분포와 본 연구에서 실시한 조사의 청소년 및 청년 응답자의 응답 분포를 비교하고 있다. 〈한국종합사회조사〉에서 70% 이상의 응답자는 빈부격차 해소가 정부의 책임이라고 응답하였다. 본 연구에서 청소년 및 청년을 대상으로 수행한 조사와 마찬가지로 재분배에 대하여 매우 강한 긍정적인 태도를 보인 것이다. 비록 두 문항이 완전히 동일하지는 않으나, 이를 통해 유추해 볼 수 있는 것은 사회화 시기의 청소년 및 청년 응답자들 역시 성인 응답자들과 비슷한 복지국가의 역할에 대한 태도 분포를 보인다는 것이다. 한편으로 경제활동 경험과 복지국가의 정책 관련 직접 경험이 성인에 비하여 상대적으로 적은 청소년 및 청년 응답자들 역시 복지국가에 대해 판단하고 자신의 정책선호를 결정할 수 있다는 것을 의미한다.

〈표 1〉 청소년 집단과 청년 집단의 복지국가의 역할에 대한 태도 분포(%)

집단 구분	설문내용	책임이 없다	일부만 책임이 있다	상당 부분 책임이 있다	전적으로 책임이 있다	X^2 P-value
청소년	고소득층과 저소득층 사이의 소득 격차를 줄이는 것	3.4	23.1	50.5	23.1	0.657
청년		3.6	25.0	48.0	23.4	
청소년	가난하고 도움이 필요한 사람들을 돌보는 것	2.3	14.9	50.5	32.3	0.249
청년		1.7	17.1	47.2	34.1	
청소년	모든 국민에게 경제적 안정과 적절한 생활수준을 보장하는 것	1.9	14.0	42.3	41.8	0.832
청년		1.6	14.3	43.8	40.4	

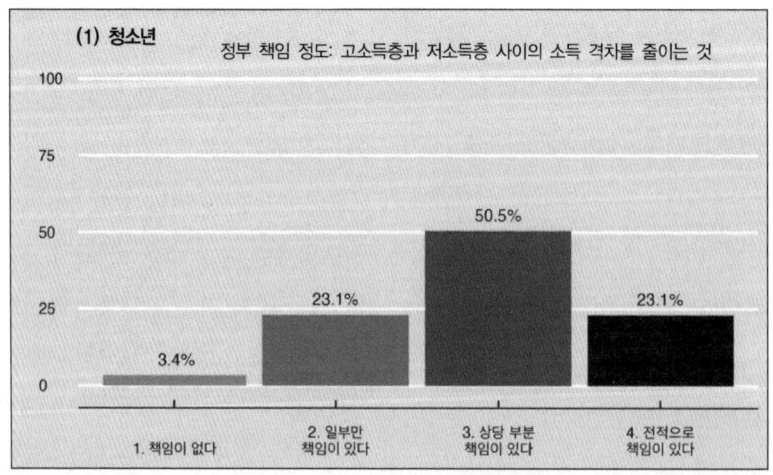

〈그림 1〉 성인 집단과의 재분배 태도 분포 비교

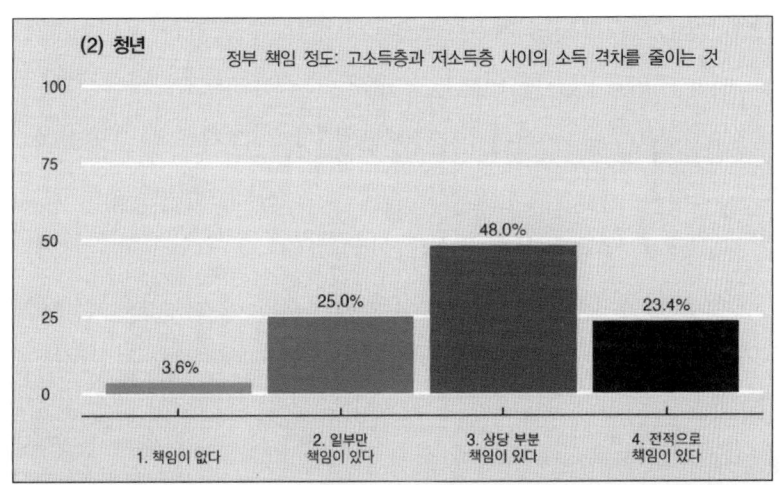

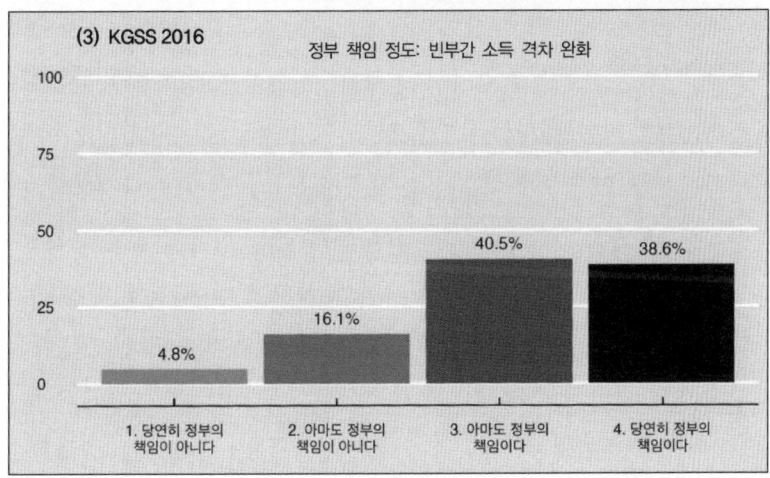

2) 성별

<표 2>는 성별에 따른 복지국가의 역할에 대한 태도의 분포를 보여주고 있다. 표에서 확인할 수 있듯이 청소년 집단과 청년 집단 모두에서, 그리고 세 가지 차원 모두에서 성별에 따른 뚜렷한 태

도의 차이가 관찰되었다. 재분배에 대해서 가장 강한 지지인 "전적으로 책임이 있다"를 선택한 비율에 있어서 청소년 집단에서는 약 5%p, 청년 집단에서는 약 10%p의 성별 격차가 관찰되었다. 보다 구체적으로 여성 응답자가 남성 응답자에 비하여 재분배에 대하여 강한 지지를 표명한 비율이 높았다. 이러한 경향은 선별 복지와 보편 복지에서도 마찬가지로 나타났다. 선별 복지 및 보편 복지와 관련하여 청소년 집단과 청년 집단 모두에서 가장 강한 지지를 표명한 여성 응답자의 비율이 남성 응답자의 비율보다 약 11~13%p 높았다.

이러한 결과는 최근 한국정치에서 지속적으로 제기되어온 젊은 세대의 정치 성향에 있어서의 성별 격차(구본상 2023)가 복지국가의 역할에 대한 태도에서도 드러난 것이라고 할 수 있다. 기존 연구들은 진보적일수록 복지국가의 역할을 더 강하게 지지한다고 주장해온 바 있다(Korpi 2006). 이에 따라 이념적으로 보수적이라고 제시되어 온 남성 청소년 및 청년 응답자 사이에서 복지국가의 역할에 대한 지지가 상대적으로 낮게 나타나고, 반면 이념적으로 진보적이라고 알려진 여성 청소년 및 청년 응답자들 사이에서 복지국가의 역할에 대한 지지가 강하게 나타났다고 볼 수 있다.

<표 2> 성별에 따른 복지국가의 역할에 대한 태도 분포(%)

집단구분		설문내용	책임이 없다	일부만 책임이 있다	상당 부분 책임이 있다	전적으로 책임이 있다	X^2 P-value
청소년	남성	고소득층과 저소득층 사이의 소득 격차를 줄이는 것	5.2	27.6	46.7	20.6	< 0.001
	여성		1.5	18.3	54.4	25.7	
청년	남성		5.5	30.9	46.9	16.6	< 0.001
	여성		2.2	20.7	48.7	28.3	
청소년	남성	가난하고 도움이 필요한 사람들을 돌보는 것	3.3	18.9	51.1	26.7	< 0.001
	여성		1.2	10.8	49.8	38.2	
청년	남성		3.2	20.1	50.1	26.6	< 0.001
	여성		0.5	14.8	45.0	39.6	
청소년	남성	모든 국민에게 경제적 안정과 적절한 생활수준을 보장하는 것	2.8	20.2	41.5	35.6	< 0.001
	여성		1.0	7.5	43.2	48.3	
청년	남성		3.0	16.2	48.0	32.8	< 0.001
	여성		0.5	13.0	40.6	45.9	

3) 거주지역

이 연구에서 사용하는 설문조사 자료는 서울시 거주 청소년 및 청년만을 대상으로 하였기 때문에 한국정치에서 주요 변수로 다루어지는 지역주의의 영향을 관찰하는 데 있어서는 한계가 있다. 그럼에도 불구하고 서울시 내에서의 거주지역 차이를 고려하여 복지국가의 역할에 대한 태도 차이를 관찰하는 것은 의미 있는 작업이다. 조사에서는 응답자들의 구 단위 거주지역까지 파악하고 이를 기준으로 비례 할당하였는데, 동 단위만큼 세밀하지는 못하더라도 어느 정도 거주지역의 차이를 반영할 수 있는 조사 단위라 할 수 있다. 특히 소위 강남 3구라 불리는 강남구·서초구·송

파구 지역은 아래에서 살펴볼 자기이익의 영향과 맞물려 복지국가의 역할에 대한 태도에 있어서 여타 지역과 차이를 보일 것으로 예상할 수 있다.

〈표 3〉은 서울시 내에서 강남 지역 거주자와 기타 지역 거주자 사이 복지국가의 역할에 대한 태도의 분포 차이를 보여주고 있다. 전반적으로 보았을 때, 복지국가의 역할에 대하여 가장 강한 지지("전적으로 책임이 있다")를 표명한 비율은 강남 지역에 비하여 기타 지역에서 높았다. 다만 카이제곱(X^2)값을 기준으로 보았을 때, 전반적인 태도의 분포 차이가 통계적으로 유의미하게 나타난 것은 청소년 집단에서의 보편 복지에 대한 태도가 유일하다.

〈표 3〉 거주지역에 따른 복지국가의 역할에 대한 태도 분포(%)

집단구분		설문내용	책임이 없다	일부만 책임이 있다	상당 부분 책임이 있다	전적으로 책임이 있다	X^2 P-value
청소년	강남	고소득층과 저소득층 사이의 소득 격차를 줄이는 것	4.8	26.4	47.6	21.1	0.248
	기타		3.0	22.1	51.3	23.6	
청년	강남		3.2	26.4	50.5	19.9	0.557
	기타		3.7	24.7	47.3	24.3	
청소년	강남	가난하고 도움이 필요한 사람들을 돌보는 것	3.5	13.2	52.0	31.3	0.422
	기타		1.9	15.4	50.1	32.6	
청년	강남		0.9	16.7	51.9	30.6	0.363
	기타		1.9	17.2	45.9	35.1	
청소년	강남	모든 국민에게 경제적 안정과 적절한 생활수준을 보장하는 것	3.5	16.3	45.4	34.8	0.027
	기타		1.4	13.4	41.5	43.7	
청년	강남		1.4	13.9	47.7	37.0	0.616
	기타		1.6	14.4	42.7	41.2	

보편 복지에 대하여 가장 강한 지지를 표명한 청소년 응답자의 비율은 강남 지역에 비하여 기타 지역에서 약 9%p 높게 나타났다. 복지국가의 다른 정책 차원에서의 비교 역시 통계적으로 유의미하게 나타나지는 않았지만, 전반적으로 강남 지역에 비하여 기타 지역에서 복지국가의 역할에 대하여 강한 지지를 표명한 비율이 일관되게 높았다. 따라서 서울시 내에서도 거주지역별로 복지국가의 역할에 대한 태도에 어느 정도 차이가 있으며, 이러한 차이가 사회화 시기의 청소년과 청년 사이에서 이미 나타난다는 것을 의미한다.

2. 이념과 자기이익

1) 이념

〈표 4〉는 이념에 따른 복지국가의 역할에 대한 태도의 분포를 보여주고 있다. 응답자들의 정치적 이념을 측정하기 위하여 다음의 문항이 사용되었다. "사람들은 자신의 정치성향을 보통 진보와 보수로 구분합니다. 0부터 10까지 눈금 중에서 귀하는 본인이 어디에 속한다고 생각하십니까? 0은 매우 진보를 나타내며, 10은 매우 보수를 나타냅니다." 이 문항에 대하여 0~3을 선택한 응답자를 진보, 4~6을 선택한 응답자를 중도, 7~10을 선택한 응답자를 보수로 분류하여 복지국가의 역할에 대한 태도의 분포를 살펴보았다.

표에서 확인할 수 있듯이 응답자들은 자신이 인식하는 정치적 이념에 따라 복지국가의 역할에 대해 뚜렷한 태도의 차이를 보이는 것으로 나타났다. 재분배, 선별 복지, 보편 복지 세 차원 모두에서 이념적으로 보수적일수록 복지국가의 역할에 대하여 가장 강한 지지("전적으로 책임이 있다")를 표명한 응답자의 비율이 낮았다. 이러한 결과는 카이제곱(X^2)값을 기준으로 보았을 때, 청소년 및 청년 집단 모두에서 통계적으로 유의미하게 나타났다. 세 가지 정책 차원 중에서도 특히 보편 복지 차원에서 이념에 따른 태도의 차이가 두드러졌는데, 청소년 집단과 청년 집단 모두에서 복지국가의 역할에 대해 가장 강한 지지를 표명한 응답자의 비율이 이념적으로 진보적인 응답자 사이에서 보수적인 응답자들에 비해 약 33%p가량 높았다. 이러한 결과는 성인과 마찬가지로 사회화 시기의 청소년과 청년들에게도 이념은 복지 태도 결정의 중요 요인이며, 그 경향 역시 성인과 유사하게 나타남을 보여준다.

〈표 4〉 이념에 따른 복지국가의 역할에 대한 태도 분포(%)

집단구분		설문내용	책임이 없다	일부만 책임이 있다	상당 부분 책임이 있다	전적으로 책임이 있다	X^2 P-value
청소년	진보	고소득층과 저소득층 사이의 소득 격차를 줄이는 것	1.9	15.9	47.7	34.6	〈 0.001
	중도		2.0	23.3	53.4	21.3	
	보수		12.2	32.4	40.5	14.9	
청년	진보		1.7	14.1	46.4	37.8	〈 0.001
	중도		3.5	27.0	50.7	18.8	
	보수		7.5	37.9	41.0	13.7	

집단구분		설문내용	책임이 없다	일부만 책임이 있다	상당 부분 책임이 있다	전적으로 책임이 있다	X^2 P-value
청소년	진보	가난하고 도움이 필요한 사람들을 돌보는 것	1.4	11.2	41.6	45.8	< 0.001
	중도		1.4	14.4	52.9	31.3	
	보수		7.4	23.0	52.0	17.6	
청년	진보		0.3	8.9	39.9	50.9	< 0.001
	중도		2.6	17.6	51.7	28.0	
	보수		0.6	29.8	44.1	25.5	
청소년	진보	모든 국민에게 경제적 안정과 적절한 생활수준을 보장하는 것	1.4	10.3	28.5	59.8	< 0.001
	중도		1.1	13.8	45.5	39.5	
	보수		6.1	20.3	47.3	26.4	
청년	진보		0.7	7.9	32.0	59.5	< 0.001
	중도		1.9	14.8	48.8	34.5	
	보수		1.9	24.2	47.2	26.7	

2) 자기이익 - 주관적 계층인식

자기이익self-interest은 복지 태도에 유의미한 영향을 미치는 주요 변수로 오랫동안 제시되어왔다. 성인을 대상으로 하는 연구에서는 객관적 지표인 소득이나 자산을 통해 자기이익을 측정하는 경우가 많지만, 사회화 시기 청소년과 청년의 경우 아직 자신의 소득이나 자산이 제대로 확립되지 못한 시기이며, 가구의 소득이나 자산에 대한 정확한 정보도 부족하다. 이를 감안하여 이 장에서는 주관적 계층인식을 사용하여 자기이익을 측정한다. "한국 사회의 최하층을 1로 하고 최상층을 10으로 한다면 현재 귀하의 가족은 어디에 속한다고 생각하십니까?"에 대한 응답을 바탕으로 1~3을 선택한 응답자를 저소득층, 4~7을 선택한 응답자를 중간 소득층, 8~10을 선택한 응답자를 고소득층으로 구분하여, 이러한 계층인식이 복지국가의 역할에 대한 태도의 분포에 차이를 가져오는지 살펴보았다.

〈표 4〉의 결과는 주관적으로 인식하는 계층에 따라 복지국가의 역할에 대해 뚜렷한 태도의 차이가 있음을 보여준다. 전반적으로 저소득층에서 중간 소득층과 고소득층에 비하여 복지국가의 역할에 대하여 가장 강한 지지("전적으로 책임이 있다")를 표명한 응답자의 비율이 높았다. 특히 이러한 차이는 청소년 집단보다 청년 집단 사이에서 더 두드러지게 나타났다. 재분배에 대해서 가장 강한 지지를 표명한 저소득층-고소득층 응답자의 비율 차이가 청소년 집단 사이에서는 약 14%p이지만, 청년 집단 사이에서는 약 17%p로 증가하였다. 이러한 청소년-청년 집단 사이의 차이는 선별 복지와 보편 복지와 관련하여 보다 두드러진다. 선별 복지에 대하여 가장 강한 지지를 보인 응답자의 비율은 청소년 집단에서는 저소득층과 고소득층에서의 응답 비율이 거의 비슷하지만, 청년 집단에서는 약 32%p의 차이가 관찰되었다. 보편 복지와 관련하여서는 청소년 집단에서의 차이가 약 6%p인 반면, 청년 집단에서의 차이는 약 25%p이다. 이러한 결과는 청년 집단이 청소년 집단에 비하여 사회 및 경제 생활 경험이 풍부하고, 이를 통해 자신의 자기이익에 보다 잘 부합하는 정책선호를 가지게 되었다는 것으로 풀이할 수 있다.

〈표 5〉 주관적 계층인식에 따른 복지국가의 역할에 대한 태도 분포(%)

집단구분		설문내용	책임이 없다	일부만 책임이 있다	상당부분 책임이 있다	전적으로 책임이 있다	X^2 P-value
청소년	저소득층	고소득층과 저소득층 사이의 소득 격차를 줄이는 것	4.3	15.9	42.0	37.7	0.000
	중간소득층		2.6	22.4	53.3	21.8	
	고소득층		7.4	30.4	38.5	23.6	
청년	저소득층		1.1	22.6	45.2	31.2	< 0.001
	중간소득층		3.1	23.5	48.8	24.7	
	고소득층		7.3	33.0	45.8	14.0	
청소년	저소득층	가난하고 도움이 필요한 사람들을 돌보는 것	1.4	18.8	44.9	34.8	< 0.001
	중간소득층		1.4	13.4	53.4	31.7	
	고소득층		7.4	21.6	36.5	34.5	
청년	저소득층		1.1	9.7	34.4	54.8	< 0.001
	중간소득층		1.7	16.6	47.3	34.4	
	고소득층		1.7	22.9	53.1	22.3	
청소년	저소득층	모든 국민에게 경제적 안정과 적절한 생활수준을 보장하는 것	1.4	15.9	39.1	43.5	0.004
	중간소득층		1.3	12.7	43.4	42.6	
	고소득층		5.4	20.3	37.8	36.5	
청년	저소득층		1.1	12.9	34.4	51.6	< 0.001
	중간소득층		1.3	13.3	43.1	42.3	
	고소득층		2.8	19.6	51.4	26.3	

3. 청년의 경제활동 및 사회활동 경험

1) 유급 경제활동 여부

〈표 6〉은 청년 응답자들의 유급 경제활동 여부에 따라 복지국가의 역할에 대한 태도의 분포에 차이가 있는지 보여준다. 청년 응답자들은 정규직이나 비정규직으로 임금 근로를 하거나 혹은 자영업을 하는 경우 유급 경제활동을 하는 것으로 분류되었으며, 이

외의 경제활동 상태는 기타로 분류하였다. 표에서 확인할 수 있듯이 재분배, 선별 복지, 보편 복지 세 차원 모두에서 유급 경제활동을 하는 응답자 사이에서 복지국가의 역할에 대하여 가장 강한 지지("전적으로 책임이 있다")를 표명한 비율이 기타 경제활동 상태의 응답자 집단보다 더 높게 나타났다. 특히 이러한 차이는 재분배 관련 태도에서 두드러지는데, 유급 경제활동을 하고 있는 응답자들 사이에서 재분배에 대하여 정부가 전적으로 책임이 있다고 응답한 비율은 기타 경제활동 집단에 비하여 약 8%p 높게 나타났다. 이와 같은 결과를 볼 때, 유급 경제활동은 사회화 시기 청년들이 자신을 둘러싼 경제환경에 대해 보다 민감하게 반응하고 인식하도록 하는 한편, 이러한 인식을 바탕으로 경제환경에서 복지국가가 가지는 사회적 보호 기능에 대하여 보다 긍정적인 태도를 가지도록 하는 것으로 유추해볼 수 있다.

〈표 6〉 유급 경제활동 여부에 따른 복지국가의 역할에 대한 태도 분포(%)

집단구분		설문유형	책임이 없다	일부만 책임이 있다	상당부분 책임이 있다	전적으로 책임이 있다	X^2 P-value
청년	유급 경제활동	고소득층과 저소득층 사이의 소득 격차를 줄이는 것	3.2	23.8	45.2	27.8	0.022
	기타		4.0	26.1	50.3	19.6	
청년	유급 경제활동	가난하고 도움이 필요한 사람들을 돌보는 것	1.3	18.5	43.3	36.9	0.086
	기타		2.0	15.9	50.5	31.7	
청년	유급 경제활동	모든 국민에게 경제적 안정과 적절한 생활수준을 보장하는 것	1.1	15.9	41.8	41.2	0.280
	기타		2.0	13.0	45.4	39.6	

2) 대학 진학 여부

한국의 대학 진학률은 매우 높은 편이며, 이를 고려할 때 대학에 진학한 청년들과 그렇지 않은 청년들 사이에는 다른 경제적 선호가 존재할 가능성이 높다. 한편으로 대학이 가지는 교육적 기능 역시 복지 태도에 차이를 가져오는 역할을 수행할 수 있다. 〈표 7〉은 현재 대학생(휴학 포함)인 청년들과 그렇지 않은 청년들을 구분하여 복지국가의 역할에 대한 태도의 분포에 차이가 있는지 보여준다. 표에서 확인할 수 있듯이 대학 진학 여부에 따라 재분배 정책에 대한 태도 분포와 선별 및 보편 복지에 대한 태도의 분포에 차이가 나타난다. 재분배에 대해서는 대학생이 아닌 응답자들이 대학생인 응답자들에 비하여 복지국가의 역할을 강하게 지지("전적으로 책임이 있다")하는 비율이 근소하게 높았다. 반면 선별복지와 보편 복지에 대해서는 대학생인 응답자가 그렇지 않은 응답자에 비해 정부에게 전적으로 책임이 있다고 응답한 비율이 약 4~5%p 더 높았다. 이와 같은 결과는 대학 진학과 그 이후의 경험이 복지국가의 역할과 관련한 청년들의 태도에도 일정 부분 차이를 가져오는 변수로 작용한다는 것을 의미한다.

〈표 7〉 대학 진학 여부에 따른 복지국가의 역할에 대한 태도 분포(%)

집단구분		설문내용	책임이 없다	일부만 책임이 있다	상당 부분 책임이 있다	전적으로 책임이 있다	X^2 P-value
청년	대학생	고소득층과 저소득층 사이의 소득 격차를 줄이는 것	3.2	25.2	48.8	22.7	0.619
	기타		4.5	24.6	46.0	24.9	

집단구분		설문내용	책임이 없다	일부만 책임이 있다	상당 부분 책임이 있다	전적으로 책임이 있다	X^2 P-value
청년	대학생	가난하고 도움이 필요한 사람들을 돌보는 것	1.1	14.6	48.7	35.6	0.002
	기타		2.9	22.7	43.8	30.7	
청년	대학생	모든 국민에게 경제적 안정과 적절한 생활수준을 보장하는 것	1.3	13.9	43.1	41.8	0.374
	기타		2.2	15.3	45.4	37.1	

4. 학교 교육의 영향

1) 학교 유형

과학고 및 외국어고와 같은 특수목적고와 자율형고, 국제고 등은 성적 등의 자체적 기준으로 학생을 선발하기 때문에 보다 성적이 높은 학생이 진학할 가능성이 높다. 또한 일반 고등학교에 비하여 학비 및 생활비가 비싼 경향이 있기 때문에 학생 전반의 경제적 수준도 여타 학교 유형에 비하여 높은 편이다. 이러한 요인과 맞물려 선별적인 학생 선발을 하는 학교의 졸업생들은 보다 좋은 대학에 진학할 가능성도 높다고 알려져 있다. 그렇다면 이러한 학교의 유형이 사회화 시기 청소년 및 청년들의 정책선호에도 차이를 가져오는가?

〈표 8〉은 응답자들을 특수목적고·자율형고·국제고 재학생 및 졸업생과 여타 학교 유형 재학생·졸업생으로 구분하여 복지국가의 역할에 대한 태도의 분포를 비교한 것이다. 표의 결과를 보면 학교 유형의 영향은 청년 집단에서만 일부 정책 차원에 대하여

제한적으로 나타난 것으로 보인다. 청년 집단에서 특목고·자율고·국제고 출신 응답자들은 기타 학교 유형 출신 응답자들에 비하여 재분배가 전적으로 정부의 책임이라고 응답한 비율이 약 8%p가량 낮았다. 이 비율(16.5%)은 청소년 응답자의 두 집단—특목고·자율고·국제고, 기타—과 비교하여도 눈에 띄게 낮은 수치이다. 또한 보편 복지와 관련하여서도 특목고·자율고·국제고 출신 청년들은 기타 유형 학교 출신에 비하여 복지국가의 역할에 대하여 가장 강한 지지("전적으로 책임이 있다")를 표명한 응답자의 비율이 약 6%p 낮았고, 이 역시 청소년 집단과 비교하여도 상대적으로 낮은 수준이다. 반면, 선별 복지와 관련하여서는 이러한 차이가 발견되지 않았다. 이러한 결과를 종합해보면 학교 유형의 영향은 현재 학교를 다니고 있는 재학생보다는 졸업생, 즉 청년 사이에서 보다 유의미한 정책 태도의 차이를 가져오며, 정책에 따라 제한적인 영향을 미친다고 해석할 수 있다.

〈표 8〉 학교 유형별 복지국가의 역할에 대한 태도 분포(%)

집단구분		설문내용	책임이 없다	일부만 책임이 있다	상당 부분 책임이 있다	전적으로 책임이 있다	X^2 P-value
청소년	특목고·자율고·국제고	고소득층과 저소득층 사이의 소득 격차를 줄이는 것	1.6	30.3	43.4	24.6	0.116
	기타		3.6	22.1	51.4	22.9	
청년	특목고·자율고·국제고		5.5	29.3	48.8	16.5	0.062
	기타		3.2	24.2	47.8	24.7	

집단구분		설문내용	책임이 없다	일부만 책임이 있다	상당 부분 책임이 있다	전적으로 책임이 있다	X^2 P-value
청소년	특목고·자율고·국제고	가난하고 도움이 필요한 사람들을 돌보는 것	1.6	14.8	52.5	31.1	0.938
	기타		2.4	15.0	50.2	32.5	
청년	특목고·자율고·국제고		1.2	19.5	46.3	32.9	0.795
	기타		1.7	16.6	47.3	34.3	
청소년	특목고·자율고·국제고	모든 국민에게 경제적 안정과 적절한 생활수준을 보장하는 것	1.6	18.0	39.3	41.0	0.578
	기타		1.9	13.5	42.7	41.9	
청년	특목고·자율고·국제고		1.8	18.9	43.9	35.4	0.246
	기타		1.5	13.5	43.7	41.3	

2) 계열

고등학교 교육에서 계열 구분은 사라질 예정이지만, 기존의 재학생과 졸업생의 경우 고등학교 계열에 따라 다른 종류의 교육을 받고 다른 전공을 지망할 가능성이 높다. 특히 인문계열 출신의 경우 자연계열 출신에 비하여 사회 관련 과목을 더 많이 수강했을 가능성이 높으며, 이러한 교육의 차이가 사회 및 경제 전반에 대한 이해와 인식의 차이를 가져올 가능성이 존재한다. 〈표 9〉는 고등학교 계열에 따라 응답자들의 복지국가의 역할에 대한 태도의 분포에 차이가 있는지 보여준다. 눈에 띄는 결과는 인문계열 출신과 자연계열 출신 사이의 일관적인 차이이다. 재분배, 선별 복지, 보편 복지 차원에서 인문계열 출신의 경우 자연계열 출신보다 복지국가의 역할에 대하여 가장 강한 지지("전적으로 책임이 있다")를 표명한 비율이 일관되게 높았다. 이러한 경향은 현재 고등학교에 재학 중인 청소년과 이미 졸업한 청년 집단 모두에서 나타난다. 따라서 계열에 따른 교육의 차이가 사회화 시기 청소년 및 청년의 정책 태도 형성에도 영향을 미친다고 유추해 볼 수 있다.

〈표 9〉 계열별 복지국가의 역할에 대한 태도 분포(%)

집단구분		설문내용	책임이 없다	일부만 책임이 있다	상당 부분 책임이 있다	전적으로 책임이 있다	X^2 P-value
청소년	인문계열	고소득층과 저소득층 사이의 소득 격차를 줄이는 것	2.8	19.0	49.4	28.7	0.005
	자연계열		3.1	22.8	53.4	20.7	
	기타		5.0	30.1	45.7	19.2	
청년	인문계열		2.0	24.9	47.4	25.6	0.085
	자연계열		5.3	26.4	48.7	19.6	
	기타		3.8	22.4	47.5	26.2	
청소년	인문계열	가난하고 도움이 필요한 사람들을 돌보는 것	0.3	13.4	50.0	36.4	0.006
	자연계열		2.7	14.8	50.3	32.2	
	기타		4.6	17.8	51.6	26.0	
청년	인문계열		0.9	15.5	47.2	36.4	0.421
	자연계열		2.3	17.6	48.5	31.7	
	기타		2.2	19.7	44.3	33.9	
청소년	인문계열	모든 국민에게 경제적 안정과 적절한 생활수준을 보장하는 것	0.9	11.1	42.0	46.0	0.034
	자연계열		1.8	14.6	44.6	39.0	
	기타		3.7	17.4	37.9	41.1	
청년	인문계열		0.9	16.2	41.6	41.3	0.024
	자연계열		2.3	10.6	49.0	38.2	
	기타		1.6	18.0	37.7	42.6	

3) 남녀공학·성별분리 여부

고등학교의 유형을 분류할 수 있는 또 하나의 기준은 남녀공학·성별분리 여부이다. 특히 앞서 살펴본 성별의 영향과 현재 한국 사회의 젠더갈등을 고려해 볼 때 이러한 성별에 따른 통합·분리 교육 형태의 영향을 확인해 보는 것 역시 중요하다고 할 수 있다. 〈표 10〉은 재학 혹은 졸업한 학교가 남녀공학인지 성별분리인지에 따라 복지국가의 역할에 대한 태도의 분포에 차이가 있는지 보여준다. 표에서 확인할 수 있듯이 재학 중이거나 졸업한 학교가 성별에 따라 통합·분리 교육을 하는지 여부는 복지 태도에 유의미한 영향을 미치지 않는 것으로 보인다. 청소년 및 청년 집단 모두에서 남녀공학·성별분리 여부에 관계없이 재분배, 선별 복지, 보편 복지에 대한 태도의 분포가 대체로 유사한 것으로 관찰되었다.

〈표 10〉 남녀공학·성별분리 여부에 따른 복지국가의 역할에 대한 태도 분포(%)

집단구분		설문내용	책임이 없다	일부만 책임이 있다	상당 부분 책임이 있다	전적으로 책임이 있다	X^2 P-value
청소년	남녀공학	고소득층과 저소득층 사이의 소득 격차를 줄이는 것	4.2	22.7	49.8	23.3	0.625
	성별분리		2.7	23.4	51.1	22.8	
청년	남녀공학		3.2	21.8	51.7	23.4	0.112
	성별분리		3.9	27.5	45.1	23.4	

집단구분		설문내용	책임이 없다	일부만 책임이 있다	상당 부분 책임이 있다	전적으로 책임이 있다	X^2 P-value
청소년	남녀공학	가난하고 도움이 필요한 사람들을 돌보는 것	3.2	13.6	52.0	31.2	0.151
	성별분리		1.4	16.1	49.1	33.3	
청년	남녀공학		1.1	16.6	48.3	34.0	0.659
	성별분리		2.1	17.4	46.3	34.2	
청소년	남녀공학	모든 국민에게 경제적 안정과 적절한 생활수준을 보장하는 것	2.2	14.0	43.5	40.3	0.752
	성별분리		1.6	13.9	41.3	43.1	
청년	남녀공학		1.6	14.5	44.0	39.9	0.995
	성별분리		1.5	14.2	43.6	40.7	

그렇다면 성별에 따른 통합·분리 교육의 효과가 성별에 따라 차이가 있을까? 〈표 11〉은 재학 중이거나 혹은 졸업한 학교가 남녀공학·성별분리 유형인지에 더하여 응답자의 성별을 추가로 고려한 결과이다. 표의 결과에서 확인할 수 있듯이 태도의 분포 차이는 성별 통합·분리 교육보다는 앞서 살펴본 바와 같이 성별의 강력한 영향에 의한 것으로 보인다. 다만 여성 청소년의 경우 선별 복지와 보편 복지에 대한 태도에서 성별분리 유형이 복지국가의 역할에 대한 긍정적인 태도를 보다 강화하는 것으로 보인다. 선별 복지와 관련하여 남녀공학에 재학 중인 여성 청소년 응답자들이 정부에 전적으로 책임이 있다고 응답한 비율은 35.4%였지만 성별분리 학교의 재학생인 응답자의 경우 그 비율이 41.2%로 약 6%p 높았다. 보편 복지와 관련하여서는 남녀공학에 재학 중인 여성 청소년(44.9%)보다 성별분리 학교에 재학 중인 여성 청소년(51.8%) 사이에서 정부에 전적으로 책임이 있다고 응답한 비율이

약 7%p 높았다. 따라서 성별 통합·분리 교육의 영향은 일관적이지는 않으나 일부 집단, 특히 현재 고등학교에 재학 중인 여성 청소년 사이에서 제한적인 영향을 미친다고 할 수 있다. 다만 여성 청년 응답자 사이에서는 이러한 차이가 관찰되지 않았기 때문에 이러한 제한적 영향이 중장기적으로 지속되는지에 대해서는 패널 자료 등을 사용한 추가 검토가 필요하다.

〈표 11〉 남녀공학·성별분리 여부 및 성별에 따른 복지국가의 역할에 대한 태도 분포(%)

집단구분		설문내용	책임이 없다	일부만 책임이 있다	상당 부분 책임이 있다	전적으로 책임이 있다	X^2 P-value
청소년	남녀공학-남성	고소득층과 저소득층 사이의 소득 격차를 줄이는 것	5.3	27.2	47.3	20.2	< 0.001
	남녀공학-여성		3.0	18.6	52.1	26.2	
	성별분리-남성		5.1	27.9	46.1	20.9	
	성별분리-여성		0.0	18.0	56.9	25.1	
청년	남녀공학-남성		5.2	23.7	54.1	17.0	< 0.001
	남녀공학-여성		1.6	20.2	49.8	28.3	
	성별분리-남성		5.9	36.8	41.0	16.3	
	성별분리-여성		2.6	21.1	48.0	28.3	
청소년	남녀공학-남성	가난하고 도움이 필요한 사람들을 돌보는 것	4.5	16.9	51.9	26.7	< 0.001
	남녀공학-여성		1.9	10.6	52.1	35.4	
	성별분리-남성		2.4	20.5	50.5	26.6	
	성별분리-여성		0.4	11.0	47.5	41.2	
청년	남녀공학-남성		2.1	20.1	51.0	26.8	< 0.001
	남녀공학-여성		0.4	13.8	46.2	39.7	
	성별분리-남성		4.2	20.1	49.4	26.4	
	성별분리-여성		0.6	15.6	44.2	39.6	

집단구분		설문내용	책임이 없다	일부만 책임이 있다	상당 부분 책임이 있다	전적으로 책임이 있다	X^2 P-value
청소년	남녀공학-남성	모든 국민에게 경제적 안정과 적절한 생활수준을 보장하는 것	2.9	20.2	41.6	35.4	< 0.001
	남녀공학-여성		1.5	8.4	45.2	44.9	
	성별분리-남성		2.7	20.2	41.4	35.7	
	성별분리-여성		0.4	6.7	41.2	51.8	
청년	남녀공학-남성		2.6	15.5	47.4	34.5	0.001
	남녀공학-여성		0.8	13.8	41.3	44.1	
	성별분리-남성		3.3	16.7	48.5	31.4	
	성별분리-여성		0.3	12.4	40.2	47.1	

5. 가정의 영향

1) 부모의 교육수준

사회화 이론에서는 가정환경의 역할을 중시한다. 부모의 교육수준은 가정의 경제활동 전반과 자녀의 사회인식에 큰 영향을 미치기 때문에 사회화 시기 정책 태도 형성에의 영향 역시 고려해 볼 수 있다. 〈표 12〉와 〈표 13〉은 각각 아버지의 교육수준, 어머니의 교육수준에 따라 복지국가의 역할에 대한 태도 분포에 차이가 있는지 보여주고 있다. 표의 결과에서 확인할 수 있듯이 부모의 교육수준이 사회화 시기 청소년 및 청년들이 복지국가의 역할에 대해 가지는 태도에 미치는 영향은 대체로 유의미하지 않거나, 일부 영향이 있다 하더라도 일관적이지 않은 것으로 보인다. 응답자들의 복지 태도의 분포가 재분배, 선별 복지, 보편 복지 등 정책 차원에 따라 다르게 나타나며, 청소년과 청년 집단 사이에도 일관적

이지 않은 분포가 확인된다. 따라서 부모의 교육수준은 적어도 단독으로는 사회화 시기 청소년 및 청년들의 복지국가의 역할에 대한 태도 형성에 유의미한 영향을 미치지 못한다고 할 수 있다.

〈표 12〉 아버지의 교육수준에 따른 국가의 역할에 대한 태도 분포(%)

집단구분		설문내용	책임이 없다	일부만 책임이 있다	상당 부분 책임이 있다	전적으로 책임이 있다	X^2 P-value
청소년	고등학교 이하	고소득층과 저소득층 사이의 소득 격차를 줄이는 것	3.5	27.5	45.5	23.5	0.356
	대학		3.1	20.7	54.1	22.1	
	대학원		4.5	24.7	44.2	26.6	
	모름		3.5	27.1	47.1	22.4	
청년	고등학교 이하		2.8	24.4	47.0	25.8	0.350
	대학		3.5	24.0	49.0	23.5	
	대학원		6.9	27.5	48.1	17.6	
	모름		1.4	31.0	43.7	23.9	
청소년	고등학교 이하	가난하고 도움이 필요한 사람들을 돌보는 것	1.0	20.0	49.0	30.0	0.084
	대학		1.9	13.7	52.3	32.0	
	대학원		4.5	13.0	43.5	39.0	
	모름		3.5	15.3	52.9	28.2	
청년	고등학교 이하		1.0	19.2	43.6	36.2	0.390
	대학		2.2	15.6	47.9	34.3	
	대학원		1.5	14.5	51.9	32.1	
	모름			23.9	47.9	28.2	

집단구분		설문내용	책임이 없다	일부만 책임이 있다	상당 부분 책임이 있다	전적으로 책임이 있다	X^2 P-value
청소년	고등학교 이하	모든 국민에게 경제적 안정과 적절한 생활수준을 보장하는 것	1.5	17.0	39.0	42.5	0.521
	대학		1.6	13.2	42.2	43.0	
	대학원		3.2	12.3	42.9	41.6	
	모름		2.4	15.3	50.6	31.8	
청년	고등학교 이하		1.0	16.0	38.0	44.9	0.274
	대학		1.9	12.8	46.0	39.3	
	대학원		2.3	13.7	48.1	35.9	
	모름			19.7	42.3	38.0	

〈표 13〉 어머니의 교육수준에 따른 복지국가에 대한 태도 분포(%)

집단구분		설문내용	책임이 없다	일부만 책임이 있다	상당 부분 책임이 있다	전적으로 책임이 있다	X^2 P-value
청소년	고등학교 이하	고소득층과 저소득층 사이의 소득 격차를 줄이는 것	2.6	25.4	50.0	21.9	0.092
	대학		3.2	20.8	53.9	22.1	
	대학원		5.4	25.2	38.7	30.6	
	모름		4.4	30.0	42.2	23.3	
청년	고등학교 이하		2.2	20.5	46.0	31.4	< 0.001
	대학		4.3	24.7	50.4	20.6	
	대학원		6.0	36.9	41.7	15.5	
	모름		1.5	34.8	45.5	18.2	
청소년	고등학교 이하	가난하고 도움이 필요한 사람들을 돌보는 것	1.8	18.9	51.3	28.1	0.028
	대학		1.9	13.0	52.1	32.9	
	대학원		4.5	17.1	36.0	42.3	
	모름		3.3	15.6	54.4	26.7	
청년	고등학교 이하		0.3	13.0	45.3	41.3	< 0.001
	대학		2.3	18.8	46.8	32.1	
	대학원		3.6	11.9	57.1	27.4	
	모름			28.8	47.0	24.2	

집단구분		설문내용	책임이 없다	일부만 책임이 있다	상당 부분 책임이 있다	전적으로 책임이 있다	X^2 P-value
청소년	고등학교 이하	모든 국민에게 경제적 안정과 적절한 생활수준을 보장하는 것	1.8	16.2	44.3	37.7	0.119
	대학		1.4	12.4	43.1	43.1	
	대학원		4.5	16.2	31.5	47.7	
	모름		2.2	16.7	45.6	35.6	
청년	고등학교 이하		0.6	11.8	42.2	45.3	0.220
	대학		1.8	15.2	44.2	38.8	
	대학원		3.6	13.1	46.4	36.9	
	모름		1.5	21.2	43.9	33.3	

2) 부모의 고향

앞서 언급한 바와 같이 이 연구의 대상은 서울시 거주 청소년과 청년들이기 때문에 전통적으로 한국정치에서 중요하게 여기는 요인인 지역주의의 영향에 대하여서는 확인할 수 없다. 하지만 부모의 고향을 고려하면 이와 같은 지역주의의 영향을 간접적으로 확인할 수 있을 것이다. 부모의 고향에서 기인하는 정치 성향 및 정책 태도의 세대 간 전달 가능성이 존재하기 때문이다. 〈표 14〉와 〈표 15〉는 각각 아버지의 고향과 어머니의 고향을 수도권, 호남, 영남, 기타, 그리고 모름으로 구분하여 복지국가의 역할에 대한 태도의 분포에 차이가 있는지 보여주고 있다. 앞서 살펴본 부모의 교육수준과 마찬가지로 부모의 고향은 사회화 시기 청소년 및 청년들이 복지국가의 역할에 대하여 가지는 태도에 유의미한 차이를 만들어내지 못하는 것으로 보인다. 전통적인 지역주의의 두 축인 영남과 호남에 더하여 지방과 구별되는 사회경제적 특성을 가지는 수도권을 별도로 고려하였지만, 응답자들의 복지 태도에 있어서는 일관적인 유의미한 차이가 발견되지 않았다. 따라서 적어도 부모를 통한 간접적인 차원에서는 지역주의가 사회화 시기의 청소년과 청년들의 복지국가의 역할에 대한 태도에 유의미한 영향은 미치지 못한다고 할 수 있다.

<표 14> 아버지의 고향에 따른 복지국가의 역할에 대한 태도 분포(%)

집단구분		설문내용	책임이 없다	일부만 책임이 있다	상당 부분 책임이 있다	전적으로 책임이 있다	X^2 P-value
청소년	수도권	고소득층과 저소득층 사이의 소득 격차를 줄이는 것	2.5	23.2	53.3	20.9	0.789
	호남		4.7	22.8	46.3	26.2	
	영남		3.9	23.4	49.4	23.4	
	기타		4.4	19.5	49.1	27.0	
	모름		3.1	26.1	49.1	21.7	
청년	수도권		3.0	24.8	49.8	22.4	0.200
	호남		2.9	20.3	48.3	28.5	
	영남		6.5	29.7	47.8	15.9	
	기타		4.0	24.3	43.9	27.7	
	모름		2.4	30.1	45.8	21.7	
청소년	수도권	가난하고 도움이 필요한 사람들을 돌보는 것	2.3	13.1	52.6	32.0	0.424
	호남		2.7	15.4	43.6	38.3	
	영남		0.6	17.5	53.2	28.6	
	기타		2.5	12.6	49.7	35.2	
	모름		3.1	19.3	49.1	28.6	
청년	수도권		2.0	15.4	49.3	33.3	0.427
	호남		1.2	15.1	41.9	41.9	
	영남		1.4	20.3	49.3	29.0	
	기타		1.2	18.5	43.9	36.4	
	모름		2.4	21.7	49.4	26.5	

집단구분		설문내용	책임이 없다	일부만 책임이 있다	상당 부분 책임이 있다	전적으로 책임이 있다	X^2 P-value
청소년	수도권	모든 국민에게 경제적 안정과 적절한 생활수준을 보장하는 것	1.6	13.3	42.1	43.0	0.287
	호남		2.7	13.4	39.6	44.3	
	영남		0.6	17.5	46.8	35.1	
	기타		3.1	8.8	41.5	46.5	
	모름		1.9	18.0	42.2	37.9	
청년	수도권		2.0	14.3	41.5	42.2	0.520
	호남		1.2	11.6	48.3	39.0	
	영남		2.2	13.0	51.4	33.3	
	기타		0.6	15.6	42.2	41.6	
	모름		1.2	19.3	37.3	42.2	

〈표 15〉 어머니의 고향에 따른 복지국가의 역할에 대한 태도 분포(%)

집단구분		설문내용	책임이 없다	일부만 책임이 있다	상당 부분 책임이 있다	전적으로 책임이 있다	X^2 P-value
청소년	수도권	고소득층과 저소득층 사이의 소득 격차를 줄이는 것	3.0	19.9	53.5	23.5	0.052
	호남		4.3	23.1	47.9	24.8	
	영남		3.8	24.2	54.5	17.4	
	기타		1.7	25.6	43.2	29.5	
	모름		5.7	30.0	47.1	17.1	
청년	수도권		3.7	23.6	49.9	22.8	0.387
	호남		4.3	20.5	48.1	27.0	
	영남		2.1	27.4	49.3	21.2	
	기타		2.9	27.6	44.1	25.3	
	모름		6.2	35.9	40.6	17.2	

집단구분		설문내용	책임이 없다	일부만 책임이 있다	상당 부분 책임이 있다	전적으로 책임이 있다	X^2 P-value
청소년	수도권	가난하고 도움이 필요한 사람들을 돌보는 것	2.0	13.4	51.9	32.7	0.219
	호남		1.7	16.2	48.7	33.3	
	영남		2.3	12.9	54.5	30.3	
	기타		1.1	14.8	47.2	36.9	
	모름		5.0	21.4	47.1	26.4	
청년	수도권		2.2	15.2	49.0	33.6	0.144
	호남		1.6	14.6	47.6	36.2	
	영남		0.7	15.8	50.7	32.9	
	기타		0.6	23.5	38.2	37.6	
	모름		3.1	23.4	48.4	25.0	
청소년	수도권	모든 국민에게 경제적 안정과 적절한 생활수준을 보장하는 것	1.8	14.2	41.6	42.4	0.467
	호남		1.7	12.0	42.7	43.6	
	영남		2.3	12.9	45.5	39.4	
	기타		0.6	12.5	39.2	47.7	
	모름		3.6	17.9	45.7	32.9	
청년	수도권		2.0	13.2	43.8	41.0	0.159
	호남		1.1	13.5	47.6	37.8	
	영남		1.4	9.6	48.6	40.4	
	기타		1.2	17.6	40.6	40.6	
	모름		1.6	26.6	29.7	42.2	

III. 결론

이 장에서는 서울시 거주 청소년 및 청년들이 인구통계학적 분류, 이념과 자기이익, 경제화동 및 사회활동 경험, 학교 교육의 영향, 가정의 영향에 따라 복지국가의 역할에 대한 태도에 있어서 차이를 보이는지 그 분포를 확인하였다. 주요 발견과 함의는 다음과 같다.

- 사회화 시기에 있는 청소년과 청년들도 재분배, 선별 복지, 보편 복지에 대한 자신의 정책선호를 선택할 수 있다. 그리고 그 태도의 분포는 기존의 성인과 유사하게 나타난다.
- 현재 한국정치의 젠더갈등을 반영하듯 성별은 복지국가의 역할에 대한 태도에 있어서도 뚜렷한 차이를 가져온다. 이는 향후 복지정치에서 성별이 새로운 균열로 등장할 가능성을 제시한다.
- 전통적으로 복지 태도를 결정하는 주요 변수로 여겨져 온 이념과 자기이익은 사회화 시기 청소년과 청년의 복지 태도에도 유의미한 차이를 만들어낸다.
- 청년의 경제활동 및 대학 진학은 복지 태도에 차이를 만들어낸다. 이는 청소년과 청년들이 경제활동과 대학 생활을 지속해 나가며 정책 태도가 변화할 가능성 역시 제시하는 것이며, 따라서 패널 자료 등을 활용하여 중장기적 변화를 추적하는 작업이 필요해 보인다.
- 학교의 영향과 관련하여서는 어떤 내용의 교육을 받느냐가 어떤 유형의 학교에 다니느냐보다 더 유의미한 차이를 만들어내는 것으로 나타났다. 하지만 학교의 유형도 사회화 시기 청소년 및 청년들의 복지국가의 역할 관련 태도에 제한적이나마 영향을 미치는 것으로 보인다.

- 가정에서의 부모의 영향은 적어도 단독적으로는 청소년과 청년들의 복지 태도에 유의미한 차이를 만들어내지 못하는 것으로 나타났다. 다만 이 변수들이 다른 변수와 결합하여 조절효과 혹은 매개효과를 만들어낼 가능성을 배제할 수 없다.

참고 문헌

구본상. 2023. "한국 사회 내 젠더갈등과 편향성의 동원." 『현대정치연구』 제16권 2호. 51-97.

조정인. 2012. "공리주의적 자기이해관계변인과 상징적 정치이념변인이 유권자들의 복지정책 선호에 끼치는 영향에 대한 경험적 연구." 『정치·정보연구』 제15권 2호. 153-173.

Korpi, Walter. 2006. "Power Resources and Employer-Centered Approaches in Explanations of Welfare States and Varieties of Capitalism: Protagonists, Consenters, and Antagonists." *World Politics* 58(2): 167-206.

Meltzer, Allan H., and Scott F. Richard. 1981. "A Rational Theory of the Size of Government." *Journal of Political Economy* 89(5): 914-927.

Neundorf, Anja, Kaat Smets, and Gema M Garc a-Albacete. 2013. "Homemade Citizens: The Development of Political Interest during Adolescence and Young Adulthood." *Acta Politica* 48(1): 92-116.

Tyler, Matthew, and Shanto Iyengar. 2023. "Learning to Dislike Your Opponents: Political Socialization in the Era of Polarization." *American Political Science Review* 117(1): 347-354.

5장 Between Generation and Gender: A Comparison of Attitudes toward Foreigner Groups in South Korea(외국인에 대한 태도)

김해나 • 서강대학교 국제대학원

* 국문 요약
I. Introduction
II. Who is a "Foreigner" in South Korea?
III. Sentiment toward Different Foreigner Groups Overall and by Gender
IV. Youth Attitudes toward Different Foreigner Groups
   1. Intergenerational Differences in Sentiment Towards Foreigners
   2. Predictors among Korean Youth and Adult Populations: The Effects of Generation and Gender
V. Conclusion
References
Appendix

[핵심어]

Foreigner Sentiment　　Labor Workers　　Foreign Spouses
North Korean Defectors　Korean Chinese　Multicultural Children
Public Opinion　　　　Generational Divisions
Gender Divisions　　　South Korea

[국문 요약]

한국으로 이주하는 외국인의 유입이 증가하면서 한국은 이제 다문화 사회로 전환하고 있다. 2023년 12월 기준으로 전체 인구의 약 5%(250만 명)가 외국인이다. 2000년에는 전체 인구의 0.5%에 불과했던 것에 비하면 크게 증가한 수치다. 이제 오랫동안 단일민족 국가로 인식되던 한국은 수십 년 동안 빠르게 변화하여 다문화 국가로 규정할 수 있는 국가로 전환되기 시작한 것이다. 이에 따라 한국인들의 외국인에 대한 인식이 중요한 사회적 이슈로 등장하게 되었다.

　　외국인 유입의 급격한 증가에 직면하여 한국은 다문화 통합에 어려움을 겪고 있다. 특히 한국인의 외국인에 대한 정서가 다양하고, 이러한 정서는 외국인에 대한 발언이나 행동으로 이어져 잠재적인 사회 갈등 요인이 된다. 외국인에 대한 부정적 정서는 민족주의에서 비롯되는 측면이 있다. 한국은 역사적으로 인종적·문화적으로 동질적인 사회였으며 하나의 민족으로 구성되어 있다는 정체성을 유지해 왔다. 그리고 하나의 민족으로 구성되었다는 것이 국가적 자부심으로 여겨진 시절도 있었다. 이처럼 혈통과 혈통의 중요성을 강조하면서 같은 문화적·민족적 유대감을 공유하지 않는 이들에 대한 외국인 혐오와 편견을 강화시킨다.

또한 개인적 차원에서 사회경제적 요인이 영향을 미치기도 한다. 불안정한 고용, 저소득, 낮은 사회적 지위를 가진 사람들은 경제적 불안과 취약성을 더 많이 느낄 수 있는데, 이들이 외국인들을 노동시장에서 경쟁의 대상으로 인식할 경우에 부정적인 태도가 강화된다.

대다수 한국인에게 외국인이란 단지 국적이 한국이 아닌 사람만을 의미하지 않는다. 예를 들어 한국인과 결혼하여 한국 국적을 취득했다고 해도 외형상 외국인으로 인식되면 외국인으로 간주한다. 또한 일반적 한국인과 같은 외모를 가졌어도 국적인 중국인 조선족 역시도 외국인으로 취급한다. 뿐만 아니라 탈북자들은 한국 국적을 가지고 있지만 내국인과는 다른 대우를 받는 경우가 많다.

가장 관심을 두어야 하는 집단은 다문화가정 자녀들이다. 다문화가정은 외국인(또는 귀화 외국인)과 한국인 사이의 자녀다. 이들은 보통 한국 국적을 가지고 있지만 다문화 배경을 가지고 있어서 외국인으로 간주되는 경우가 싱딩하다. 다문화가징과 다문화 자녀가 급증하고 있음에도 불구하고, 이들은 학교와 주변 환경에서 남들과 다른 존재로 여겨져 차별받는 경우가 발생한다.

한국 청년들을 대상으로 한 조사에 따르면, 청년층에서 외국인 집단에 대한 호감도는 15%에서 52%까지 다양하다. 외국인을 매우 호의적이거나 부분적으로 호의적인 응답자 비율을 살펴보면 다문화 자녀에 대한 긍정적 정서는 51.6%로 가장 높았고, 한국계 중국인에 대한 긍정적 정서는 15.2%로 가장 낮았다. 두 그룹 모두 '인식하는' 외국인 범주에 속하지만, 인식하는 방식에는 현격한 차이가 있는 셈이다. 외국인 노동자와 외국인 배우자, 탈북민에 대한 지지도는 각각 44%, 48%, 약 38%에 달해 의외로 동일한 언어를 사용하고 외모가 같은 탈북민에 대한 지지가 더 낮은 것으로 나타났다.

    15세에서 18세 사이의 청소년을 대상으로 동일한 설문조사를 한 결과를 보면 외국인을 매우 찬성하거나 부분적으로 찬성하는 응답자의 비율이 20% 중반에서 50% 중반의 범위로 나타났다. 다문화 자녀와 외국인 배우자에 대한 지지가 각각 54.5%와 52.9%로 가장 높았다. 성인 표본과 마찬가지로 조선족에 대한 지지는 각 그룹 중 가장 낮았지만, 성인 그룹(23.7%)보다는 약간 높았다.

    청년층(20~25세)과 청소년층(15~18세)의 설문결과를 비교하여 외국인 집단에 대한 인식을 보면 두 세대 간에는 약간의 차이가 나타난다. 구체적으로 성인 응답자에 비해 청소년의 경우 각 외국인 그룹에 대한 지지가 더 높다. 구체적으로 한국 청년들은 외국인 노동자에 대한 지지가 7%p, 외국인 배우자에 대한 지지가 5%p, 탈북자에 대한 지지가 10%p, 조선족에 대한 지지가 8.7%p, 다문화 자녀에 대한 지지가 3%p 더 높게 나타났다. 이처럼 청년과 청소년 두 집단에서 탈북민과 조선족에 대한 지지는 상당한 차이를 보인다. 하지만 두 집단 모두에서 외형상 한국인과 구분이 되지 않는 조선족과 같은 민족인 탈북자들에 대한 지지수준이 다문화가정 자녀는 물론이고 외국인 노동자보다 낮다는 것은 의외의 결과다.

I. Introduction

With the growing influx of foreigners moving to South Korea, the country is now slowly transitioning into a multicultural society. Indeed, as of December 2023, nearly 5 percent(2.5 million) of the population consists of foreign nationals(Park 2024). This is a significant increase from the past: in 2000, foreigners comprised only 0.5 percent of the population, while in 2013 and 2022, they comprised 3 percent and 4.4 percent, respectively.

The number of foreigners moving to South Korea rapidly grew in the 1990s, soon after the country experienced a rapid economic growth which led to declining birth rates and a shortage of labor. Various programs, including the *Industrial Trainee System* in 1993, attracted approximately thousands of foreign workers to take jobs in manufacturing and agricultural industries. This trend further increased in the 2000s when foreign spouses, particularly foreign brides, grew in demand in rural areas, as more women moved to the cities while more men stayed in the countryside. Soon afterward, to counter the aging population and low birth rates and simultaneously increase multiculturalism, the government started to encourage more immigration through the development of additional plans to increase the inflow of foreign residents.

Given this rapid influx within a few decades as well as the ongoing efforts to increase the number of foreigners moving to South Korea, there are now approximately 2.51 million foreigners living in the country. Indeed, the demographic landscape is ever-changing(Lim 2010), but the country has rapidly changed within a span of a few decades and has slowly started to transition to what can be defined as a multicultural nation(DeWind et al. 2012; Lim 2012; Watson 2010; Watson 2012).

Despite this transition and the increasing influx of foreigners, South Korea still struggles with multicultural integration. That is, though efforts have been made to help foreigners live in the country, there are still challenges in regards to the integration of foreigners into Korean society(Kim 2023). This is especially the case due to varying sentiment towards foreigners among Korean citizens, where sentiment can lead to comments or behaviors towards foreigners that significantly affect their everyday lives. Of course, there is to a certain extent positive sentiment toward foreigners, in part due to increasing intergroup contact between Korean citizens and foreigners. Specifically, as citizens and foreigners work and live close to one another, this intergroup contact can reduce prejudice and improve intergroup attitudes(Pettigrew 1998). Moreover, the relationships developed with different foreigners in Korean communities may also enhance their image and favorability.

Despite the positive sentiment that can arise from intergroup contact, the rapid influx of foreigners into any community can lead to more negative sentiment from the ingroup. There are several reasons for this in the case of South Korea: First, negative sentiment may stem from ethnic nationalism(Shin 2006; Shin, Freda, and Yi 1999). The country has historically been an ethnically and culturally homogeneous society, with the majority of the population(around 96 percent) consisting of ethnic South Koreans. Because of this, the idea of a national identity is, to a certain extent, rooted in ethnic and cultural homogeneity among South Koreans(Schmid 1997; Shin 2006). Since the 1990s, moreover, this sense of ethnic nationalism has emphasized the importance of shared blood and ancestry, which can increase xenophobia and prejudice toward those that do not share the same cultural and nationalistic ties. Generally speaking, ethnic nationalism, as well as cultural unity, can make individuals more receptive to those who are viewed to be similar and less receptive to those perceived to be different(Ha and Jang 2015). Moreover, this type of exclusive behavior toward foreigners in particular can lead to less receptivity toward multiculturalism overall(Han 2022).

Another source of negative sentiment towards foreigners, one that can be seen in various countries worldwide, is competition for resources and opportunities, such as employment opportunities(Han 2022). This may arise as a result of perceptions based on group threat, where group dynamics can increase ingroup favoritism and outgroup opposition. That is, with the perception that resources are scarce, those within the ingrou (in this case South Korean citizens) may view the outgroup(foreigner groups) as outsiders who take away their resources (Blalock 1967; Lee, Kim, and Kang 2024). This can include resources such as such as employment opportunities as well as welfare support. This perceived competition for resources can thus increase hostility toward foreigners as well.

Third, sentiment can vary on the structural (public) and individual (private) levels in the country(Lee, Kim, and Kang 2024). That is, at the individual level, demographic factors, such as socioeconomic status(SES), can influence attitudes, as those with unstable employment, low income, and low social status may feel more economic insecurity and vulnerability, which, in turn, may lead to increasingly negative attitudes toward foreigners(Oepen 1984). At the structural level, factors such as social capital can also influence attitudes, as people's level of trust, networks, participation, and norms within their own societies can lead to increased hostility if they are based on a relatively homogeneous ingroup (Putnam and Goss 2002; Durlauf 1999).

In addition, other factors, such as media portrayals(Park 2014), the size of the ingroup population relative to the outgroup population(Lee, Cho, and Jung 2021), and types of immigration policies(Lee 2010), can influence sentiment. For these reasons, among others, negative sentiment toward foreigners persists within society, and foreigners continue to experience both implicit and explicit forms of discrimination. According to Statistics Korea, nearly 20 percent of foreigners reported experiencing discrimination in various places, including shops, restaurants, banks, and workplaces, in 2023(Kim 2023). That is, 17.4 percent have experienced discrimination due to their ethnic background, lack of Korean language proficiency, or other factors that differentiate them from South Korean citizens (Kim 2024).

II. Who is a "Foreigner" in South Korea?

As previous studies have suggested, defining who should be considered a foreigner is a difficult task. This is especially the case in a country like Korea, which has traditionally remained a relatively homogeneous society. In this country-specific context, there are various ways to describe a foreigner. Most simply put, however, foreigners can consist of anyone who is not a Korean citizen as well as those who are perceived to be foreigners. For the more traditional definition of a foreigner, according to the Framework Act on Treatment of Foreigners Residing in the Republic of Korea, foreigners in Korea can be defined as "those who do not possess the nationality of the Republic of Korea and who legally stay in Korea for the purpose of residing in Korea." According to this definition, a foreigner is any individual living in Korea that is not a citizen of the country.

In this context, foreigners can include foreign workers who work primarily in labor-intensive industries, including agriculture, manufacturing, food and service, hospitality, wholesale and retail, and others. This foreign workforce now consists of over one million people, which makes up 3.5 percent of the total workforce, and shows a 9.4 percent increase of foreign workers from the previous year (Kang and Park 2024). In addition to this, more than 130,000 additional foreign workers will be allowed to work in Korea on the E-9 visa in 2025 (Kim 2024).

Foreigners in Korea also includes foreign spouses—in particular, foreign brides who marry Korean men—prior to receiving citizenship. Since the 1990s, the number of "marriage migrants," particularly foreign brides, has increased due to the development of policies that have attracted foreign individuals from abroad for marriage. As of 2023, marriages with foreign spouses in Korea have increased by 17 percent relative to the overall domestic marriage rate, with Vietnamese women comprising the largest share of foreign wives, followed by Chinese and Thai women (Statista 2024). In fact, the number of multicultural marriages has increased to more than 7.2 percent of all marriages within the country.

In addition to these foreigner groups, "perceived" foreigners, or individuals who are viewed to be foreign even if they are not, can comprise an important group. According to Lee, Kim, and Kang (2024), "perceived" foreigners can consist of those with Korean ethnic and racial backgrounds who come from different national backgrounds. This can include North Korean defectors, who receive citizenship once they arrive in South Korea, as well as ethnic Korean-Chinese individuals who have lived in Korea for several generations. Even though both of these groups share a similar ethnic background with many Korean citizens, they are often still viewed as perpetual foreigners due to differences in culture, language, and even dialect (Lee 2018; Hong, Song, and Park 2013). In many ways, both of these groups comprise a large part of the perceived foreigner population.

In addition to this definition, perceived foreigners can include individuals who are viewed as foreigners despite having Korean citizenship. One prime example of this is children of multicultural families, as they often consist of children of foreigners (or naturalized foreigners) and Korean citizens. Despite them usually having Korean citizenship, they can be viewed as foreigners because they come from a multicultural background. Similarly with this group, however, the increasing number of multicultural families means that the number of multicultural children is also increasing. According to the Korean Education Statistics Service, as of 2022, approximately 5 percent of the total births in Korea consisted of multicultural births. In some schools, children with multicultural backgrounds comprise more than 30 percent of the student population. Despite this surge in multicultural families and multicultural children, they are viewed as different and often face discrimination and other challenges in school and surrounding environments. Given these points, both actual foreigners and perceived foreigners should be considered when observing sentiment toward foreigners overall, as both those who do and those who do not share an ethnic background with Korean citizens can be seen as foreigners(Watson 2012).

With the numerous types of foreigners that reside in the country, there are varying views regarding different foreigner groups. This is in part because, in some ways, Korea has built a structure of hierarchical membership(Lee 2010), one that can lead to power conflicts between groups(Glaer and Moynihan 1970). Indeed, some foreigners may be "less favored" relative to others due to negative stereotypes, unfamiliarity, and cultural differences; consequently, certain groups have a more difficult time integrating into society.[2] For example, some studies suggest that South Koreans prefer coethnic immigrants, such as North Korean migrants, relative to other groups because of their familiarity with the language and culture(Denney and Green, 2020; Rich, Bison, and Kozovic 2021). For this reason, nevertheless, it is important to analyze how sentiment toward different foreigner groups varies within society, especially since sentiment may vary significantly not just between perceived and actual foreigners, but also in relation to familiarity and contact. While there are various foreigner groups living in South Korea,

---

[2] This can also be seen in the case of Japan, where South Korean residents are more likely to be accepted than Chinese residents, though there are differences based on gender, age, and education. See Jie Zhang 2018 for details in the case of Japan.

for simplicity purposes, this chapter will focus on the largest groups, which include: foreign labor workers, foreign spouses, North Korean defectors, Korean-Chinese, and multicultural children.

III. Sentiment toward Different Foreigner Groups Overall and by Gender

In an original survey of young Korean adults(n = 1,111) between the ages of 20 to 25 years old, the data suggests that sentiment toward different foreigner groups varies among the young adult population, ranging from 15 percent to 52 percent. Specifically, when observing the proportion of respondents who strongly favor or partially favor foreigners, positive sentiment is highest toward multicultural children, at 51.6 percent, and lowest toward Korean-Chinese, at 15.2 percent. Even though both groups are within the "perceived" foreigner category, there is a stark difference in how they are perceived. For foreign labor workers, foreign spouses, and North Korean defectors, levels of support reach 44 percent, 48 percent, and approximately 38 percent, respectively, surprisingly showing lower support for North Korean defectors who are viewed to share more similarities with citizens.

⟨Table 1⟩ Support for Different Foreigner Groups: Overall and by Gender (%)

Foreigner Groups	General	Women	Men
Foreign labor workers	43.6	43.7	43.4
Foreign spouses	47.9	46.7	49.4
North Korean defectors	37.5	37.9	37.0
Korean-Chinese	15.0	15.5	14.3
Multicultural children	51.6	53.1	49.4

In addition, breaking the data down by gender shows that women(n = 593) were more likely to report positive sentiment relative to men(n = 433) and that there were small differences in terms of support for foreign labor workers, foreign spouses, North Korean defectors, and multicultural children. That is, support was slightly higher among women than men for all groups, except foreign spouses. This may be because foreign spouses have historically been women, and men may view them more favorably. In terms of support for Korean-Chinese, however, there was significantly low support among both women and men, with 15.5 percent and 14.3 percent respectively, indicating that negative stereotypes may lead to negative sentiment towards this group. These statistics indicate that, while there are moderate levels of support for foreigners overall, there are some slight differences depending on the foreigner group as well as by gender.

Furthermore, when examining sentiment toward foreigner groups, it is important to consider how foreigners are viewed in terms of their contribution to society. This can include whether foreigners contribute to the economy, make society a better place to live, or whether more job opportunities should be provided to foreigners. While attitudes toward foreigners may differ, the perception of whether they contribute to the society in which they live can also be a determining factor in terms of influencing citizen attitudes toward these groups.

⟨Table 2⟩ Attitudes regarding Foreigners' Contribution to Society: Overall and by Gender(%)

Foreigner Contribution	Adults	Women	Men
Help economy	55.1	53.0	58.0
Help society	27.3	28.0	29.1
Help job opportunities	82.9	84.7	80.4

Overall, approximately 55 percent of survey respondents reported that foreigners are very or somewhat helpful in terms of their contribution to the Korean economy, while only a little over a quarter(27 percent) stated that foreigners make Korea a very or somewhat better place to live. Moreover, a strong majority(83 percent) responded that foreigners should either have more freedom to work in Korea with fewer restrictions or that they should be able to work in areas with labor shortages.

This suggest that, in general, while many respondents want foreigners to help with labor shortages and contribute to the economy, very few view foreigners as contributing positively to society. In terms of gender, men were more likely to believe that foreigners contribute to the Korean economy and marginally more likely to believe that foreigners make Korea a better place to live, while women were more likely to believe that foreigners should be given more job opportunities with fewer restrictions.

IV. Youth Attitudes toward Different Foreigner Groups

When considering the data, it is also important to examine differences in sentiment among different generations. While most of the extant literature examining sentiment toward foreigners in South Korea has analyzed various demographic factors among Korean citizens—including political ideology, residence in urban versus rural areas, religious beliefs, and socioeconomic status—not much is known about such sentiment among Korean youth.

According to the United Nations, the "youth" refers to those who are in a period of transition from childhood to adulthood and generally includes those between the ages of 15 and 24 years old. In other words, youth are transitioning from the dependence of childhood to the independence of adulthood. In the Korean context, however, youth is defined more broadly: For example, the Republic of Korea's Statutes defines youth in Korea as those between the ages of 9 and 24. Here, the youth can be defined as students who are not of legal age and measured through high school students(15-18 years old) before they go to college and reach legal age.

Incorporating this group of youth respondents is significant for several reasons. First, it comprises of adolescents, most of whom continue to receive care from their parents and relatives. Through this, their attitudes continue to develop and change through external influences. As such, understanding their sentiment in their early years is critical, as these original opinions develop and progress—and sometimes harden—as they grow older and join the voting-age population.

At the same time, this group consists of adolescents who are relatively older than other children but not yet adults. As a result, they still have, to a certain extent, developed their own thoughts and ideas. Of course, their parents and other adult relatives are likely to play key roles in shaping their attitudes.

Nevertheless, their attitudes are also influenced by their other surroundings, including their schools, teachers, peers, and extracurricular activities as well as the media and online platforms. Indeed, their attitudes, preferences, and beliefs may become incredibly diverse as a result of their different experiences in various environments. In addition to this, they will soon be going to college with these diverse influences, and so this group can also show how college further develops or changes these attitudes over time

Third, adolescents witihin the same age group often have shared experiences, and, on a broad level, grow up in similar conditions(Kim 2018). Korean youth are one of the first generations to grow up in a democratic and relatively more multicultural and globalized environment than their older counterparts. Since more intergroup interactions can play a critical role in fostering positive sentiment toward foreigners(Tropp, White, and Tredoux 2022), their increasing and unique interactions with other groups may influence their sentiment in ways that older generations may not get to experience since they grew up in a more homogenous society. For these reasons, this age group can tell us a lot about how attitudes form and change as they enter adulthood among a new generation in an everchanging environment.

In order to examine this group, we used another original

survey of Korean youth(n = 1,058) between the ages of 15 to 18 years old. Interestingly, young respondents reported similar attitudes to the adult population. When observing the proportion of respondents who strongly favor or partially favor foreigners, there was a range from mid-20 percent to mid-50 percent. The highest level of support was reported for multicultural children and foreign spouses, at 54.5 percent and 52.9 percent, respectively. Similar to the adult sample, support for Korean-Chinese was the lowest among the different groups, but it was a bit higher than the adult group(23.7 percent). Breaking this sample down by gender, the table shows that young Korean women(n = 518) were more likely to show support than young Korean men(n = 540), with the biggest differences in support for multicultural children with an 8.9 percent difference among young women and men.

⟨Table 3⟩ Support for Different Foreigner Groups among Youth: Overall and by Gender (%)

Foreigner Groups	Overall	Young Women	Young Men
Foreign labor workers	50.5	51.7	49.3
Foreign spouses	52.9	54.3	51.7
North Korean defectors	47.0	49.2	44.8
Korean-Chinese	23.7	25.3	22.2
Multicultural children	54.5	59.1	50.2

When examining the perception of foreigners within society, on average, almost 60 percent of Korean youth stated that foreigners are helpful in terms of their contribution to the Korean economy, while only 32 percent stated that foreigners make Korea a better place to live. This suggests that, in general, Korean youth hold positive beliefs that foreigners contribute economically to Korea but less so in terms of contributing to society, though they are less likely to have seen or had experiences related to this in comparison to their older counterparts. However, almost 87 percent of youth respondents believe that foreigners should have more freedom to work in Korea with fewer restrictions and should be able to work in areas with labor shortages.

In terms of gender, however, young men were more likely to believe that foreigners contribute to the economy and make Korea a better place to live and less likely to believe that they should have fewer restrictions in terms of employment. This suggests that Korean youth, and particularly young men, may already be starting to perceive foreigners as a threat in terms of employment opportunities, despite the fact that they have not yet joined the adult workforce.

⟨Table 4⟩ Attitudes toward Foreigners' Contribution to Society among the Youth: Overall and by Gender (%)

Foreigner Contribution	Overall	Young Women	Young Men
Help economy	59.7	56.4	63.0
Help society	32.2	30.7	33.7
Help job opportunities	86.9	88.8	85.0

1. Intergenerational Differences in Sentiment Towards Foreigners

When examining Koreans' sentiment toward different foreigner groups by age group—that is, young adults(18- to 24-year-olds) and youth(15- to 18-year-olds)—there are some differences between the two generations (see Appendix for number of respondents by age). For example, there was more support for each foreigner group among the youth relative to the adult respondents overall. More specifically, Korean youth showed nearly 7 percent more support for foreign labor workers, 5 percent more for foreign spouses, almost 10 percent more support for North Korean defectors, 8.7 percent more support for Korean-Chinese, and 3 percent more support for multicultural children. In particular, there was a stark contrast in support for North Korean defectors and Korean-Chinese, both groups that can be perceived foreigners.

There were also differences in terms of gender. For example, young women showed much more support than adult women, and young men showed relatively more support than adult men. However, among men, there was a small difference in support for multicultural children and foreign spouses.

⟨Table 5⟩ Difference in Support Between Adults and Youth Toward Foreigner Groups (%)

Foreigner Groups	General	Women	Men
Foreign labor workers	-6.9	-8.1	-5.8
Foreign spouses	-5.1	-7.5	-2.3
North Korean defectors	-9.5	-11.3	-7.9
Korean-Chinese	-8.7	-9.8	-7.9
Multicultural children	-3.0	-6.0	-0.8

In terms of perceptions of foreigners' contribution to society, there were also intergenerational differences. Younger respondents were more likely to believe that foreigners contribute positively to the Korean economy, make Korea a better place to live, and should have more freedom to work in Korea with fewer restrictions overall. This can be seen in the overall differences as well as those by gender, as both young women and young men were more likely to believe that foreigners contribute to society than adult women and adult men, respectively. In particular, young men were much more supportive of foreigners than adult men while the difference was smaller among young women and adult women.

⟨Table 6⟩ Difference in Support Between Adults and Youth: Foreigners' Contribution to Society (%)

Foreigner Contribution	Adults	Women	Men
Help economy	-4.6	-3.4	-5.0
Help society	-4.9	-2.7	-4.6
Help job opportunities	-4.0	-4.1	-4.6

2. Predictors among Korean Youth and Adult Populations: The Effects of Generation and Gender

Though subtle, there are some differences in terms of sentiment by age. For example, the youth show more positive attitudes toward foreigners as well as a more positive overall view of foreigners in terms of their contributions to Korean society to the adult population in regards to the descriptive statistics; this is true across various foreigner groups. These differing attitudes may be attributable to generational differences in terms of lived experiences between older and younger individuals.

First, while older individuals grew up in a relatively homogeneous society, the youth have grown up in a multicultural environment. Young individuals have more experience with multicultural contact and are more likely to be acquainted with multicultural families, which has increased intercultural sensitivity(Park 2015). Correspondingly, the youth may be more accustomed to and familiar with foreigners and more receptive to foreigners living in Korea.

Second, while the older generation grew up in a less democratic environment, the youth grew up in a fully democratic environment, where liberal values such as inclusivity, diversity, and equality and human rights are promoted. As a result of this democratic awareness, they are generally more likely to be more tolerant than older generations toward different groups of people and more likely to view cultural diversity more favorably(Vala and Costa-Lopes 2010). Similarly, media portrayal, along with indirect contact through mass media, can lead to a more positive influence among the youth, since the media can be viewed as a critical source of information for younger individuals.

Figure 1 shows the relationship between age and sentiment toward different foreigner groups (see Appendix for full regression table). In general, older respondents are negatively correlated with support for all foreigner groups relative to younger individuals, indicating that older age is associated with lower levels of support. This is especially the case for Chinese-Koreans(-14.1 percentage points) and also slightly for North Korean defectors(-7.8 percentage points), both groups that are perceived foreigners despite being more ethnically and culturally related to Korean citizens. However, older respondents were also likely to show less support for foreign labor workers(-3.5 percentage points), foreign spouses(-3.7 percentage points), and multicultural children(-2.2 percentage points) as well. Additionally, the results are statistically significant for all groups except multicultural children. This suggests that younger individuals are still more likely to embrace a more inclusive and diverse environment relative to slightly older individuals.

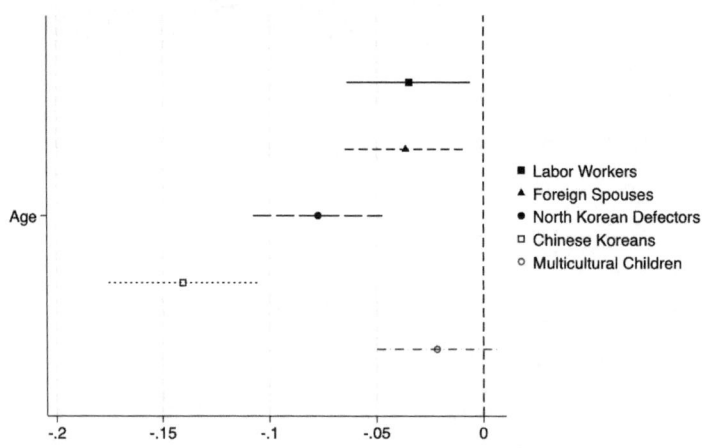

〈Figure 1〉 Coefficient Plot for Age and Positive Attitudes toward Foreigner Groups

In addition to generational, it is likely that support among the youth varies as well. As previously shown, there are some gender differences between different generations of respondents.

Figure 2 shows the relationship between gender and sentiment toward different foreigner groups among only youth respondents (see Appendix for full regression table). In general, young women are more likely to show support for all foreigner groups relative to young men, and positive sentiment among young women is statistically significantly higher for North Korean defectors(3.2 percentage points), Chinese-Koreans(4.5 percentage points, and multicultural children(5 percentage points). This indicates that while young women are more open to foreigners in Korea relative to men, there are still some variations among women in perceptions of foreigners. That is, those who share a background in terms of Korean culture and language with

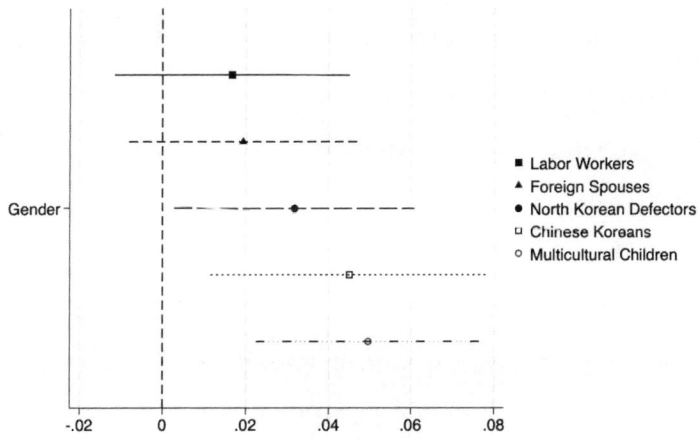

⟨Figure 2⟩ Coefficient Plot for Gender and Positive Attitudes toward Foreigner Groups

5장 Between Generation and Gender

Korean citizens are more likely to be viewed favorably among female respondents than those who are less associated with Korean culture. Moreover, it suggests that there is a slight difference in support for perceived foreigners relative to actual foreigners living in Korea.

V. Conclusion

Studies have examined public attitudes toward foreigners since they started to integrate into South Korean communities in the 1980s and 1990s. Much of this literature has analyzed public attitudes toward different foreigner groups as well as how public opinion varies by different demographics among Korean citizens. However, few studies in this field have focused on young individuals, including both young Korean adults and Korean youth. Additionally, research comparing attitudes between Korean youth and young adults in terms of sentiment is limited. This is in part due to various limitations in analyzing youth; as a result, relevant studies on this group are largely limited in breadth and depth. Nevertheless, it is crucial to explore sentiment among Korean youth and young adults, especially since they will gradually join, and make significant decisions as part of, the adult electorate.

How do Korean youth and young adults perceive foreigners living in South Korea? In particular, how does their sentiment vary based on age, gender, and foreigner groups? This chapter provides a descriptive analysis of varying attitudes towards foreigner groups, including overall sentiment towards foreigners who live in Korea and perceptions of their contribution to Korean society.

First, this study offers a more expansive definition of who can be considered a foreigner in South Korea and demonstrates through survey data that support for both foreigners and perceived foreigners is moderate among the general population, with only a little over half of the respondents reporting support for different groups including foreign labor workers, foreign spouses, North Korean defectors, and multicultural children. Conversely, support is much lower for Korean-Chinese, with less than 40 percent of respondents showing support. Additionally, similar proportions of respondents tend to believe that foreigners contribute to the Korean economy and society, and a larger proportion believe that foreigners should be given fewer restrictions in terms of employment.

Second, this chapter reveals that there are differences in terms of both generation and gender. In terms of generational differences, there is a difference in attitudes between the young adult population and the youth, with young individuals showing slightly more support for all the foreigner groups. In addition, in both the young adults and youth populations, women are more likely to show support for foreigners. Ultimately, when examining four groups overall, the survey data suggest that young women are the most likely to show support for foreigners, followed by young men, young adult women, and then young adult men.

Third, this chapter demonstrates that age is negatively and significantly correlated with sentiment towards all foreigner groups. Among the youth, moreover, gender is strongly correlated with support for certain foreigner groups over others. Both coefficient plot results in the study indicate a strong association between age and gender with foreigner sentiment. While age is significantly associated with all foreigner groups except multicultural children, gender is significantly correlated with North Korean defectors, Chinese-Koreans, and multicultural children only. This finding suggests that ethnic and cultural similarities may be a significant influence on support, or lack thereof.

However, this study has several limitations. First, it is purely exploratory; for this reason, future research should focus on examining various predictors of sentiment toward foreigner groups among young Koreans. Additionally, future studies should gauge the level of favorable attitudes among young Koreans toward foreigner groups. While this is merely a descriptive study, it works as a starting point for further exploring how attitudes among young Koreans may change as they grow older and what this will mean for the future of Korea in terms of its transition into a multicultural society.

Ultimately, although Korea is a consolidated democracy, the country still struggles with diversity and inclusion. It is also now facing challenges related to population decline, which has led to Korea becoming a gray population. As a result, efforts are now underway at the institutional level to push for multiculturalism and facilitate Korea's transition Korea into a diverse society. While the country currently faces many challenges, the new young generation is very quick to adapt and develop; therefore, it is likely that attitudes toward foreigners will eventually improve, hopefully leading Korea into becoming a more multicultural and inclusive society.

References

Blalock, Hurbert M., Jr. 1967. Toward a Theory of Minority-Group Relations. Wiley.

Denney, Steven, and Christopher Green. "Public attitudes towards co-ethnic migrant integration: evidence from South Korea." *Journal of Ethnic and Migration Studies* 50, no. 8 (2024): 1998-2022.

DeWind, Josh, Eun Mee Kim, Ronald Skeldon, and In-Jin Yoon. "Korean development and migration." *Journal of Ethnic and Migration Studies* 38, no. 3 (2012): 371-388.

Framework Act on Treatment of Foreigners Residing in the Republic of Korea. 2012. https://elaw.klri.re.kr/eng_mobile/viewer.do?hseq=29703&type=part&key=7#:~:text=1

Framework Act on Youth. https://elaw.klri.re.kr/eng_mobile/viewer.do?hseq=55736&type=part&key=16#:~:text=The%20terms%20used%20in%20this,6

Ha, Shang E., and Seung-Jin Jang. "Immigration, threat perception, and national identity: Evidence from South Korea." *International Journal of Intercultural Relations* 44 (2015): 53-62.

Han, Seungwoo. "An analysis of Koreans' attitudes towards migrants by application of algorithmic approaches." *Heliyon* 8, no. 8 (2022).

Hong, Yihua, Changzoo Song, and Julie Park. 2013. "Korean, Chinese, or What? Identity Transformations of Chosŏnjok (Korean Chinese) Migrant Brides in South Korea." *Asian Ethnicity* 14, no. 1: 29-51.

Kang, Woo-ryang and Su-hyeon Park. 2024. "South Korea's foreign workforce exceeds 1 million for the first time," The Chosun Daily. https://www.chosun.com/english/national-en/2024/12/18/RJZ2VREOFNAHNK6YICNIPYLFRY/

Kim, Bo-eun. 2024. "Korean society grows more diverse but still struggles with multicultural integration" The Korea Times. https://www.

koreatimes.co.kr/www/nation/2024/12/113_361433.html#:~:text=Korea%20had%20a%20total%20of,relocation%20is%20permanent%20for%20immigrants.

Kim, Min-jeong. 2024. "Foreign residents in Korea surpass 1.56 million, employment tops 1 million" Chosun Biz, https://biz.chosun.com/en/en-policy/2024/12/17/3B4R3ZM2RBAVFBVNLOJ6NUNWQ4/

Kim, Seokho. "Introduction: Searching for Uniqueness in Dreams and Futures of the 21st Century Young Generation in Korea." *Development and Society* 47, no. 3 (2018): 341-346.

Lee, Byoungha. "Incorporating Foreigners in Korea: The Politics of Differentiated Membership: The Politics of Differentiated Membership." *OMNES: The Journal of Multicultural Society* 1, no. 2 (2010): 35-64.

Lee, Helene K. 2018. *Between foreign and family: Return migration and identity construction among Korean Americans and Korean Chinese.* Rutgers University Press.

Lim, Timothy. "Rethinking belongingness in Korea: Transnational migration, "migrant marriages" and the politics of multiculturalism." Pacific Affairs 83, no. 1 (2010): 51-71.

Lim, Timothy C. "South Korea as an 'ordinary' country: A comparative inquiry into the prospects for 'permanent' immigration to Korea." *Journal of Ethnic and Migration Studies* 38, no. 3 (2012): 507-528.

Park, Jung-Suh. "Multicultural experience and intercultural sensitivity among South Korean adolescents." *Multicultural Education Review* 5, no. 2 (2013): 108-138.

Park Jong-o. 2024. "2.5 million foreigners live in Korea, but little assistance is offered to the fast-growing segment" Hankyoreh, https://english.hani.co.kr/arti/english_edition/e_national/1130430.html

Pettigrew, Thomas F. "Intergroup contact theory." *Annual review of psychology* 49, no. 1 (1998): 65-85.

Rich, Timothy S., Kaitlyn Bison, and Aleksandra Kozovic. "Who is welcome? South Korean public opinion on North Koreans and other refugees."

Japanese Journal of Political Science 22, no. 3 (2021): 117–129.

Schmid, Andre. "Rediscovering Manchuria: Sin Ch'aeho and the politics of territorial history in Korea." The Journal of Asian Studies 56, no. 1 (1997): 26–46.

Shin, Gi-Wook. Ethnic nationalism in Korea: Genealogy, politics, and legacy. Stanford University Press, 2006.

Shin, Gi-Wook, James Freda, and Gihong Yi. "The politics of ethnic nationalism in divided Korea." Nations and Nationalism 5, no. 4 (1999): 465–484.

Tropp, Linda R., Fiona White, Christina L. Rucinski, and Colin Tredoux. "Intergroup contact and prejudice reduction: Prospects and challenges in changing youth attitudes." Review of General Psychology 26, no. 3 (2022): 342–360

United Nations. Definition of Youth. https://www.un.org/esa/socdev/documents/youth/fact-sheets/youth-definition.pdf

United nations. Youth. https://www.un.org/en/global-issues/youth#:~:text=For%20statistical%20purposes%2C%20however%2C%20the,of%2015%20and%2024%20years

Vala, Jorge, and Rui Costa-Lopes. "Youth attitudes toward difference and diversity: a cross-national analysis." *An lise Social* (2010): 255–275.

Watson, Iain. "Multiculturalism in South Korea: A critical assessment." (2010): 337–346.

Watson, Iain. "Paradoxical Multiculturalism in South Korea." *Asian Politics & Policy* 4, no. 2 (2012): 233–258.

Yoon, K., 2023. "Distribution of foreign brides in South Korea in 2023, by nationality," Statista, https://www.statista.com/statistics/647777/south-korea-brides-international-nationality/

Appendix

Appendix A. Items for Survey Questions for each Foreigner Group

대상에 대한 생각
- 우리나라에서 일하는 외국인 노동자: Foreign workers working in Korea.
- 우리나라 사람과 결혼한 외국인(결혼이주여성): Foreigners who have married Koreans (marriage immigrants).
- 우리나라에서 사는 북한 이탈 주민: North Korean defectors living in South Korea.
- 우리나라에서 사는 조선족 동포: Chinese Koreans living in Korea.
- 다문화가정 자녀: Children from multicultural families.
  1. 매우 긍정적
  2. 긍정적
  3. 보통
  4. 부정적
  5. 매우 부정적

Appendix B. Items for Survey Questions on Foreigner Contributions to Society
- 이민자들의 한국 경제 도움 정도에 대한 의견: Opinions on

the extent of immigrants' contribution to the Korean economy.
1. 매우 도움이 된다
2. 약간 도움이 된다
3. 별다른 영향이 없다
4. 약간 손해가 된다
5. 매우 손해가 된다

- 이민자들이 한국을 더 살기 좋은 곳으로 만드는지에 대한 의견: Opinions on whether immigrants are making Korea a better place to live.
    1. 훨씬 더 살기 좋은 곳으로 만든다
    2. 약간 더 살기 좋은 곳으로 만든다
    3. 별다른 영향이 없다
    4. 약간 더 살기 나쁜 곳으로 만든다
    5. 훨씬 더 살기 나쁜 곳으로 만든다

- 취업을 목적으로 온 외국인에게 정부가 취해야 하는 정책: Policies that the government should implement for foreigners who come for employment purposes.
    1. 외국인의 국내 취업을 제한 없이 허용해야 한다: Foreigners should be allowed to work in the country without restrictions.

2. 한국에 노동력이 부족한 분야에만 외국인의 국내 취업을 허용해야 한다: Foreigners should only be allowed to work in sectors where there is a labor shortage in Korea.
3. 국내 취업 가능한 외국인의 수를 엄격히 제한해야 한다: The number of foreigners allowed to work in the country should be strictly limited.
4. 외국인의 국내 취업을 전면 금지해야 한다: Foreigners should be completely prohibited from working in the country.

Appendix C. Survey Items for Independent and Control Variables
- 귀하의 성별은 무엇입니까?
  - 여성
  - 남성

- 귀하가 졸업한 고등학교는 다음 중 어디에 해당합니까?
  1. 일반 고등학교
  2. 자율형 고등학교
  3. 특성화 고등학교
  4. 과학 고등학교
  5. 외국어 고등학교
  6. 국제 고등학교
  7. 예술 고등학교

8. 체육 고등학교
9. 마이스터 고등학교
10. 기타

• Q30. 현재 가족이 속한 사회 계층
1. 1최하층
2. 2
3. 3
4. 4
5. 5
6. 6
7. 7
8. 8
9. 9
10. 10최상층

Appendix D. Number of Respondents by Age

Age	N
15	21
16	608
17	424
18	5
19	63
20	169
21	181
22	173
23	237
24	203

Appendix E. OLS Regression Model for Coefficient Plot in Figure 1 (N = 2,084)

	FLW	FS	NKD	KC	MC
Age	−0.035*	−0.037*	−0.078***	−0.141***	−0.022
	(0.01)	(0.01)	(0.02)	(0.02)	(0.01)
Gender	0.015	0.01	0.025*	0.050***	0.040***
	(0.01)	(0.01)	(0.01)	(0.01)	(0.01)
Family Class	−0.019	−0.068**	−0.019	0.034	−0.035
	(0.03)	(0.03)	(0.03)	(0.03)	(0.03)
Regular School	−0.004	−0.022*	−0.013	−0.009	−0.01
	(0.01)	(0.01)	(0.01)	(0.01)	(0.01)
Constant	0.644***	0.707***	0.640***	0.439***	0.671***
	(0.02)	(0.02)	(0.02)	(0.02)	(0.02)
R^2	0.004	0.008	0.015	0.035	0.010

Note. FLW = foreign labor workers; FS = foreign spouses; NKD = North Korean defectors; KC = Korean-Chinese; MC = multicultural children.
*p < .05. **p < .01. ***p < .001.
*All of the variables have been scaled 0 to 1.

Appendix F. OLS Regression Model for Coefficient Plot in Figure 2 (N = 1,058)

Variable	FLW	FS	NKD	KC	MC
Gender	0.017	0.019	0.032*	0.045**	0.050***
	(0.014)	(0.014)	(0.015)	(0.017)	(0.014)
Age (15-18)	−0.051	−0.071	−0.089*	−0.09	−0.035
	(0.041)	(0.039)	(0.042)	(0.048)	(0.039)
Family class status	−0.018	−0.079*	−0.049	0.019	−0.04
	(0.041)	(0.039)	(0.042)	(0.048)	(0.039)
Regular school	0.011	−0.015	−0.029	−0.025	0.013
	(0.011)	(0.016)	(0.017)	(0.020)	(0.016)
Constant	0.650***	0.729***	0.691***	0.482***	0.663***
	(0.034)	(0.033)	(0.035)	(0.040)	(0.033)
R^2	0.003	0.009	0.012	0.011	0.015

Note. FLW = foreign labor workers; FS = foreign spouses; NKD = North Korean defectors; KC = Korean-Chinese; MC = multicultural children.
*p < .05. **p < .01. ***p < .001.
*All of the variables have been scaled 0 to 1.

[부록 1] **청소년 정치인식 조사**

서울시 청소년 정치인식 예비 조사

ID	
(기재하지 마십시오)	

안녕하십니까?

서강대학교 사회과학연구(SSK) <양극화된 사회화> 연구팀은 서울시 거주 청소년을 대상으로 서울시 청소년 사회인식조사를 실시하고 있습니다. 본 조사의 모든 응답내용은 비밀이 보장되며, 옳고 그름이 있는 것이 아니므로 평소 느끼시는 바를 그대로 말씀해 주시기 바랍니다.

응답해 주신 사항은 오직 통계자료로만 활용됩니다. 바쁘시더라도 잠시만 시간을 내어 응답해 주시면 감사하겠습니다.

2024년 01월
한국리서치

담당자 (조사관련 문의)

SQ1. 귀하는 현재 서울에 있는 고등학교 1, 2학년에 재학 중이십니까?
 1. 예
 2. 아니오 → 설문종료

SQ2. 귀하의 성별은 무엇입니까?
 1. 남성
 2. 여성

SQ3. 귀하의 출생년도는 어떻게 되십니까?
 20( )년
 [참고창 : 2004 이하, 2010 이상 입력 시 "죄송하지만 조사 대상이 아닙니다."]

SQ4. 귀하의 거주 지역은 어디입니까?
 1. 강남구   2. 강동구   3. 강북구   4. 강서구
 5. 관악구   6. 광진구   7. 구로구   8. 금천구
 9. 노원구   10. 도봉구   11. 동대문구 12. 동작구
 13. 마포구   14. 서대문구 15. 서초구   16. 성동구
 17. 성북구   18. 송파구   19. 양천구   20. 영등포구

[부록 1] 청소년 정치인식 조사

21. 용산구　　22. 은평구　　23. 종로구　　24. 중구
25. 중랑구

SQ5. 귀하가 재학 중인 고등학교는 다음 중 어디에 해당합니까? *[단수]*
1. 일반 고등학교
2. 자율형 고등학교
3. 특성화 고등학교
4. 과학 고등학교
5. 외국어 고등학교
6. 국제 고등학교
7. 예술 고등학교
8. 체육 고등학교
9. 마이스터 고등학교
10. 기타 → 설문종료

SQ6. 귀하는 현재 몇 학년에 재학 중이십니까? *[단수]*
1. 1학년
2. 2학년

SQ7. 현재 귀하가 재학 중인 학교는 다음 중 어디에 해당합니까? [단수]

1. 남녀공학 (성별에 따라 하나의 학교 안에서 반이나 층이 나뉘어지는 경우도 포함)
2. 성별분리 (남자 고등학교, 여자 고등학교)

[카테고리(Q1): 우선 귀하에 대해서 몇 가지 질문을 드리겠습니다.]

Q1. 다음 문장이 귀하를 얼마나 잘 설명하고 있는지 말씀해 주십시오. [척도[Step by Step]

	항상 그렇다 1	가끔 그런 편이다 2	별로 그렇지 않다 3	전혀 그렇지 않다 4
1. 나는 나와 같이 있어 줄 사람이 없다				
2. 나는 도움을 청할 사람이 아무도 없다				
3. 나는 혼자 남겨진 것 같다				
4. 나는 사람들 사이에서 고립되어 있다				

Q2. 귀하는 다음과 같은 일들을 얼마나 자주 경험하셨습니까? [척도[Step by Step]1랜덤]

	자주 있다	가끔 있다	별로 없다	전혀 없다
	1	2	3	4
1. 사람들이 나를 무시한다				
2. 사람들이 나를 무례하게 대한다				
3. 사람들이 나를 불공정하게 대한다				
4. 사람들이 나에게 경계하는 태도를 보였다				
5. 나는 말 또는 행동으로 괴롭힘을 당한 적이 있다				
6. 외모에 대한 평가를 들었다				
7. 사생활에 대한 질문을 받았다				
8. 자기 주장이 강하다는 지적을 받았다				

[카테고리(Q3) : 다음으로 정치와 관련한 질문을 드리겠습니다.]

Q3. 귀하는 정치에 얼마나 관심이 있으십니까? [단수]

1. 매우 관심이 있다
2. 조금 관심이 있다
3. 별로 관심이 없다
4. 전혀 관심이 없다

Q4. 귀하는 지난 1년 동안 가족을 포함해서 몇 명과 정치에 대한 이야기를 나누었습니까? **온라인(예: 인터넷 커뮤니티 등) 상에서의 대화는 제외하고** 응답해 주십시오. [단일척도]

1. 없다 → Q5
2. 1명
3. 2명
4. 3명 이상

[카테고리(Q4-A~Q4-D): 귀하가 정치에 대한 이야기를 나누는 사람들에 대해 조금 더 자세히 알고 싶습니다. 귀하가 정치 관련 이야기를 나누는 사람에 대한 질문에 답을 해주십시오. 3명 이상인 경우, 주로 이야기를 나누는 3명에 대해 응답해 주십시오.]

// Q4 응답보기만큼 생성 //

Q4-A. 먼저, 이 분은 귀하와 어떤 관계입니까? [척도]

	아버지	어머니	형/오빠/남동생	누나/언니/여동생	친구	친척	이웃	기타
1. 대화상대 1	1	2	3	4	5 →Q4-B	6 →Q4-B	7 →Q4-B	8 →Q4-B

				→ Q4-B	→ Q4-B
2. 대학상태 2				→ Q4-B	→ Q4-B
3. 대학상태 3				→ Q4-B	→ Q4-B

// Q4A=5~8 선택시에만 제시 //

Q4B. 이 분의 성별은 무엇입니까? [척도]

	남성	여성
	1	2
1. 대학상태 1 [제시] : → Q4-A 선택 값		
2. 대학상태 2 [제시] : → Q4-A 선택 값		
3. 대학상태 3 [제시] : → Q4-A 선택 값		

Q4C. 이 분은 학교를 어디까지 다니셨습니까?

	중학교 졸업 이하	고등학교 재학/중퇴	고등학교 졸업	대학교 재학/중퇴	대학교 졸업	대학원 재학 이상	잘 모르겠다
	1	2	3	4	5	6	9
1. 대학상태 1 [제시] : → Q4-A 선택 값							
2. 대학상태 2 [제시] : → Q4-A 선택 값							
3. 대학상태 3 [제시] : → Q4-A 선택 값							

Q4-D. 이 분은 나이가 어떻게 되십니까? [척도]

	10대 이하	20대	30대	40대	50대 이상
1. 대화상대 1 [제시]: →Q4-A 선택값	1	2	3	4	5
2. 대화상대 2 [제시]: →Q4-A 선택값					
3. 대화상대 3 [제시]: →Q4-A 선택값					

[로직: Q4-A=1. 아버지 or 2. 어머니 선택 시, Q4-D=1. 10대 이하 선택 불가]

Q5. 귀하는 온라인(예: 인터넷 커뮤니티 등)에서 정치에 대한 생각을 글이나 댓글로 표현한 적이 있으십니까? [단수]

1. 있다
2. 없다

// Q5 = 1. 있다 응답자만 제시 //

Q5-1. 귀하는 온라인에서 정치에 대한 생각을 일주일에 몇 번 정도 글이나 댓글로 표현하십니까? [단수]

1. 거의 매일(일주일에 4회 이상)
2. 일주일에 2~3회
3. 일주일에 1회
4. 한달에 2~3회
5. 한달에 1회 미만

[부록 1] 청소년 정치인식 조사

Q6. 귀하는 정치 관련 정보를 얻기 위해 아래의 경로 혹은 매체를 얼마나 활용하십니까? [척도][Step by Step]

	매우 많이 활용한다 1	조금 활용한다 2	별로 활용하지 않는다 3	전혀 활용하지 않는다 4
1. 가족과의 대화				
2. 친구와의 대화				
3. TV 및 라디오 방송				
4. 영화, OTT(넷플릭스 등)				
5. 종이 신문(일간지, 주간지 등)				
6. 관련 서적(책)				
7. 인터넷 포털(네이버, 다음 등)				
8. 인터넷 커뮤니티(디시인사이드, 인터넷 카페 등)				
9. 온라인 위키(나무위키, 위키백과, 위키피디아 등)				
10. 카카오톡				
11. 트위터(X)				
12. 페이스북				
13. 인스타그램				
14. 유튜브				
15. 틱톡				

Q7. 귀하는 다음 경로를 통해 얻는 정치 관련 정보를 어느 정도로 신뢰하십니까? [척도][Step by Step]

	매우 신뢰한다 1	신뢰한다 2	신뢰하지 않는다 3	전혀 신뢰하지 않는다 4
1. 가족과의 대화				
2. 친구와의 대화				
3. TV 및 라디오 방송				
4. 영화, OTT(넷플릭스 등)				
5. 종이 신문(일간지, 주간지 등)				
6. 관련 서적(책)				
7. 인터넷 포털(네이버, 다음 등)				
8. 인터넷 커뮤니티(디시인사이드, 인터넷 카페 등)				
9. 온라인 위키(나무위키, 위키백과, 위키피디아 등)				
10. 카카오톡				
11. 트위터(X)				
12. 페이스북				
13. 인스타그램				
14. 유튜브				
15. 틱톡				

[부록 1] 청소년 정치인식 조사

Q8. 귀하는 부모님이나 주변 어른들로부터 "청소년은 아직 정치나 사회문제에 관심을 가질 필요가 없다"는 말을 들어본 적이 있습니까? [단수]
1. 있다
2. 없다

Q8-1. 귀하는 "청소년은 아직 정치나 사회문제에 관심을 가질 필요가 없다"는 의견에 대해 어떻게 생각하십니까? [단수]
1. 동의한다
2. 동의하지 않는다

Q9. 귀하는 청소년을 대상으로 정치나 사회문제를 설명해주는 인터넷 웹사이트가 필요하다고 생각하십니까? [단수]
1. 필요하다
2. 필요하지 않다
3. 모르겠다

Q10. 귀하는 다음 의견에 대해 얼마나 동의하십니까? [척도] [Step by step]

	매우 동의한다	동의한다	동의하지 않는다	전혀 동의하지 않는다
	1	2	3	4
1. 낯선 사람은 경계해야 한다				
2. 대부분의 사람들은 믿을만 하다				
3. 사람들은 기회가 되면 다른 사람을 이용하려 한다				
4. 내가 지갑을 잃어버릴 경우 다시 찾을 가능성이 없다				
5. 정치인은 믿을 수 없다				

Q11. 사람들은 자신의 정치성향을 보통 진보와 보수로 구분합니다. 0부터 10까지 눈금 중에서 귀하는 본인이 어디에 속한다고 생각하십니까? 0은 매우 진보를 나타내며, 10은 매우 보수를 나타냅니다. [단일척도]

	진보					중도					보수
응답자 본인	0	1	2	3	4	5	6	7	8	9	10

Q12. 다음 중 귀하의 생각에 가장 가까운 의견은 무엇입니까? [단수]
1. 민주주의가 다른 어떤 제도보다 항상 낫다
2. 상황에 따라서 권위주의가 민주주의보다 낫다
3. 민주주의나 권위주의나 별 상관없다

[부록 1] 청소년 정치인식 조사

Q13. 권위주의 국가가 아닌 민주주의 국가에서 산다는 것은 귀하에게 얼마나 중요합니까? [단일척도]

전혀 중요하지 않다					보통 이다					매우 중요하다
0	1	2	3	4	5	6	7	8	9	10

Q14. **국가 위기 상황이라면** 귀하는 다음 의견에 얼마나 동의하십니까? [척도 *Step by step*]

	매우 동의한다	동의한다	동의하지 않는다	전혀 동의하지 않는다
	1	2	3	4
1. 국가 위기 상황에서 필요하다면 선거로 뽑지 않은 강력한 지도자가 국가를 통치해도 된다				
2. 국가 위기 극복을 위해서라면 정부는 법을 어겨서라도 일을 해내는 것이 중요하다				
3. 국가 위기 상황이라도 정부에 반대하는 시위를 허용해야 한다				
4. 국가 위기 상황이라도 정부에 대한 언론의 감시와 견제기능을 보장해야 한다				

청소년의 정치사회화

Q15. 귀하는 다음 의견에 얼마나 동의하십니까? [척도] [Step by step]

	매우 동의한다	동의한다	동의하지 않는다	전혀 동의하지 않는다
	1	2	3	4
1. 나랏일은 국민이 직접 뽑은 사람이 하는 것이 낫다				
2. 나랏일을 각 분야 전문가에게 맡긴다면 더 잘 할 것이다				
3. 나랏일을 성공한 기업인에게 맡긴다면 더 잘 할 것이다				

Q16. 귀하는 다음 의견에 얼마나 동의하십니까? [척도] [Step by step]

	매우 동의한다	동의한다	동의하지 않는다	전혀 동의하지 않는다
	1	2	3	4
1. 정치인은 자신의 신념보다 국민의 의견에 따라 정책을 결정해야 한다				
2. 나라의 중요한 일은 정치인이 아니라 일반 국민이 결정해야 한다				
3. 보통 사람이 국회의원이 된다면 직업 정치인보다 나의 입장을 잘 대변해 줄 것이다				
4. 정치인은 국민의 이익보다 자신의 이익 추구에 더 관심이 있다				
5. 정치에서는 양보와 타협보다 신념과 원칙을 지키는 것이 중요하다				

[부록 1] 청소년 정치인식 조사

[카테고리(Q17)] : 다음으로 우리 사회의 여러 정체성과 편견에 관하여 의견을 물겠습니다.]

Q17. 귀하는 다음 의견에 얼마나 동의하십니까? [척도][Step by step]

	매우 동의한다	동의한다	동의하지 않는다	전혀 동의하지 않는다
	1	2	3	4
1. 자녀의 양육은 주로 어머니의 역할이다				
2. 전반적으로 정치는 여성보다 남성에게 맡기는 것이 낫다				
3. 여성도 남성과 마찬가지로 군대를 가야한다				
4. 우리 사회에서 양성평등은 여성에 대한 특혜이다				

[카테고리(Q18-1~Q18-3)] : 다음의 우리나라 사회 집단에 대해 귀하가 느끼는 감정을 0에서 10 사이의 숫자로 응답해 주십시오. 0 에서 4까지는 부정적인 감정을, 6에서 10까지는 긍정적인 감정을 의미합니다. 긍정도 부정도 아닌 경우는 5를 선택해 주십시오.]

Q18-1. 부모님 세대 [단일척도]

매우 부정적					긍정도 부정도 아님					매우 긍정적
0	1	2	3	4	5	6	7	8	9	10

Q18-2. 내 또래의 남자 [단일척도]

매우 부정적					긍정도 부정도 아님					매우 긍정적
0	1	2	3	4	5	6	7	8	9	10

Q18-3. 내 또래의 여자 [단일척도]

매우 부정적					긍정도 부정도 아님					매우 긍정적
0	1	2	3	4	5	6	7	8	9	10

Q19. 귀하는 다음 대상에 대해 어떠한 이미지를 가지고 계십니까? [척도] [Step by step]

	매우 긍정적	긍정적	보통	부정적	매우 부정적
	1	2	3	4	5
1. 우리나라 사람과 결혼한 외국인(결혼이주여성)					
2. 다문화가정 자녀					

[부록 1] 청소년 정치인식 조사

3. 우리나라에서 일하는 외국인 노동자				
4. 우리나라에 사는 조선족 동포				
5. 우리나라에 사는 북한 이탈 주민(새터민)				

Q20. 귀하는 다음 나라에서 오는 이민자들이 한국 경제에 도움이 된다고 생각하십니까? 아니면 손해가 된다고 생각하십니까? [단수]

1. 매우 도움이 된다
2. 약간 도움이 된다
3. 별다른 영향이 없다
4. 약간 손해가 된다
5. 매우 손해가 된다

Q21. 귀하는 이민자들이 한국을 더 살기 좋은 곳으로 만든다고 보십니까, 아니면 더 살기 나쁜 곳으로 만든다고 보십니까? [단수]

1. 훨씬 더 살기 좋은 곳으로 만든다
2. 약간 더 살기 좋은 곳으로 만든다
3. 별다른 영향이 없다
4. 약간 더 살기 나쁜 곳으로 만든다
5. 훨씬 더 살기 나쁜 곳으로 만든다

Q22. 귀하는 취업을 목적으로 한국에 오는 외국인에게 정부가 어떤 정책을 취해야 한다고 생각하십니까? [단수]

1. 외국인의 국내 취업을 제한 없이 허용해야 한다
2. 한국에 노동력이 부족한 분야에만 외국인의 국내 취업을 허용해야 한다
3. 국내 취업 가능한 외국인의 수를 엄격히 제한해야 한다
4. 외국인의 국내 취업을 전면 금지해야 한다

Q23. 귀하는 본인이 한국인이라는 것에 대해 어떻게 생각하십니까? [단수]

1. 매우 자랑스럽다
2. 약간 자랑스럽다
3. 보통이다
4. 별로 자랑스럽지 않다
5. 전혀 자랑스럽지 않다

Q24. 다음의 대비되는 단어쌍에서 우리 사회를 표현하는 데 적합한 단어를 선택해주십시오.

	단어 A	선택	단어 B	선택
1	평등한		차별적인	
2	소수자 배려		소수자 차별	
3	안전한		위험한	

[부록 1] 청소년 정치인식 조사

4	법이 지켜지는	법이 지켜지지 않는
5	타인을 배려하는	자기 중심적인

[카테고리(Q25) : 다음으로 경제적 불평등 및 공정성에 대한 질문을 드리겠습니다.]

Q25. 성공하는 데 있어서 귀하는 다음 중 무엇이 가장 중요하다고 생각하십니까? *[단수]*

1. 열심히 노력하는 것
2. 부모님이나 주변 사람의 도움을 받는 것
3. 운이 좋은 것

Q26. 귀하는 **한국 사회에 대한** 다음 의견에 얼마나 동의하십니까? *[척도][Step by step]*

	매우 동의한다	동의 한다	동의하지 않는다	전혀 동의하지 않는다
	1	2	3	4
1. 우리나라는 빈부격차가 너무 크다				
2. 우리나라에서 대부분의 사람들은 자신이 원하는 만큼의 교육을 받을 수 있는 기회를 가진다				

3. 우리나라에서 대부분의 사람들은 자신이 원하는 직업을 가질 수 있는 기회를 가진다

4. 우리나라에서 대부분의 사람들은 열심히 노력하면 성공할 수 있는 기회를 가진다

Q27. 귀하는 다음 의견에 얼마나 동의하십니까? [척도] [Step by step]

	매우 동의한다	동의 한다	동의하지 않는다	전혀 동의하지 않는다
	1	2	3	4
1. 모든 사람에게 소득이 평등하게 분배되는 사회가 공정하다				
2. 열심히 노력한 사람들이 남들보다 더 많은 소득을 가지는 사회가 공정하다				
3. 부자들에게 세금을 더 걷어서 가난한 사람들에게 분배하는 사회가 공정하다.				
4. 가난하고 도움이 필요한 사람들을 국가가 나서서 돕는 사회가 공정하다.				
5. 가난한 사람들은 대부분 열심히 노력하지 않았기 때문에 가				

[부록 1] 청소년 정치인식 조사

난한 것이다

Q28. 귀하는 다음 사항에 대해 **정부에** 얼마나 책임이 있다고 생각하십니까? [척도][Step by step]

	전적으로 책임이 있다	상당 부분 책임이 있다	일부만 책임이 있다	책임이 없다
	1	2	3	4
1. 고소득층과 저소득층 사이의 소득 격차를 줄이는 것				
2. 가난하고 도움이 필요한 사람들을 돌보는 것				
3. 모든 국민에게 경제적 안정과 적절한 생활 수준을 보장하는 것				

Q29. 귀하가 생각할 때 향후 10년간 이루어야 할 국가목표 가운데 가장 **중요한** 것은 무엇입니까? **중요한 순서대로 2가지를** 선택해 주십시오. [복수][RANK:2]

1. 안보와 질서 유지
2. 정치에 국민의견 반영 확대
3. 경제성장과 물가 상승 억제
4. 언론과 표현의 자유 확대

Q30. 한국 사회의 최하층을 1로 하고 최상층을 10으로 한다면 현재 귀하의 가족은 어디에 속한다고 생각하십니까? [단일척도]

최하층									최상층
1	2	3	4	5	6	7	8	9	10

Q31. 한국 사회의 최하층을 1로 하고 최상층을 10으로 한다면 귀하가 부모님의 나이 정도가 되었을 때는 어디에 속할 것이라고 예상하십니까? [단일척도]

최하층									최상층
1	2	3	4	5	6	7	8	9	10

[카테고리(Q32) : 다음으로 귀하의 학교 안쪽 정치 관련 활동에 대해 질문하겠습니다.]

Q32. 귀하는 고등학교에서 아래 적제을 맡은 적이 있으십니까? 해당하는 적제을 <u>모두</u> 골라주십시오. [복수]

1. 전교학생회장/부회장
2. 학급회장/부회장
3. 동아리 회장
4. 기타(   )
9. 해당 사항 없음 [중복선택불가]

[부록 1] 청소년 정치인식 조사

Q33. 귀하는 전교 또는 학급 학생회와 같은 조직이 학생들의 학교생활에 얼마나 영향을 미친다고 생각하십니까? [단일척도]

1. 매우 영향이 있다
2. 조금 영향이 있다
3. 별로 영향이 없다
4. 전혀 영향이 없다

Q34. 귀하는 고등학교에서 '일반사회(정치와 법, 사회문화, 경제)'에 해당하는 과목을 배운 적이 있습니까? [단수]

1. 두 과목 이상 배웠다
2. 한 과목 배웠다
3. 배운 적이 없다

[카테고리(Q35~Q30) : 다음의 질문에 답해 주시기 바랍니다. 점수를 매기는 시험 문제가 아니기 때문에 오답을 하셔도 상관없습니다. 정답을 입부러 찾아 답을 하실 필요 없습니다.]

Q35. 현재 우리나라 국회의원의 총 의석수는 몇 명입니까? [단수]

1. 100명
2. 200명

3. 300명
4. 400명
5. 500명
9. 모르겠다

Q36. 현재 우리나라 대통령의 임기는 몇 년입니까? *[단수]*
1. 3년
2. 4년
3. 5년
4. 6년
5. 7년
9. 모르겠다

Q37. 다음 중 대통령의 탄핵을 최종 결정하는 기구는 어디입니까? *[단수]*
1. 국회
2. 대법원
3. 헌법재판소
4. 중앙선거관리위원회
9. 모르겠다

Q38. 다음 중 현재 존재하지 않는 정당은 무엇입니까? [단수]
1. 더불어민주당
2. 국민의힘
3. 정의당
4. 기본소득당
5. 통합진보당
9. 모르겠다

Q39. 다음 중 선출직 공무원, 즉 선거로 선출되는 공무원은 누구입니까?
1. 감사원장
2. 대법원장
3. 중앙선거관리위원회장
4. 서울시교육감
5. 헌법재판소장
9. 모르겠다

[카테고리(BQ1) : 마지막으로 귀하에 대해 몇 가지 추가 질문을 드리도록 하겠습니다.]

BQ1. "귀하가 고등학교에서 선택한 교과목이나 성향으로 볼 때 귀하는 다음 중 어떤 계열에 해당한다고 생각하십니까? *[단수]*

1. 인문계열(문과)
2. 자연계열(이과)
3. 기타(특성화, 예체능계열 등)

BQ2. 대학 진학 시 귀하가 가장 희망하는 전공 계열은 무엇입니까? **희망하는 순서대로 2가지를** 선택해 주십시오. *[복수][RANK:2]*

1. 인문계열(언어·문학, 사학, 철학 등)
2. 사회과학계열(법학, 사회학, 정치외교학, 심리학 등)
3. 상경계열(경영학, 경제학 등)
4. 교육계열(유아교육, 초등교육, 사범대학, 교육대학(교대) 등)
5. 자연계열(수학, 물리학, 화학, 생명과학 등)
6. 공학계열(기계공학, 전기·전자공학, 컴퓨터공학, 건축공학 등)
7. 의약계열(의학, 간호, 약학, 치료·보건 등)
8. 예체능계열(음악, 미술, 디자인, 무용, 체육, 연극·영화 등)
9. 사관학교/경찰대학

[부록 1] 청소년 정치인식 조사

10. 기타(   )
99. 대하에 진학할 마음 없음 *(중복선택불가)*

BQ3. 귀하의 **아버지께서는** 학교를 어디까지 다니셨습니까?
1. 중학교 졸업 이하
2. 고등학교 재학/중퇴
3. 고등학교 졸업
4. 대학교 재학/중퇴
5. 대학교 졸업
6. 대학원 재학 이상
9. 잘 모르겠다

BQ4. 귀하의 **어머니께서는** 학교를 어디까지 다니셨습니까?
1. 중학교 졸업 이하
2. 고등학교 재학/중퇴
3. 고등학교 졸업
4. 대학교 재학/중퇴
5. 대학교 졸업

6. 대학원 제학 이상
9. 잘 모르겠다

BQ5. 귀하의 **아버지**의 고향은 어디입니까? *[단수]*

1. 서울	2. 부산	3. 대구	4. 인천
5. 광주	6. 대전	7. 울산	8. 세종
9. 경기	10. 강원	11. 충북	12. 충남
13. 전북	14. 전남	15. 경북	16. 경남
17. 제주	18. 외국	19. 북한	20. 모름

BQ6. 귀하의 **어머니**의 고향은 어디입니까? *[단수]*

1. 서울	2. 부산	3. 대구	4. 인천
5. 광주	6. 대전	7. 울산	8. 세종
9. 경기	10. 강원	11. 충북	12. 충남
13. 전북	14. 전남	15. 경북	16. 경남
17. 제주	18. 외국	19. 북한	20. 모름

BQ7. 귀하는 형제/자매가 있습니까? 다음 중 해당하는 사항을 **모두** 골라 주시기 바랍니다. *[단수]*

1. 형제/자매 없음(외동) *[중복선택불가]*
2. 형/오빠
3. 누나/언니
4. 남동생
5. 여동생

[부록 2] 청소년 정치인식 조사 결과

조사 결과표 목차 / 응답자 분포 / 조사 결과표

조사 결과표 목차

표번호	문번호	표제목
응답자 분포	응답자 분포	응답자 분포표
Q1_1A	Q1	[표 Q1_1A] 1. 나는 나와 같이 있어줄 사람이 없다
Q1_2A	Q1	[표 Q1_2A] 2. 나는 도움을 청할 사람이 아무도 없다
Q1_3A	Q1	[표 Q1_3A] 3. 나는 혼자 남겨진 것 같다
Q1_4A	Q1	[표 Q1_4A] 4. 나는 사람들 사이에서 고립되어 있다
Q2_1	Q2	[표 Q2_1] 경험 여부 – 1. 사람들이 나를 무시한다
Q2_2	Q2	[표 Q2_2] 경험 여부 – 2. 사람들이 나를 무례하게 대한다
Q2_3	Q2	[표 Q2_3] 경험 여부 – 3. 사람들이 나를 불공정하게 대한다
Q2_4	Q2	[표 Q2_4] 경험 여부 – 4. 사람들이 나에게 경계하는 태도를 보였다
Q2_5	Q2	[표 Q2_5] 경험 여부 – 5. 나는 말 또는 행동으로 괴롭힘을 당한 적이 있다
Q2_6	Q2	[표 Q2_6] 경험 여부 – 6. 외모에 대한 평가를 들었다
Q2_7	Q2	[표 Q2_7] 경험 여부 – 7. 사생활에 대한 질문을 받았다
Q2_8	Q2	[표 Q2_8] 경험 여부 – 8. 자기 주장이 강하다는 지적을 받았다
Q3	Q3	[표 Q3] 정치에 대한 관심
Q4	Q4	[표 Q4] 정치에 대한 이야기를 나눈 사람 수(온라인 제외)
Q5	Q5	[표 Q5] 온라인에서 정치에 대한 생각을 표현한 경험 여부
Q5_1	Q5-1	[표 Q5_1] 일주일에 온라인에서 정치에 대한 생각을 표현한 횟수
Q8	Q8	[표 Q8] 경험 여부 – "청소년은 아직 정치나 사회문제에 관심을 가질 필요가 없다"
Q8_1	Q8-1	[표 Q8_1] 동의 여부 – "청소년은 아직 정치나 사회문제에 관심을 가질 필요가 없다"
Q9	Q9	[표 Q9] 청소년 대상 정치 관련 웹사이트에 대한 의견

Q10_1A	Q10	[표 Q10_1A] 동의 정도 – 1. 낯선 사람은 경계해야 한다
Q10_2A	Q10	[표 Q10_2A] 동의 정도 – 2. 대부분의 사람은 믿음 만하다
Q10_3A	Q10	[표 Q10_3A] 동의 정도 – 3. 사람들은 기회가 되면 다른 사람을 이용하려 한다
Q10_4A	Q10	[표 Q10_4A] 동의 정도 – 4. 내가 지갑을 잃어버릴 경우 다시 찾을 가능성이 없다
Q10_5A	Q10	[표 Q10_5A] 동의 정도 – 5. 정치인은 믿을 수 없다
Q11A	Q11	[표 Q11A] 정치성향
Q12	Q12	[표 Q12] 민주주의 권위주의에 대한 생각
Q13	Q13	[표 Q13] 권위주의가 아닌 민주주의 국가에서 산다는 것이 중요함
Q14_1A	Q14	[표 Q14_1A] 국가 위기 상황 시 동의 정도 – 1. 국가 위기 상황에서 필요하다면 선거도 뽑지 않은 강력한 지도자가 국가를 통치해도 된다
Q14_2A	Q14	[표 Q14_2A] 국가 위기 상황 시 동의 정도 – 2. 국가 위기 극복을 위해서라면 정부는 법을 어겨서라도 일을 해내는 것이 중요하다
Q14_3A	Q14	[표 Q14_3A] 국가 위기 상황 시 동의 정도 – 3. 국가 위기 상황이라도 정부에 반대하는 시위를 허용해야 한다
Q14_4A	Q14	[표 Q14_4A] 국가 위기 상황 시 동의 정도 – 4. 국가 위기 상황이라도 정부에 대한 언론의 감시와 견제기능을 보장해야 한다
Q15_1	Q15	[표 Q15_1] 동의 정도 – 1. 나랏일은 국민이 직접 뽑은 사람이 하는 것이 낫다
Q15_2	Q15	[표 Q15_2] 동의 정도 – 2. 나랏일을 각 분야 전문가에게 맡긴다면 더 잘 할 것이다
Q15_3	Q15	[표 Q15_3] 동의 정도 – 3. 나랏일을 성공한 기업인에게 맡긴다면 더 잘 할 것이다
Q16_1A	Q16	[표 Q16_1A] 동의 정도 – 1. 정치인은 자신의 신념보다 국민의 의견에 따라 정책을 결정해야 한다
Q16_2A	Q16	[표 Q16_2A] 동의 정도 – 2. 나라의 중요한 일은 정치인이 아니라 일반 국민이 결정해야 한다
Q16_3A	Q16	[표 Q16_3A] 동의 정도 – 3. 보통 사람이 국회의원이 된다면 직업 정치인보다 나의 입장을 잘 대변해 줄 것이다
Q16_4A	Q16	[표 Q16_4A] 동의 정도 – 4. 정치인은 국민의 이익보다 자신의 신념과 관심이 있다
Q16_5A	Q16	[표 Q16_5A] 동의 정도 – 5. 정치에서는 양보와 타협보다 신념과 원칙을 지키는 것이 중요하다

변수명	설명
Q17_1	[표 Q17_1] 동의 정도 – 1. 자녀의 양육은 주로 어머니의 역할이다
Q17_2	[표 Q17_2] 동의 정도 – 2. 전반적으로 경제가 어려울 때는 여성보다 남성에게 일자리를 맡기는 것이 낫다
Q17_3	[표 Q17_3] 동의 정도 – 3. 여성도 남성과 마찬가지로 군대를 가야 한다
Q17_4	[표 Q17_4] 동의 정도 – 4. 우리 사회에서 양성평등은 여성에 대한 역차별이다
Q18_1_N1A	[표 Q18_1_N1A] 우리나라 사회 집단에 다른 감정 – 1. 부모님 세대
Q18_1_N1B	[표 Q18_1_N1B] 우리나라 사회 집단에 대한 감정 – 1. 기성 세대
Q18_1_N2	[표 Q18_1_N2] 우리나라 사회 집단에 대한 감정 – 2. 내 또래의 남자
Q18_1_N3	[표 Q18_1_N3] 우리나라 사회 집단에 대한 감정 – 3. 내 또래의 여자
Q19_1	[표 Q19_1] 다양에 대한 생각 – 1. 우리나라 사람과 결혼한 외국인(결혼이주여성)
Q19_2	[표 Q19_2] 다양에 대한 생각 – 2. 다문화가정 자녀
Q19_3	[표 Q19_3] 다양에 대한 생각 – 3. 우리나라에서 일하는 외국인 노동자
Q19_4	[표 Q19_4] 다양에 대한 생각 – 4. 우리나라에서 사는 조선족 동포
Q19_5	[표 Q19_5] 다양에 대한 생각 – 5. 우리나라에서 사는 북한 이탈 주민
Q20	[표 Q20] 이민자들이 한국 경제 발전 정도에 대한 의견
Q21	[표 Q21] 이민자들이 한국을 더 살기 좋은 곳으로 만드는지에 대한 의견
Q22	[표 Q22] 취업을 목적으로 온 외국인에게 정부가 취해야 하는 정책
Q23	[표 Q23] 본인이 한국인이라는 것에 대한 생각
Q24_1A	[표 Q24_1A] 우리 사회를 표현하는 데 적절한 단어 – 1. 평등한 vs 차별적인
Q24_2A	[표 Q24_2A] 우리 사회를 표현하는 데 적절한 단어 – 2. 소수자 배려 vs 소수자 차별
Q24_3A	[표 Q24_3A] 우리 사회를 표현하는 데 적절한 단어 – 3. 안전한 vs 위험한
Q24_4A	[표 Q24_4A] 우리 사회를 표현하는 데 적절한 단어 – 4. 법이 지켜지는 vs 법이 지켜지지 않는
Q24_5A	[표 Q24_5A] 우리 사회를 표현하는 데 적절한 단어 – 5. 타인을 배려하는 vs 자기 중심적인
Q25	[표 Q25] 성공하는 데 있어서 가장 중요한 것

Q26_1A	[표 Q26_1A] 동의 정도 - 1. 우리나라는 빈부격차가 너무 크다	Q26
Q26_2A	[표 Q26_2A] 동의 정도 - 2. 우리나라에서 대부분의 사람들은 자신이 원하는 만큼의 교육을 받을 수 있는 기회를 가진다	Q26
Q26_3A	[표 Q26_3A] 동의 정도 - 3. 우리나라에서 대부분의 사람들은 자신이 원하는 직업을 가질 수 있는 기회를 가진다	Q26
Q26_4A	[표 Q26_4A] 동의 정도 - 4. 우리나라에서 대부분의 사람들은 열심히 노력하면 성공할 수 있는 기회를 가진다	Q26
Q27_1A	[표 Q27_1A] 동의 정도 - 1. 모든 사람에게 소득이 평등하게 분배되는 사회가 공정하다	Q27
Q27_2A	[표 Q27_2A] 동의 정도 - 2. 열심히 노력한 사람들이 남들보다 더 많은 소득을 가지는 사회가 공정하다	Q27
Q27_3A	[표 Q27_3A] 동의 정도 - 3. 부자들에게 세금을 더 걷어서 가난한 사람들에게 분배하는 사회가 공정하다	Q27
Q27_4A	[표 Q27_4A] 동의 정도 - 4. 가난하고 도움이 필요한 사람들을 국가가 나서서 돌보는 사회가 공정하다	Q27
Q27_5A	[표 Q27_5A] 동의 정도 - 5. 가난한 사람들은 대부분 열심히 노력하지 않았기 때문에 가난한 것이다	Q27
Q28_1	[표 Q28_1] 정부 책임 정도 - 1. 고소득층과 저소득층 사이의 소득 격차를 줄이는 것	Q28
Q28_2	[표 Q28_2] 정부 책임 정도 - 2. 가난하고 도움이 필요한 사람들을 돌보는 것	Q28
Q28_3	[표 Q28_3] 정부 책임 정도 - 3. 모든 국민에게 경제적 안정과 적정한 생활수준을 보장하는 것	Q28
Q29_N1	[표 Q29_N1] 향후 10년간 이루어야 할 중요한 국가목표 - 1순위	Q29
Q29_N2	[표 Q29_N2] 향후 10년간 이루어야 할 중요한 국가목표 - 2순위	Q29
Q30	[표 Q30] 현재 가족이 속한 사회 계층	Q30
Q31	[표 Q31] 부모님 나이가 되었을 때 속할 것으로 예상하는 사회 계층	Q31
Q32	[표 Q32] 경험한 고등학교 직책	Q32
Q33	[표 Q33] 학교생활에서 전교/학급 학생회의 영향	Q33
Q34	[표 Q34] 일반사회 과목 학습 경험	Q34
Q35	[표 Q35] 현재 우리나라 국회의원 중 여성수	Q35

Q36	Q36	[표 Q36] 현재 우리나라 대통령 임기
Q37A	Q37	[표 Q37A] 대통령 탄핵 최종 결정 기구
Q38A	Q38	[표 Q38A] 현재 존재하지 않는 정당
Q39A	Q39	[표 Q39A] 선출직 공무원

응답자 분포

(단위: %)

전체		사례수(명)	전체
■ 전체 ■		(1,058)	100.0
성별			
	남성	(543)	51.3
	여성	(515)	48.7
권역			
	도심권	(87)	8.2
	동남권	(264)	25.0
	동북권	(300)	28.4
	서남권	(292)	27.6
	서북권	(115)	10.9
고등학교 유형1			
	일반고	(773)	73.1
	자율고	(87)	8.2
	특성화고	(137)	12.9
	특수목적고	(61)	5.8
고등학교 유형2			
	남녀 공학	(509)	48.1
	성별 분리	(549)	51.9

[부록 2] 청소년 정치인식 조사 결과

고등학교 학년		
1학년	(476)	45.0
2학년	(582)	55.0
고등학교 계열		
인문계열	(342)	32.3
자연계열	(488)	46.1
기타	(228)	21.5

조사 결과표

[표 Q1_1A] 1. 나는 나와 같이 있어줄 사람이 없다
[Q1] 다음 문장이 귀하를 얼마나 잘 설명하고 있는지 말씀해 주십시오.

단위: %, 점

	사례수 (명)	① 항상 그렇다	② 가끔 그런 편이다	①+② 그렇다	③ 별로 그렇지 않다	④ 전혀 그렇지 않다	③+④ 그렇지 않다	계	평균
전체									
■ 전체 ■	(530)	9.0	16.1	25.0	24.7	50.3	75.0	100.0	3.2
성별									
남성	(260)	7.3	14.8	22.1	25.2	52.7	77.9	100.0	3.2
여성	(270)	10.6	17.3	27.9	24.2	48.0	72.1	100.0	3.1
권역									
도심권	(35)	8.7	50.4	59.1	20.0	20.8	40.9	100.0	2.5
동남권	(142)	11.6	13.5	25.1	28.5	46.4	74.9	100.0	3.1
동북권	(154)	9.5	14.7	24.2	23.4	52.4	75.8	100.0	3.2
서남권	(130)	8.4	10.3	18.7	21.8	59.4	81.3	100.0	3.3
서북권	(70)	3.7	18.0	21.6	27.3	51.0	78.4	100.0	3.3
고등학교 유형1									
일반고	(379)	8.5	15.5	24.1	25.2	50.7	75.9	100.0	3.2
자율고	(54)	15.6	13.2	28.8	19.9	51.2	71.2	100.0	3.1
특성화고	(62)	7.2	22.9	30.2	16.4	53.4	69.8	100.0	3.2
특수목적고	(35)	6.6	14.1	20.6	41.5	37.9	79.4	100.0	3.1

[부록 2] 청소년 정치인식 조사 결과

[표 Q1_2A] 2. 나는 도움을 청할 사람이 아무도 없다
[Q1] 다음 문장이 귀하를 얼마나 잘 설명하고 있는지 말씀해 주십시오.

단위: %, 점

	사례수(명)	① 항상 그렇다	② 가끔 그런 편이다	①+② 그렇다	③ 별로 그렇지 않다	④ 전혀 그렇지 않다	③+④ 그렇지 않다	계	평균
전체									
■ 전체 ■	(530)	2.0	9.1	11.1	25.6	63.4	88.9	100.0	3.5
성별									
남성	(260)	1.1	8.4	9.5	22.6	67.9	90.5	100.0	3.6
여성	(270)	2.8	9.8	12.6	28.5	59.0	87.4	100.0	3.4
권역									
고등학교 유형2									
남녀 공학	(261)	11.3	14.3	25.6	23.3	51.1	74.4	100.0	3.1
성별 분리	(269)	6.7	17.8	24.5	26.1	49.4	75.5	100.0	3.2
고등학교 학년									
1학년	(258)	9.0	13.5	22.6	26.3	51.2	77.4	100.0	3.2
2학년	(272)	8.9	18.5	27.4	23.2	49.4	72.6	100.0	3.1
고등학교 계열									
인문계열	(165)	6.7	19.7	26.4	23.2	50.4	73.6	100.0	3.2
자연계열	(251)	9.0	11.4	20.4	27.1	52.5	79.6	100.0	3.2
기타	(114)	12.1	21.2	33.4	21.5	45.2	66.6	100.0	3.0

구분	(N)								
도시권	(35)	0.0	19.5	19.5	48.8	31.7	80.5	100.0	3.1
동남권	(142)	3.3	8.0	11.3	26.1	62.6	88.7	100.0	3.5
동북권	(154)	1.8	9.6	11.5	22.8	65.8	88.5	100.0	3.5
서남권	(130)	2.2	5.5	7.7	19.8	72.5	92.3	100.0	3.6
서북권	(70)	0.0	11.8	11.8	29.8	58.4	88.2	100.0	3.5
고등학교 유형1									
일반고	(379)	2.2	7.5	9.7	25.5	64.8	90.3	100.0	3.5
자율고	(54)	1.6	17.3	18.9	16.4	64.7	81.1	100.0	3.4
특성화고	(62)	1.7	15.0	16.7	24.4	58.8	83.3	100.0	3.4
특수목적고	(35)	0.0	3.3	3.3	42.5	54.2	96.7	100.0	3.5
고등학교 유형2									
남녀 공학	(261)	2.1	7.7	9.8	27.3	62.9	90.2	100.0	3.5
성별 분리	(269)	1.8	10.5	12.3	23.9	63.8	87.7	100.0	3.5
고등학교 학년									
1학년	(258)	2.2	6.9	9.1	27.6	63.3	90.9	100.0	3.5
2학년	(272)	1.7	11.2	12.9	23.7	63.4	87.1	100.0	3.5
고등학교 계열									
인문계열	(165)	1.7	9.0	10.6	25.2	64.2	89.4	100.0	3.5
자연계열	(251)	1.1	7.2	8.3	25.3	66.4	91.7	100.0	3.6
기타	(114)	4.3	13.5	17.7	26.9	55.4	82.3	100.0	3.3

[부록 2] 청소년 정치인식 조사 결과

[표 Q1_3A] 3. 나는 혼자 남겨진 것 같다

[Q1] 다음 문장이 귀하를 얼마나 잘 설명하고 있는지 말씀해 주십시오.

단위: %, 점

	사례수(명)	① 항상 그렇다	② 가끔 그런 편이다	①+② 그렇다	③ 별로 그렇지 않다	④ 전혀 그렇지 않다	③+④ 그렇지 않다	계	평균
전체									
■ 전체 ■	(530)	3.0	16.2	19.2	24.2	56.7	80.8	100.0	3.4
성별									
남성	(260)	1.8	14.9	16.7	25.7	57.6	83.3	100.0	3.4
여성	(270)	4.0	17.5	21.5	22.5	55.9	78.5	100.0	3.3
권역									
도심권	(35)	10.8	28.7	39.5	30.9	29.6	60.5	100.0	2.8
동남권	(142)	5.2	14.5	19.7	24.5	55.8	80.3	100.0	3.3
동북권	(154)	1.2	15.2	16.5	21.5	62.0	83.5	100.0	3.4
서남권	(130)	2.1	13.2	15.3	22.4	62.3	84.7	100.0	3.5
서북권	(70)	0.0	21.2	21.2	29.1	49.7	78.8	100.0	3.3
고등학교 유형1									
일반고	(379)	2.5	17.0	19.5	24.7	55.8	80.5	100.0	3.3
자율고	(54)	4.9	19.0	23.9	13.0	63.1	76.1	100.0	3.3
특성화고	(62)	6.0	7.1	13.1	24.6	62.3	86.9	100.0	3.4
특수목적고	(35)	0.0	19.2	19.2	34.4	46.4	80.8	100.0	3.3
고등학교 유형2									
남녀 공학	(261)	3.9	14.4	18.3	25.6	56.1	81.7	100.0	3.3

	사례수(명)								
성별 분리									
고등학교 학년									
1학년	(269)	2.1	17.9	20.0	22.8	57.2	80.0	100.0	3.4
2학년	(258)	2.5	14.5	17.0	25.7	57.3	83.0	100.0	3.4
	(272)	3.4	17.8	21.2	22.7	56.1	78.8	100.0	3.3
고등학교 계열									
인문계열	(165)	1.6	19.6	21.2	21.7	57.1	78.8	100.0	3.3
자연계열	(251)	1.8	13.2	15.0	25.4	59.6	85.0	100.0	3.4
기타	(114)	7.5	17.9	25.4	25.0	49.6	74.6	100.0	3.2

[표 Q1_4A] 4. 나는 사람들 사이에서 고립되어 있다

[Q1] 다음 문장이 귀하를 얼마나 잘 설명하고 있는지 말씀해 주십시오.

단위: %, 점

	사례수(명)	① 항상 그렇다	② 가끔 그런 편이다	①+② 그렇다	③ 별로 그렇지 않다	④ 전혀 그렇지 않다	③+④ 그렇지 않다	계	평균
전체	(530)	3.0	12.4	15.4	25.4	59.3	84.6	100.0	3.4
성별									
남성	(260)	1.8	11.5	13.4	26.6	60.0	86.6	100.0	3.5
여성	(270)	4.0	13.2	17.3	24.1	58.6	82.7	100.0	3.4
권역									
도심권	(35)	10.8	30.9	41.7	28.7	29.6	58.3	100.0	2.8
동남권	(142)	5.2	11.3	16.5	27.5	56.0	83.5	100.0	3.3

동북권	(154)	1.2	9.3	10.5	20.9	68.6	89.5	100.0	3.6
서남권	(130)	1.4	9.8	11.2	27.2	61.6	88.8	100.0	3.5
서북권	(70)	1.2	17.1	18.3	25.7	55.9	81.7	100.0	3.4
고등학교 유형1									
일반고	(379)	2.5	11.5	13.9	26.8	59.3	86.1	100.0	3.4
자율고	(54)	4.9	8.4	13.3	25.5	61.2	86.7	100.0	3.4
특성화고	(62)	6.0	18.8	24.8	9.1	66.1	75.2	100.0	3.4
특수목적고	(35)	0.0	17.2	17.2	38.3	44.5	82.8	100.0	3.3
고등학교 유형2									
남녀 공학	(261)	3.2	14.3	17.5	25.1	57.4	82.5	100.0	3.4
성별 분리	(269)	2.7	10.5	13.2	25.6	61.2	86.8	100.0	3.5
고등학교 학년									
1학년	(258)	2.1	11.4	13.5	26.8	59.7	86.5	100.0	3.4
2학년	(272)	3.7	13.3	17.1	24.0	58.9	82.9	100.0	3.4
고등학교 계열									
인문계열	(165)	2.1	11.9	14.0	24.8	61.2	86.0	100.0	3.5
자연계열	(251)	1.8	8.7	10.5	27.2	62.3	89.5	100.0	3.5
기타	(114)	6.7	21.3	28.0	22.0	49.9	72.0	100.0	3.2

[표 Q2_1] 경험 여부 – 1. 사람들이 나를 무시한다
[Q2] 귀하는 다음과 같은 일들을 얼마나 자주 경험하셨습니까?

단위: %, 점

	사례수(명)	① 자주 있다	② 가끔씩 있다	①+② 경험 있다	③ 드물게 있다	④ 전혀 없다	③+④ 경험 없다	계	평균
전체	(1,058)	3.3	12.6	15.9	34.9	49.2	84.1	100.0	3.3
■ 전체 ■									
성별									
남성	(543)	3.9	13.4	17.3	33.4	49.3	82.7	100.0	3.3
여성	(515)	2.7	11.8	14.5	36.4	49.1	85.5	100.0	3.3
권역									
도심권	(87)	8.0	16.5	24.5	45.3	30.2	75.5	100.0	3.0
동남권	(264)	4.3	11.5	15.8	29.4	54.9	84.2	100.0	3.4
동북권	(300)	2.9	14.6	17.5	35.2	47.4	82.5	100.0	3.3
서남권	(292)	1.6	8.0	9.6	37.5	52.9	90.4	100.0	3.4
서북권	(115)	3.2	18.8	22.0	32.0	46.0	78.0	100.0	3.2
고등학교 유형1									
일반고	(773)	3.6	11.0	14.6	37.0	48.4	85.4	100.0	3.3
자율고	(87)	2.0	17.8	19.8	23.4	56.8	80.2	100.0	3.4
특성화고	(137)	4.3	15.5	19.8	27.2	53.0	80.2	100.0	3.3
특수목적고	(61)	0.0	18.6	18.6	41.3	40.1	81.4	100.0	3.2
고등학교 유형2									
남녀 공학	(509)	3.1	13.9	17.1	32.6	50.3	82.9	100.0	3.3

[부록 2] 청소년 정치인식 조사 결과

	사례수(명)	① 자주 있다	② 가끔씩 있다	①+② 경험 있다	③ 드물게 있다	④ 전혀 없다	③+④ 경험 없다	계	평균
성별 분리	(549)	3.5	11.4	14.9	36.9	48.2	85.1	100.0	3.3
고등학교 학년									
1학년	(476)	4.0	12.0	16.0	36.0	48.0	84.0	100.0	3.3
2학년	(582)	2.8	13.1	15.9	33.9	50.2	84.1	100.0	3.3
고등학교 계열									
인문계열	(342)	3.6	8.7	12.4	37.0	50.6	87.6	100.0	3.4
자연계열	(488)	2.6	13.9	16.4	34.5	48.9	83.6	100.0	3.3
기타	(228)	4.5	15.7	20.3	32.1	47.7	79.7	100.0	3.2

[표 Q2_2] 경험 여부 – 2. 사람들이 나를 무례하게 대한다
[Q2] 귀하는 다음과 같은 일들을 얼마나 자주 경험하셨습니까?

단위: %, 점

	사례수(명)	① 자주 있다	② 가끔씩 있다	①+② 경험 있다	③ 드물게 있다	④ 전혀 없다	③+④ 경험 없다	계	평균
전체	(1,058)	2.9	15.4	18.4	33.6	48.1	81.6	100.0	3.3
성별									
남성	(543)	3.6	14.9	18.6	31.8	49.6	81.4	100.0	3.3
여성	(515)	2.2	16.0	18.2	35.4	46.4	81.8	100.0	3.3
권역									
도심권	(87)	3.7	17.4	21.1	36.1	42.9	78.9	100.0	3.2
동남권	(264)	3.9	12.5	16.4	32.2	51.4	83.6	100.0	3.3
동북권	(300)	2.8	18.9	21.7	33.9	44.4	78.3	100.0	3.2
서남권	(292)	1.6	12.4	13.9	35.3	50.8	86.1	100.0	3.4

	사례수(명)	① 자주 있다	② 가끔씩 있다	①+② 경험 있다	③ 드물게 있다	④ 전혀 없다	③+④ 경험 없다	계	평균
									단위: %, 점
서북권	(115)	4.0	19.4	23.4	29.6	46.9	76.6	100.0	3.2
고등학교 유형1									
일반고	(773)	2.7	16.1	18.9	33.8	47.4	81.1	100.0	3.3
자율고	(87)	5.0	12.6	17.7	30.7	51.6	82.3	100.0	3.3
특성화고	(137)	3.4	15.2	18.6	27.9	53.5	81.4	100.0	3.3
특수목적고	(61)	1.7	11.0	12.8	48.1	39.1	87.2	100.0	3.3
고등학교 유형2									
남녀 공학	(509)	2.7	15.2	17.9	33.1	49.0	82.1	100.0	3.3
성별 분리	(549)	3.2	15.6	18.8	34.0	47.2	81.2	100.0	3.3
고등학교 학년									
1학년	(476)	3.8	14.9	18.8	34.4	46.8	81.2	100.0	3.2
2학년	(582)	2.2	15.8	18.1	32.9	49.1	81.9	100.0	3.3
고등학교 계열									
인문계열	(342)	3.3	15.1	18.3	33.9	47.8	81.7	100.0	3.3
자연계열	(488)	2.0	14.5	16.5	33.4	50.1	83.5	100.0	3.3
기타	(228)	4.4	18.0	22.4	33.6	44.0	77.6	100.0	3.2

[표 Q2_3] 경험 여부 - 3. 사람들이 나를 불공정하게 대한다
[Q2] 귀하는 다음과 같은 일들을 얼마나 자주 경험하셨습니까?

	사례수(명)	① 자주 있다	② 가끔씩 있다	①+② 경험 있다	③ 드물게 있다	④ 전혀 없다	③+④ 경험 없다	계	평균
전체									단위: %, 점
■ 전체 ■	(1,058)	2.8	10.7	13.5	35.8	50.7	86.5	100.0	3.3
성별									

[부록 2] 청소년 정치인식 조사 결과

	(N)								
남성	(543)	3.7	11.4	15.2	36.3	51.6	84.8	100.0	3.3
여성	(515)	1.8	9.9	11.7	38.5	49.7	88.3	100.0	3.4
권역									
도심권	(87)	0.0	21.9	21.9	33.4	44.7	78.1	100.0	3.2
동남권	(264)	2.9	10.8	13.7	32.6	53.7	86.3	100.0	3.4
동북권	(300)	2.9	11.2	14.1	39.0	46.8	85.9	100.0	3.3
서남권	(292)	3.0	6.3	9.3	36.5	54.1	90.7	100.0	3.4
서북권	(115)	4.2	11.5	15.7	34.7	49.6	84.3	100.0	3.3
고등학교 유형1									
일반고	(773)	3.2	9.3	12.4	36.4	51.2	87.6	100.0	3.4
자율고	(87)	1.0	10.2	11.2	28.0	60.8	88.8	100.0	3.5
특성화고	(137)	2.5	9.8	12.3	37.2	50.5	87.7	100.0	3.4
특수목적고	(61)	1.7	31.3	33.0	36.0	30.1	67.0	100.0	3.0
고등학교 유형2									
남녀 공학	(509)	1.9	12.9	14.8	36.8	48.4	85.2	100.0	3.3
성별 분리	(549)	3.6	8.7	12.3	34.9	52.8	87.7	100.0	3.4
고등학교 학년									
1학년	(476)	3.4	12.0	15.4	36.1	48.5	84.6	100.0	3.3
2학년	(582)	2.3	9.6	11.9	35.6	52.4	88.1	100.0	3.4
고등학교 계열									
인문계열	(342)	2.7	9.5	12.3	36.3	51.4	87.7	100.0	3.4
자연계열	(488)	2.4	11.0	13.4	34.8	51.8	86.6	100.0	3.4
기타	(228)	3.8	11.8	15.6	37.3	47.1	84.4	100.0	3.3

[표 Q2_4] 경험 여부 - 4. 사람들이 나에게 경계하는 태도를 보였다
[Q2] 귀하는 다음과 같은 일들을 얼마나 자주 경험하셨습니까?

단위: %, 점

전체	사례수 (명)	① 자주 있다	② 가끔씩 있다	①+② 경험 있다	③ 드물게 있다	④ 전혀 없다	③+④ 경험 없다	계	평균
전체	(1,058)	3.1	7.6	10.7	39.2	50.1	89.3	100.0	3.4
성별									
남성	(543)	4.3	7.6	11.9	37.3	50.8	88.1	100.0	3.4
여성	(515)	1.7	7.7	9.4	41.2	49.4	90.6	100.0	3.4
권역									
도심권	(87)	6.1	9.6	15.7	50.2	34.1	84.3	100.0	3.1
동남권	(264)	5.0	6.1	11.1	35.3	53.6	88.9	100.0	3.4
동북권	(300)	2.9	8.6	11.5	37.4	51.2	88.5	100.0	3.4
서남권	(292)	1.2	5.5	6.8	41.6	51.6	93.2	100.0	3.4
서북권	(115)	1.5	12.6	14.1	38.4	47.5	85.9	100.0	3.3
고등학교 유형1									
일반고	(773)	3.6	8.2	11.8	36.8	51.4	88.2	100.0	3.4
자율고	(87)	3.0	3.2	6.2	42.4	51.4	93.8	100.0	3.4
특성화고	(137)	0.0	6.6	6.6	45.1	48.3	93.4	100.0	3.4
특수목적고	(61)	3.5	9.4	12.9	51.3	35.8	87.1	100.0	3.2
고등학교 유형2									
남녀 공학	(509)	2.8	8.3	11.1	39.5	49.5	88.9	100.0	3.4

	사례수(명)	① 자주있다	② 가끔씩있다	①+② 경험있다	③ 드물기있다	④ 전혀없다	③+④ 경험없다	계	평균
성별 분리	(549)	3.4	7.0	10.4	38.9	50.7	89.6	100.0	3.4
고등학교 학년									
1학년	(476)	4.0	6.6	10.6	41.0	48.4	89.4	100.0	3.3
2학년	(582)	2.3	8.5	10.8	37.7	51.5	89.2	100.0	3.4
고등학교 계열									
인문계열	(342)	3.2	6.7	9.9	38.7	51.5	90.1	100.0	3.4
자연계열	(488)	2.4	7.8	10.2	38.3	51.5	89.8	100.0	3.4
기타	(228)	4.3	8.7	13.0	41.3	45.0	87.0	100.0	3.3

[표 Q2_5] 경험 여부 – 5. 나는 말 또는 행동으로 괴롭힘을 당한 적이 있다
[Q2] 귀하는 다음과 같은 일들을 얼마나 자주 경험하셨습니까?

단위: %, 점

	사례수(명)	① 자주있다	② 가끔씩있다	①+② 경험있다	③ 드물기있다	④ 전혀없다	③+④ 경험없다	계	평균
전체									
■ 전체 ■	(1,058)	3.5	10.4	13.9	28.5	57.6	86.1	100.0	3.4
성별									
남성	(543)	4.1	8.8	13.0	28.4	58.7	87.0	100.0	3.4
여성	(515)	2.8	12.1	14.9	28.6	56.6	85.1	100.0	3.4
권역									
도시권	(87)	3.7	13.6	17.2	29.9	52.9	82.8	100.0	3.3
동남권	(264)	4.5	6.8	11.3	28.6	60.1	88.7	100.0	3.4

	(N)								
동북권	(300)	3.7	11.1	14.8	27.6	57.6	85.2	100.0	3.4
서남권	(292)	2.3	10.1	12.4	30.3	57.3	87.6	100.0	3.4
서북권	(115)	3.2	15.6	18.8	24.8	56.4	81.2	100.0	3.3
고등학교 유형1									
일반고	(773)	3.6	10.4	13.9	28.0	58.1	86.1	100.0	3.4
자율고	(87)	3.1	4.0	7.1	28.1	64.8	92.9	100.0	3.6
특성화고	(137)	3.4	10.9	14.3	30.3	55.4	85.7	100.0	3.4
특수목적고	(61)	2.8	19.5	22.3	30.8	46.9	77.7	100.0	3.2
고등학교 유형2									
남녀 공학	(509)	3.5	10.3	13.9	30.5	55.6	86.1	100.0	3.4
성별 분리	(549)	3.4	10.5	13.9	26.5	59.5	86.1	100.0	3.4
고등학교 학년									
1학년	(476)	3.4	9.4	12.8	30.1	57.1	87.2	100.0	3.4
2학년	(582)	3.5	11.3	14.8	27.2	58.1	85.2	100.0	3.4
고등학교 계열									
인문계열	(342)	3.6	8.3	11.9	28.3	59.8	88.1	100.0	3.4
자연계열	(488)	3.2	9.1	12.4	28.7	59.0	87.6	100.0	3.4
기타	(228)	3.8	16.4	20.2	28.2	51.6	79.8	100.0	3.3

[표 Q2_6] 경험 여부 - 6. 외모에 대한 평가를 들었다
[Q2] 귀하는 다음과 같은 일들을 얼마나 자주 경험하셨습니까?

단위: %, 점

	사례수(명)	① 자주 있다	② 가끔씩 있다	①+② 경험 있다	③ 드물게 있다	④ 전혀 없다	③+④ 경험 없다	계	평균
전체									2.7
■ 전체 ■	(1,058)	9.1	37.2	46.3	30.5	23.0	53.7	100.0	2.7
성별									
남성	(543)	7.5	35.2	42.8	30.5	26.7	57.2	100.0	2.8
여성	(515)	10.7	39.4	50.1	30.8	19.1	49.9	100.0	2.6
권역									
도성권	(87)	12.3	38.5	50.8	22.3	26.9	49.2	100.0	2.6
동남권	(264)	8.6	37.0	45.6	32.0	22.4	54.4	100.0	2.7
동북권	(300)	8.0	38.2	46.1	32.0	21.9	53.9	100.0	2.7
서남권	(292)	9.4	36.6	46.0	30.8	23.2	54.0	100.0	2.7
서북권	(115)	9.8	36.1	45.9	30.0	24.1	54.1	100.0	2.7
고등학교 유형1									
일반고	(773)	8.5	38.3	46.8	31.6	21.6	53.2	100.0	2.7
자율고	(87)	13.2	28.2	41.4	30.4	28.2	58.6	100.0	2.7
특성화고	(137)	5.9	35.5	41.4	29.2	29.4	58.6	100.0	2.8
특수목적고	(61)	18.1	40.9	59.0	21.7	19.3	41.0	100.0	2.4
고등학교 유형2									
남녀 공학	(509)	9.1	40.5	49.6	28.1	22.3	50.4	100.0	2.6

	사례수	① 자주 있다	② 가끔씩 있다	①+② 경험 있다	③ 드물게 있다	④ 전혀 없다	③+④ 경험 없다	계	평균
성별 분리	(549)	9.0	34.3	43.3	33.1	23.7	56.7	100.0	2.7
고등학교 학년									
1학년	(476)	10.2	38.9	49.0	28.5	22.4	51.0	100.0	2.6
2학년	(582)	8.2	35.9	44.1	32.4	23.5	55.9	100.0	2.7
고등학교 계열									
인문계열	(342)	7.9	34.8	42.7	33.5	23.8	57.3	100.0	2.7
자연계열	(488)	9.0	38.9	47.9	30.2	21.9	52.1	100.0	2.7
기타	(228)	10.9	37.4	48.3	27.5	24.3	51.7	100.0	2.7

[표 Q2_7] 경험 여부 – 7. 사생활에 대한 질문을 받았다
[Q2] 귀하는 다음과 같은 일들을 얼마나 자주 경험하셨습니까?

단위: %, 점

		사례수 (명)	① 자주 있다	② 가끔씩 있다	①+② 경험 있다	③ 드물게 있다	④ 전혀 없다	③+④ 경험 없다	계	평균
전체										
■ 전체 ■		(1,058)	5.7	33.7	39.4	31.6	29.0	60.6	100.0	2.8
성별										
	남성	(543)	5.1	29.8	34.9	32.2	32.9	65.1	100.0	2.9
	여성	(515)	6.4	37.8	44.2	31.0	24.8	55.8	100.0	2.7
권역										
	도심권	(87)	3.7	44.0	47.7	25.4	26.9	52.3	100.0	2.8
	동남권	(264)	6.0	34.5	40.5	29.2	30.4	59.5	100.0	2.8

동북권	(300)	7.2	32.5	39.7	35.4	24.9	60.3	100.0	2.8
서남권	(292)	5.0	32.1	37.1	31.4	31.5	62.9	100.0	2.9
서북권	(115)	4.6	31.1	35.7	32.7	31.7	64.3	100.0	2.9
고등학교 유형1									
일반고	(773)	6.2	33.6	39.7	32.0	28.3	60.3	100.0	2.8
자율고	(87)	8.1	26.3	34.4	36.5	29.1	65.6	100.0	2.9
특성화고	(137)	2.4	36.9	39.3	24.7	36.0	60.7	100.0	2.9
특수목적고	(61)	3.8	38.5	42.3	35.5	22.3	57.7	100.0	2.8
고등학교 유형2									
남녀 공학	(509)	4.8	34.6	39.4	31.7	28.9	60.6	100.0	2.9
성별 분리	(549)	6.6	32.8	39.4	31.5	29.1	60.6	100.0	2.8
고등학교 학년									
1학년	(476)	6.5	31.4	37.9	33.1	29.0	62.1	100.0	2.9
2학년	(582)	5.0	35.6	40.6	30.4	29.0	59.4	100.0	2.8
고등학교 계열									
인문계열	(342)	6.3	30.9	37.2	31.9	30.9	62.8	100.0	2.9
자연계열	(488)	6.1	36.3	42.4	30.6	27.0	57.6	100.0	2.8
기타	(228)	3.9	32.4	36.3	33.2	30.5	63.7	100.0	2.9

청소년의 정치사회화

[표 Q2_8] 경험 여부 – 8. 자기 주장이 강하다는 지적을 받았다
[Q2] 귀하는 다음과 같은 일들을 얼마나 자주 경험하셨습니까?

단위: %, 점

	사례수(명)	① 자주 있다	② 가끔씩 있다	①+② 경험 있다	③ 드물게 있다	④ 전혀 없다	③+④ 경험 없다	계	평균
전체	(1,058)	6.3	22.5	28.8	33.1	38.1	71.2	100.0	3.0
■ 전체 ■									
성별									
남성	(543)	6.4	21.3	27.8	33.1	39.1	72.2	100.0	3.1
여성	(515)	6.1	23.8	29.9	33.0	37.1	70.1	100.0	3.0
권역									
도심권	(87)	8.6	26.4	35.0	27.4	37.6	65.0	100.0	2.9
동남권	(264)	7.8	17.5	25.3	33.0	41.8	74.7	100.0	3.1
동북권	(300)	5.1	23.9	29.0	32.5	38.4	71.0	100.0	3.0
서남권	(292)	5.4	24.6	30.0	37.1	32.9	70.0	100.0	3.0
서북권	(115)	6.5	22.2	28.7	28.5	42.8	71.3	100.0	3.1
고등학교 유형1									
일반고	(773)	6.8	21.9	28.7	32.8	38.5	71.3	100.0	3.0
자율고	(87)	5.1	28.0	33.1	22.4	44.5	66.9	100.0	3.1
특성화고	(137)	3.1	21.2	24.3	36.0	39.7	75.7	100.0	3.1
특수목적고	(61)	8.8	26.2	35.0	44.3	20.8	65.0	100.0	2.8
고등학교 유형2									
남녀 공학	(509)	6.0	22.0	28.1	34.6	37.3	71.9	100.0	3.0

[표 Q3] 정치에 대한 관심

[Q3] 귀하는 정치에 얼마나 관심이 있으십니까?

단위: %, 점

	사례수 (명)	① 매우 관심이 있다	② 조금 관심이 있다	①+② 관심이 있다	③ 별로 관심이 없다	④ 전혀 관심이 없다	③+④ 관심이 없다	계	평균
전체 ■									
■ 전체 ■	(1,058)	9.2	39.3	48.5	31.8	19.7	51.5	100.0	2.6
성별									
남성	(543)	11.9	38.4	50.3	27.6	22.1	49.7	100.0	2.6
여성	(515)	6.4	40.2	46.6	36.2	17.2	53.4	100.0	2.6
권역									
도심권	(87)	8.4	38.4	46.8	26.3	26.9	53.2	100.0	2.7
동남권	(264)	9.3	38.2	47.5	30.6	21.9	52.5	100.0	2.7
성별 분리	(549)	6.5	23.0	29.5	31.6	38.9	70.5	100.0	3.0
고등학교 학년									
1학년	(476)	7.7	23.7	31.4	32.1	36.5	68.6	100.0	3.0
2학년	(582)	5.1	21.6	26.7	33.8	39.5	73.3	100.0	3.1
고등학교 계열									
인문계열	(342)	6.9	24.6	31.5	29.8	38.6	68.5	100.0	3.0
자연계열	(488)	5.8	23.2	29.0	32.7	38.3	71.0	100.0	3.0
기타	(228)	6.3	18.0	24.3	38.7	37.0	75.7	100.0	3.1

구분	(N)							계	
동북권	(300)	9.0	37.5	46.5	35.2	18.3	53.5	100.0	2.6
서남권	(292)	9.6	42.2	51.7	30.6	17.7	48.3	100.0	2.6
서북권	(115)	9.4	39.8	49.2	32.5	18.4	50.8	100.0	2.6
고등학교 유형1									
일반고	(773)	8.5	40.9	49.4	30.9	19.8	50.6	100.0	2.6
자율고	(87)	10.6	41.0	51.6	31.9	16.5	48.4	100.0	2.5
특성화고	(137)	9.2	27.5	36.7	36.4	27.0	63.3	100.0	2.8
특수목적고	(61)	17.2	42.6	59.9	32.6	7.6	40.1	100.0	2.3
고등학교 유형2									
남녀 공학	(509)	9.6	41.0	50.6	30.5	18.9	49.4	100.0	2.6
성별 분리	(549)	8.9	37.7	46.6	32.9	20.5	53.4	100.0	2.7
고등학교 학년									
1학년	(476)	11.5	38.6	50.1	31.1	18.8	49.9	100.0	2.6
2학년	(582)	7.3	39.9	47.2	32.3	20.5	52.8	100.0	2.7
고등학교 계열									
인문계열	(342)	11.9	38.5	50.4	32.8	16.8	49.6	100.0	2.5
자연계열	(488)	7.4	43.4	50.8	29.3	19.9	49.2	100.0	2.6
기타	(228)	9.0	31.7	40.7	35.5	23.8	59.3	100.0	2.7

[부록 2] 청소년 정치인식 조사 결과

[표 Q4] 정치에 대한 이야기를 나눈 사람 수(온라인 제외)

[Q4] 귀하는 지난 1년 동안 가족을 포함해서 몇 명과 정치에 대한 이야기를 나누셨습니까?
온라인(예: 인터넷 커뮤니티 등) 상에서의 대화는 제외하고 응답해 주십시오.

단위: %

전체	사례수 (명)	없다	1명	2명	3명 이상	계
■ 전체 ■	(1,058)	31.9	16.6	21.7	29.8	100.0
성별						
남성	(543)	37.8	15.2	18.6	28.3	100.0
여성	(515)	25.6	18.1	24.9	31.4	100.0
권역						
도심권	(87)	51.4	15.8	15.0	17.8	100.0
동남권	(264)	32.3	17.3	22.1	28.2	100.0
동북권	(300)	33.1	12.6	22.9	31.5	100.0
서남권	(292)	28.3	17.8	19.0	34.9	100.0
서북권	(115)	22.0	23.4	29.4	25.1	100.0
고등학교 유형1						
일반고	(773)	30.7	15.7	22.4	31.1	100.0
자율고	(87)	31.3	17.5	23.6	27.5	100.0
특성화고	(137)	41.7	21.9	16.1	20.3	100.0
특수목직고	(61)	25.7	14.5	22.2	37.5	100.0
고등학교 유형2						

	사례수					계
남녀 공학	(509)	32.3	17.3	21.9	28.5	100.0
성별 분리	(549)	31.5	16.0	21.5	31.0	100.0
고등학교 학년						
1학년	(476)	32.8	17.7	20.4	29.1	100.0
2학년	(582)	31.1	15.8	22.8	30.4	100.0
고등학교 계열						
인문계열	(342)	27.9	17.1	23.1	31.9	100.0
자연계열	(488)	31.6	14.5	21.7	32.2	100.0
기타	(228)	38.6	20.4	19.7	21.4	100.0

[표 Q5] 온라인에서 정치에 대한 생각을 표현한 경험 여부

[Q5] 귀하는 온라인(예: 인터넷 커뮤니티 등)에서 정치에 대한 생각을 글이나 댓글로 표현한 적이 있으십니까?

단위: %

	사례수 (명)	있다	없다	계
전체				
■ 전체 ■	(1,058)	12.3	87.7	100.0
성별				
남성	(543)	11.1	88.9	100.0
여성	(515)	13.5	86.5	100.0
권역				
도시권	(87)	8.6	91.4	100.0

동남권	(264)	13.0	87.0	100.0
동북권	(300)	10.2	89.8	100.0
서남권	(292)	12.3	87.7	100.0
서북권	(115)	18.7	81.3	100.0
고등학교 유형1				
일반고	(773)	11.6	88.4	100.0
자율고	(87)	9.2	90.8	100.0
특성화고	(137)	14.1	85.9	100.0
특수목적고	(61)	21.5	78.5	100.0
고등학교 유형2				
남녀 공학	(509)	13.0	87.0	100.0
성별 분리	(549)	11.6	88.4	100.0
고등학교 학년				
1학년	(476)	12.2	87.8	100.0
2학년	(582)	12.3	87.7	100.0
고등학교 계열				
인문계열	(342)	15.4	84.6	100.0
자연계열	(488)	9.9	90.1	100.0
기타	(228)	12.7	87.3	100.0

[표 Q5_1] 일주일에 온라인에서 정치에 대한 생각을 표현한 횟수

[Q5-1] 귀하는 온라인에서 정치에 대한 생각을 일주일에 몇 번 정도 글이나 댓글로 표현하십니까?

단위: %

온라인에서 정치표현 경험 있음	사례수 (명)	거의 매일(일주일에 4회 이상)	일주일에 2~3회	일주일에 1회	한달에 2~3회	한달에 1회 미만	계
■ 전체	(130)	11.7	16.2	8.2	30.5	33.4	100.0
성별							
남성	(60)	15.6	15.0	8.6	26.7	34.0	100.0
여성	(70)	8.3	17.1	7.9	33.9	32.8	100.0
권역							
도심권	(8)	50.0	0.0	0.0	50.0	0.0	100.0
동남권	(34)	13.9	8.0	5.5	29.0	43.5	100.0
동북권	(30)	6.4	29.2	3.1	36.4	24.9	100.0
서남권	(36)	8.1	10.9	9.3	27.2	44.4	100.0
서북권	(22)	8.2	25.0	20.9	23.5	22.4	100.0
고등학교 유형1							
일반고	(89)	11.6	15.3	10.1	26.7	36.3	100.0
자율고	(8)	0.0	10.9	0.0	55.9	33.2	100.0
특성화고	(19)	25.0	18.6	0.0	17.4	38.9	100.0
특수목적고	(13)	0.0	21.7	12.7	60.6	5.0	100.0
고등학교 유형2							

남녀 공학	(66)	11.3	16.6	5.0	26.1	41.0	100.0
성별 분리	(64)	12.1	15.7	11.6	35.2	25.4	100.0
고등학교 학년							
1학년	(58)	16.3	14.4	7.7	25.2	36.5	100.0
2학년	(72)	8.0	17.6	8.7	34.9	30.8	100.0
고등학교 계열							
인문계열	(53)	10.7	20.1	10.2	31.4	27.5	100.0
자연계열	(48)	7.8	10.8	10.9	35.7	34.8	100.0
기타	(29)	20.1	17.9	0.0	20.4	41.6	100.0

[표 Q8] 경험 여부 – "청소년은 아직 정치나 사회문제에 관심을 가질 필요가 없다"

[Q8] 귀하는 부모님이나 주변 어른들로부터 "청소년은 아직 정치나 사회문제에 관심을 가질 필요가 없다"는 말을 들어본 적이 있습니까?

단위: %

	사례수 (명)	있다	없다	계
전체				
■ 전체	(1,058)	37.8	62.2	100.0
성별				
남성	(543)	37.9	62.1	100.0
여성	(515)	37.6	62.4	100.0
권역				
도시권	(87)	57.6	42.4	100.0
동남권	(264)	37.2	62.8	100.0

동북권	(300)	32.1	67.9	100.0
서남권	(292)	38.7	61.3	100.0
서북권	(115)	36.3	63.7	100.0
고등학교 유형1				
일반고	(773)	37.6	62.4	100.0
자율고	(87)	37.5	62.5	100.0
특성화고	(137)	34.5	65.5	100.0
특수목적고	(61)	47.6	52.4	100.0
고등학교 유형2				
남녀 공학	(509)	37.9	62.1	100.0
성별 분리	(549)	37.6	62.4	100.0
고등학교 학년				
1학년	(476)	38.3	61.7	100.0
2학년	(582)	37.3	62.7	100.0
고등학교 계열				
인문계열	(342)	39.6	60.4	100.0
자연계열	(488)	36.9	63.1	100.0
기타	(228)	36.7	63.3	100.0

[표 Q8_1] 동의 여부 – "청소년은 아직 정치나 사회문제에 관심을 가질 필요가 없다"

[Q8-1] 귀하는 "청소년은 아직 정치나 사회문제에 관심을 가질 필요가 없다"는 의견에 대해 어떻게 생각하십니까?

단위: %

	사례수 (명)	동의한다	동의하지 않는다	계
전체				
■ 전체 ■	(1,058)	19.7	80.3	100.0
성별				
남성	(543)	24.2	75.8	100.0
여성	(515)	15.1	84.9	100.0
권역				
도심권	(87)	14.9	85.1	100.0
동남권	(264)	21.4	78.6	100.0
동북권	(300)	18.3	81.2	100.0
서남권	(292)	20.5	79.4	100.0
서북권	(115)	19.7	80.3	100.0
고등학교 유형1				
일반고	(773)	19.3	80.7	100.0
자율고	(87)	26.2	73.8	100.0
특성화고	(137)	23.	76.9	100.0
특수목적고	(61)	8.4	91.6	100.0
고등학교 유형2				
남녀 공학	(509)	19.8	80.2	100.0
성별 분리	(549)	19.7	80.3	100.0

고등학교 학년				
1학년	(476)	20.4	79.6	100.0
2학년	(582)	19.2	80.8	100.0
고등학교 계열				
인문계열	(342)	20.1	79.9	100.0
자연계열	(488)	20.1	79.9	100.0
기타	(228)	18.4	81.6	100.0

[표 Q9] 청소년 대상 정치 관련 웹사이트에 대한 의견

[Q9] 귀하는 청소년을 대상으로 정치나 사회문제를 설명해주는 인터넷 웹사이트가 필요하다고 생각하십니까?

단위: %

	사례수 (명)	필요하다	필요하지 않다	모르겠다	계
전체					
■ 전체 ■	(1,058)	61.2	16.9	21.8	100.0
성별					
남성	(543)	54.2	22.6	23.2	100.0
여성	(515)	68.6	10.9	20.5	100.0
권역					
도심권	(87)	44.8	36.5	18.6	100.0
동남권	(264)	62.9	15.3	21.8	100.0
동북권	(300)	63.3	14.2	22.5	100.0

[부록 2] 청소년 정치인식 조사 결과

	(N)				
서남권	(292)	61.5	15.8	22.7	100.0
서북권	(115)	63.7	15.8	20.5	100.0
고등학교 유형1					
일반고	(773)	64.1	14.7	21.2	100.0
자율고	(87)	54.5	18.4	27.1	100.0
특성화고	(137)	43.5	27.6	28.9	100.0
특수목적고	(61)	73.7	19.5	6.8	100.0
고등학교 유형2					
남녀 공학	(509)	60.1	18.7	21.1	100.0
성별 분리	(549)	62.2	15.2	22.5	100.0
고등학교 학년					
1학년	(476)	60.7	16.8	22.5	100.0
2학년	(582)	61.7	17.0	21.3	100.0
고등학교 계열					
인문계열	(342)	69.4	12.8	17.8	100.0
자연계열	(488)	58.9	18.2	22.9	100.0
기타	(228)	54.0	20.4	25.6	100.0

[표 Q10_1A] 동의 정도 – 1. 낯선 사람은 경계해야 한다
[Q10] 귀하는 다음 의견에 대해 얼마나 동의하십니까?

단위: %, 점

	사례수 (명)	① 매우 동의한다	② 동의한다	①+② 동의한다	③ 동의하지 않는다	④ 전혀 동의하지 않는다	③+④ 동의하지 않는다	계	평균
전체	(530)	32.8	57.9	90.7	7.3	2.0	9.3	100.0	1.8
■ 전체 ■									
성별									
남성	(260)	28.4	59.7	88.2	8.3	3.6	11.8	100.0	1.9
여성	(270)	36.9	56.2	93.1	6.4	0.4	6.9	100.0	1.7
권역									
도심권	(35)	10.8	66.7	77.5	10.8	11.6	22.5	100.0	2.2
동남권	(142)	31.2	57.2	88.4	8.0	3.7	11.6	100.0	1.8
동북권	(154)	36.9	57.4	94.3	5.7	0.0	5.7	100.0	1.7
서남권	(130)	37.3	53.5	90.8	8.3	0.9	9.2	100.0	1.7
서북권	(70)	29.2	64.6	93.8	6.2	0.0	6.2	100.0	1.8
고등학교 유형1									
일반고	(379)	33.7	58.4	92.1	7.3	0.5	7.9	100.0	1.8
자율고	(54)	28.2	61.8	90.0	8.3	1.7	10.0	100.0	1.8
특성화고	(62)	33.7	54.3	87.9	1.8	10.3	12.1	100.0	1.9
특수목적고	(35)	27.5	53.6	81.1	15.7	3.2	18.9	100.0	2.0
고등학교 유형2									
남녀 공학	(261)	31.0	58.4	89.4	7.8	2.8	10.6	100.0	1.8

	사례수(명)							계	평균
성별 분리	(269)	34.5	57.4	92.0	6.9	1.2	8.0	100.0	1.8
고등학교 학년									
1학년	(258)	34.4	57.1	91.5	5.6	2.9	8.5	100.0	1.8
2학년	(272)	31.2	58.8	89.9	9.0	1.1	10.1	100.0	1.8
고등학교 계열									
인문계열	(165)	32.6	59.3	92.0	5.3	2.4	8.0	100.0	1.8
자연계열	(251)	31.2	59.0	90.3	8.0	1.7	9.7	100.0	1.8
기타	(114)	36.3	53.5	89.8	8.3	1.9	10.2	100.0	1.8

[표 Q10_2A] 동의 정도 – 2. 대부분의 사람들은 믿을 만하다
[Q10] 귀하는 다음 의견에 대해 얼마나 동의하십니까?

단위: %, 점

전체	사례수(명)	① 매우 동의한다	② 동의한다	①+② 동의한다	③ 동의하지 않는다	④ 전혀 동의하지 않는다	③+④ 동의하지 않는다	계	평균
■ 전체 ■	(530)	3.4	28.0	31.4	51.5	17.1	68.6	100.0	2.8
성별									
남성	(260)	5.4	34.1	39.5	43.2	17.3	60.5	100.0	2.7
여성	(270)	1.5	22.1	23.5	59.5	16.9	76.5	100.0	2.9
권역									
도시권	(35)	0.0	39.5	39.5	38.0	22.5	60.5	100.0	2.8
동남권	(142)	6.3	30.0	36.3	44.7	19.1	63.7	100.0	2.8

	(N)	매우 아니다	아니다	부정계	그렇다	매우 그렇다	긍정계	합계	평균
동북권	(154)	2.5	24.8	27.3	57.1	15.6	72.7	100.0	2.9
서남권	(130)	2.6	28.6	31.2	54.2	14.6	68.8	100.0	2.8
서북권	(70)	2.5	24.1	26.6	55.1	18.3	73.4	100.0	2.9
고등학교 유형1									
일반고	(379)	3.0	26.0	29.0	55.4	15.6	71.0	100.0	2.8
자율고	(54)	6.7	37.1	43.8	34.5	21.7	56.2	100.0	2.7
특성화고	(62)	2.0	33.9	35.9	40.9	23.2	64.1	100.0	2.9
특수목적고	(35)	5.0	24.5	29.5	55.2	15.3	70.5	100.0	2.8
고등학교 유형2									
남녀 공학	(261)	2.4	30.2	32.6	51.5	15.9	67.4	100.0	2.8
성별 분리	(269)	4.3	25.9	30.2	51.6	18.2	69.8	100.0	2.8
고등학교 학년									
1학년	(258)	4.3	29.7	34.0	49.6	16.4	66.0	100.0	2.8
2학년	(272)	2.5	26.4	28.8	53.4	17.7	71.2	100.0	2.9
고등학교 계열									
인문계열	(165)	1.7	25.8	27.4	54.6	18.0	72.6	100.0	2.9
자연계열	(251)	3.7	27.1	30.8	51.4	17.8	69.2	100.0	2.8
기타	(114)	5.2	33.2	38.4	47.5	14.1	61.6	100.0	2.7

[표 Q10_3A] 동의 정도 – 3. 사람들은 기회가 되면 다른 사람들 이용하려 한다
[Q10] 귀하는 다음 의견에 대해 얼마나 동의하십니까?

단위: %, 점

	사례수 (명)	① 매우 동의한다	② 동의한다	①+② 동의한다	③ 동의하지 않는다	④ 전혀 동의하지 않는다	③+④ 동의하지 않는다	계	평균
전체	(530)	19.2	56.6	75.8	19.8	4.4	24.2	100.0	2.1
■ 전체 ■									
성별									
남성	(260)	24.2	51.4	75.6	16.9	7.5	24.4	100.0	2.1
여성	(270)	14.3	61.7	76.0	22.5	1.4	24.0	100.0	2.1
권역									
도심권	(35)	10.8	68.3	79.2	9.2	11.6	20.8	100.0	2.2
동남권	(142)	20.6	59.8	80.4	16.0	3.6	19.6	100.0	2.0
동북권	(154)	18.6	54.5	73.1	24.2	2.7	26.9	100.0	2.1
서남권	(130)	23.9	50.0	73.9	21.0	5.1	26.1	100.0	2.1
서북권	(70)	12.6	61.6	74.3	20.8	4.9	25.7	100.0	2.2
고등학교 유형1									
일반고	(379)	19.4	56.8	76.2	20.9	2.9	23.8	100.0	2.1
자율고	(54)	23.4	51.6	75.0	18.4	6.6	25.0	100.0	2.1
특성화고	(62)	20.8	57.4	78.2	9.5	12.3	21.8	100.0	2.1
특수목적고	(35)	7.4	61.0	68.4	28.3	3.2	31.6	100.0	2.3
고등학교 유형2									
남녀 공학	(261)	16.3	57.3	73.6	20.4	6.0	26.4	100.0	2.2

	사례수(명)	① 매우 동의한다	② 동의한다	①+② 동의한다	③ 동의하지 않는다	④ 전혀 동의하지 않는다	③+④ 동의하지 않는다	계	평균
성별 분리	(269)	21.9	56.0	77.9	19.2	2.9	22.1	100.0	2.0
고등학교 학년									
1학년	(258)	17.5	53.6	71.1	24.0	4.9	28.9	100.0	2.2
2학년	(272)	20.7	59.6	80.3	15.8	3.9	19.7	100.0	2.0
고등학교 계열									
인문계열	(165)	20.4	54.0	74.4	20.9	4.7	25.6	100.0	2.1
자연계열	(251)	19.5	56.8	76.4	18.7	4.9	23.6	100.0	2.1
기타	(114)	16.5	60.1	76.6	20.5	2.9	23.4	100.0	2.1

[표 Q10_4A] 동의 정도 – 4. 내가 지갑을 잃어버릴 경우 다시 찾을 가능성이 없다

[Q10] 귀하는 다음 의견에 대해 얼마나 동의하십니까?

단위: %, 점

	사례수(명)	① 매우 동의한다	② 동의한다	①+② 동의한다	③ 동의하지 않는다	④ 전혀 동의하지 않는다	③+④ 동의하지 않는다	계	평균
전체									
■ 전체	(530)	8.0	25.4	33.4	52.4	14.2	66.6	100.0	2.7
성별									
남성	(260)	11.4	26.9	38.4	48.3	13.4	61.6	100.0	2.6
여성	(270)	4.8	23.9	28.7	56.3	15.0	71.3	100.0	2.8
권역									
도시권	(35)	10.8	9.2	20.0	68.3	11.6	80.0	100.0	2.8
동남권	(142)	6.7	24.3	31.0	53.2	15.8	69.0	100.0	2.8

[부록 2] 청소년 정치인식 조사 결과

동북권	(154)	6.0	28.1	34.1	53.0	12.9	65.9	100.0	2.7
서남권	(130)	9.1	27.3	36.4	48.3	15.4	63.6	100.0	2.7
서북권	(70)	11.9	26.1	38.0	45.1	12.9	62.0	100.0	2.6
고등학교 유형1									
일반고	(379)	7.8	27.3	35.1	51.3	13.6	64.9	100.0	2.7
자율고	(54)	5.0	18.3	23.3	60.1	16.6	76.7	100.0	2.9
특성화고	(62)	15.3	24.3	39.6	41.0	19.4	60.4	100.0	2.6
특수목적고	(35)	1.8	17.5	19.3	72.4	8.3	80.7	100.0	2.9
고등학교 유형2									
남녀 공학	(261)	7.7	26.2	34.0	51.2	14.9	66.0	100.0	2.7
성별 분리	(269)	8.3	24.6	32.9	53.6	13.5	67.1	100.0	2.7
고등학교 학년									
1학년	(258)	6.7	24.1	30.8	56.0	13.2	69.2	100.0	2.8
2학년	(272)	9.3	26.6	35.9	48.9	15.2	64.1	100.0	2.7
고등학교 계열									
인문계열	(165)	5.5	27.1	32.6	53.3	14.1	67.4	100.0	2.8
자연계열	(251)	7.0	22.0	29.0	54.5	16.3	71.0	100.0	2.8
기타	(114)	13.9	30.3	44.2	46.1	9.7	55.8	100.0	2.5

[표 Q10_5A] 동의 정도 - 5. 정치인은 믿을 수 없다
[Q10] 귀하는 다음 의견에 대해 얼마나 동의하십니까?

단위: %, 점

	사례수 (명)	① 매우 동의한다	② 동의한다	①+② 동의한다	③ 동의하지 않는다	④ 전혀 동의하지 않는다	③+④ 동의하지 않는다	계	평균
전체		21.1	53.4	74.5	20.9	4.5	25.5	100.0	2.1
■ 전체	(530)	21.1	53.4	74.5	20.9	4.5	25.5	100.0	2.1
성별									
남성	(260)	21.1	52.6	73.6	20.8	5.5	26.4	100.0	2.1
여성	(270)	21.1	54.3	75.4	21.0	3.6	24.6	100.0	2.1
권역									
도심권	(35)	10.8	40.0	50.9	26.7	22.5	49.1	100.0	2.6
동남권	(142)	24.5	48.2	72.7	22.6	4.7	27.3	100.0	2.1
동북권	(154)	20.7	55.2	75.9	21.5	2.6	24.1	100.0	2.1
서남권	(130)	21.2	59.6	80.8	16.9	2.3	19.2	100.0	2.0
서북권	(70)	19.9	55.3	75.1	21.1	3.8	24.9	100.0	2.1
고등학교 유형1									
일반고	(379)	22.2	54.3	76.5	21.4	2.2	23.5	100.0	2.0
자율고	(54)	18.0	51.3	69.4	25.6	5.0	30.6	100.0	2.2
특성화고	(62)	18.8	54.6	73.4	16.3	10.3	26.6	100.0	2.2
특수목적고	(35)	17.7	45.7	63.4	17.5	19.1	36.6	100.0	2.4
고등학교 유형2									
남녀 공학	(261)	19.6	52.7	72.2	22.3	5.5	27.8	100.0	2.1

	사례수(명)								계	평균
성별 분리										
고등학교 학년										
1학년	(269)	22.5	54.2	76.7	19.7	3.6	23.3		100.0	2.0
2학년	(258)	19.8	52.9	72.6	22.5	4.9	27.4		100.0	2.1
	(272)	22.3	54.0	76.3	15.5	4.2	23.7		100.0	2.1
고등학교 계열										
인문계열	(165)	20.9	55.9	76.8	18.4	4.8	23.2		100.0	2.1
자연계열	(251)	20.5	52.3	72.9	23.6	3.5	27.1		100.0	2.1
기타	(114)	22.4	52.4	74.8	18.7	6.5	25.2		100.0	2.1

[표 Q11A] 정치성향

[Q11] 사람들은 자신의 정치성향을 보통 진보와 보수로 구분합니다. 0부터 10까지 눈금 중에서 귀하는 본인이 어디에 속한다고 생각하십니까? 0은 매우 진보를 나타내며, 10은 매우 보수를 나타냅니다.

단위: %, 점

		사례수(명)	0진보	1	2	3	4	5중도	6	7	8	9	10 보수	계	평균
전체															
■ 전체 ■		(530)	1.8	2.2	6.4	7.9	7.5	51.3	5.5	9.0	4.8	1.5	2.1	100.0	4.9
성별															
	남성	(260)	2.2	1.6	3.5	8.8	5.2	47.7	7.9	10.8	7.3	2.1	2.8	100.0	5.2
	여성	(270)	1.4	2.8	9.2	6.9	9.6	54.8	3.2	7.2	2.4	1.0	1.4	100.0	4.7
권역															
	도심권	(35)	0.0	0.0	10.8	9.2	0.0	30.4	0.0	40.9	8.7	0.0	0.0	100.0	5.6
	동남권	(142)	2.7	2.4	2.1	10.0	9.7	53.1	3.4	4.5	4.2	3.9	4.1	100.0	5.0

동북권	(154)	1.9	2.6	7.9	7.8	8.8	53.6	4.5	8.0	4.2	0.6	0.0	100.0	4.7
서남권	(130)	0.7	2.1	7.1	6.8	6.9	52.3	8.6	5.6	7.1	0.7	2.2	100.0	5.0
서북권	(70)	2.8	2.4	8.5	4.9	5.0	51.5	8.7	10.6	1.3	1.1	3.3	100.0	4.9
고등학교 유형1														
일반고	(379)	2.2	1.9	6.5	6.9	8.7	53.1	5.3	8.2	4.4	1.0	1.7	100.0	4.9
자율고	(54)	0.0	4.8	3.2	10.0	3.3	47.8	6.9	8.4	7.4	4.9	3.3	100.0	5.3
특성화고	(62)	1.7	0.0	6.0	11.6	3.7	54.1	5.5	9.9	3.7	1.8	1.9	100.0	5.0
특수목적고	(35)	0.0	5.2	11.5	8.2	7.0	33.3	5.2	15.9	6.9	1.8	4.9	100.0	5.1
고등학교 유형2														
남녀 공학	(261)	1.8	2.4	6.1	8.3	8.8	50.6	3.9	8.6	5.5	2.1	1.8	100.0	4.9
성별 분리	(269)	1.8	2.0	6.7	7.5	6.2	52.0	7.0	9.3	4.2	1.0	2.4	100.0	5.0
고등학교 학년														
1학년	(258)	1.1	3.2	7.2	6.8	5.3	51.7	5.9	9.7	5.8	1.3	2.1	100.0	5.0
2학년	(272)	2.5	1.3	5.7	8.8	9.6	51.0	5.1	8.2	3.9	1.8	2.1	100.0	4.9
고등학교 계열														
인문계열	(165)	0.6	2.7	9.4	8.8	8.3	44.7	6.2	10.5	5.3	2.7	1.1	100.0	4.9
자연계열	(251)	1.5	2.2	5.1	8.7	8.0	52.6	5.6	8.7	4.0	1.5	2.1	100.0	5.0
기타	(114)	4.2	1.4	5.1	4.8	5.3	58.4	4.1	7.3	5.9	0.0	3.5	100.0	5.0

[표 Q12] 민주주의와 권위주의에 대한 생각
[Q12] 다음 중 귀하의 생각에 가장 가까운 의견은 무엇입니까?

단위: %

	사례수(명)	민주주의가 다른 어떤 제도보다 항상 낫다	상황에 따라서 권위주의가 민주주의보다 낫다	민주주의나 권위주의나 별 상관없다	계
전체	(1,058)	50.6	22.4	27.0	100.0
성별					
남성	(543)	42.4	26.4	31.3	100.0
여성	(515)	59.2	18.3	22.5	100.0
권역					
도시권	(87)	40.7	28.8	30.4	100.0
동남권	(264)	47.4	21.4	31.1	100.0
동북권	(300)	53.1	23.3	23.6	100.0
서남권	(292)	51.7	21.5	26.8	100.0
서북권	(115)	55.8	19.9	24.3	100.0
고등학교 유형1					
일반고	(773)	51.1	20.5	28.4	100.0
자율고	(87)	49.6	33.0	17.4	100.0
특성화고	(137)	50.7	17.5	31.8	100.0
특수목적고	(61)	44.6	42.8	12.6	100.0
고등학교 유형2					

	사례수(명)				계
남녀 공학	(509)	49.4	20.8	29.8	100.0
성별 분리	(549)	51.7	23.9	24.4	100.0
고등학교 학년					
1학년	(476)	50.4	23.2	26.4	100.0
2학년	(582)	50.7	21.8	27.5	100.0
고등학교 계열					
인문계열	(342)	52.4	24.6	23.0	100.0
자연계열	(488)	48.9	23.8	27.3	100.0
기타	(228)	51.4	16.1	32.5	100.0

[표 Q13] 권위주의가 아닌 민주주의 국가에서 산다는 것의 중요함

[Q13] 권위주의가 아닌 민주주의 국가에서 산다는 것은 귀하에게 얼마나 중요합니까?

단위: %, 점

	사례수(명)	0 전혀중요하지않다	1	2	3	4	5 보통이다	6	7	8	9	10 아주중요하다	계	평균
전체														
■ 전체	(1,058)	1.3	0.3	0.5	1.6	0.7	17.7	4.8	18.3	20.8	12.0	22.1	100.0	7.5
성별														
남성	(543)	1.9	0.1	0.7	2.5	0.5	20.9	6.2	19.1	19.7	10.2	18.2	100.0	7.2
여성	(515)	0.6	0.5	0.4	0.5	0.8	14.3	3.3	17.6	21.9	13.8	26.3	100.0	7.8
권역														

[부록 2] 청소년 정치인식 조사 결과

	(N)													
도심권	(87)	8.1	0.0	0.0	0.0	0.0	18.4	3.5	24.9	7.2	10.6	27.2	100.0	7.1
동남권	(264)	1.1	0.0	0.7	1.7	0.3	17.1	4.7	14.9	24.3	12.1	23.0	100.0	7.6
동북권	(300)	0.7	0.6	0.6	1.8	0.8	17.8	7.4	18.6	18.6	12.4	20.7	100.0	7.4
서남권	(292)	0.5	0.3	0.3	2.0	1.3	18.7	3.2	17.0	22.6	11.9	22.3	100.0	7.5
서북권	(115)	0.0	0.5	0.9	0.8	0.0	15.5	3.0	24.0	24.0	11.8	19.5	100.0	7.6
고등학교 유형1														
일반고	(773)	1.1	0.4	0.6	1.8	0.2	18.7	4.6	18.1	21.7	12.1	20.7	100.0	7.5
자율고	(87)	0.0	0.0	0.0	0.0	2.0	16.6	6.3	12.4	18.4	20.8	23.4	100.0	7.9
특성화고	(137)	2.9	0.0	0.0	0.9	1.6	15.2	6.2	22.0	18.4	6.0	26.8	100.0	7.5
특수목적고	(61)	1.0	1.0	1.7	2.1	1.9	12.0	1.1	22.2	17.8	11.8	27.4	100.0	7.6
고등학교 유형2														
남녀공학	(509)	1.7	0.3	0.8	1.6	0.8	17.1	4.3	20.2	18.7	13.6	21.0	100.0	7.5
성별분리	(549)	0.9	0.3	0.4	1.5	0.6	18.2	5.2	16.6	22.7	10.5	23.1	100.0	7.5
고등학교 학년														
1학년	(476)	0.7	0.3	1.0	1.1	0.4	19.1	4.2	16.9	22.6	10.1	23.5	100.0	7.5
2학년	(582)	1.7	0.3	0.2	1.9	0.9	16.5	5.2	19.5	19.2	13.5	21.0	100.0	7.5
고등학교 계열														
인문계열	(342)	0.3	0.0	0.3	2.6	0.0	14.5	4.3	19.0	20.1	15.8	23.1	100.0	7.7
자연계열	(488)	1.6	0.5	0.8	1.2	1.0	16.2	4.3	18.2	23.7	11.3	21.2	100.0	7.5
기타	(228)	2.1	0.4	0.4	0.8	0.9	25.6	6.4	17.6	15.5	7.7	22.6	100.0	7.2

[표 Q14_1A] 국가 위기 상황 시 동의 정도 - 1. 국가 위기 상황에서 필요하다면 선거로 뽑지 않은 강력한 지도자가 국가를 통치해도 된다
[Q14] 국가 위기 상황이라면 귀하는 다음 의견에 얼마나 동의하십니까?

단위: %, 점

전체	사례수 (명)	① 매우 동의한다	② 동의한다	①+② 동의한다	③ 동의하지 않는다	④ 전혀 동의하지 않는다	③+④ 동의하지 않는다	계	평균
■ 전체 ■	(530)	4.5	32.2	36.7	35.4	27.9	63.3	100.0	2.9
성별									
남성	(260)	6.4	34.8	41.2	32.0	26.8	58.8	100.0	2.8
여성	(270)	2.6	29.7	32.3	38.7	28.9	67.7	100.0	2.9
권역									
도성권	(35)	0.0	30.4	30.4	28.7	40.8	69.6	100.0	3.1
동남권	(142)	7.9	38.9	46.8	27.1	26.2	53.2	100.0	2.7
동북권	(154)	2.9	31.0	34.0	37.9	28.2	66.0	100.0	2.9
서남권	(130)	4.2	28.6	32.8	42.6	24.6	67.2	100.0	2.9
서북권	(70)	3.6	28.8	32.4	37.0	30.5	67.6	100.0	2.9
고등학교 유형1									
일반고	(379)	4.4	32.4	36.8	36.0	27.2	63.2	100.0	2.9
자율고	(54)	8.3	27.1	35.4	38.3	26.3	64.6	100.0	2.8
특성화고	(62)	2.0	28.4	30.4	29.8	39.9	69.6	100.0	3.1
특수목적고	(35)	3.8	44.3	48.1	35.4	16.5	51.9	100.0	2.7
고등학교 유형2									
남녀 공학	(261)	3.6	32.4	36.0	35.9	28.1	64.0	100.0	2.9

	사례수(명)	5.3	32.0	37.3	35.0	27.7	62.7	100.0	2.9
성별 분리	(269)								
고등학교 학년									
1학년	(258)	3.0	31.0	34.0	35.9	27.1	66.0	100.0	2.9
2학년	(272)	5.9	33.4	39.2	32.1	28.7	60.8	100.0	2.8
고등학교 계열									
인문계열	(165)	4.2	31.4	35.6	36.0	28.5	64.4	100.0	2.9
자연계열	(251)	5.3	32.7	38.0	34.4	27.5	62.0	100.0	2.8
기타	(114)	3.0	32.2	35.2	36.8	28.0	64.8	100.0	2.9

[표 Q14_2A] 국가 위기 상황 시 동의 정도 – 2. 국가 위기 극복을 위해서라면 정부는 법을 어겨서라도 일을 해내는 것이 중요하다

[Q14] 국가 위기 상황이라면 귀하는 다음 의견에 얼마나 동의하십니까?

단위: %, 점

전체	사례수(명)	① 매우 동의한다	② 동의한다	①+② 동의한다	③ 동의하지 않는다	④ 전혀 동의하지 않는다	③+④ 동의하지 않는다	계	평균
■ 전체 ■	(530)	8.3	39.8	48.1	32.3	19.6	51.9	100.0	2.6
성별									
남성	(260)	12.0	43.0	55.1	25.3	19.6	44.9	100.0	2.5
여성	(270)	4.7	36.8	41.5	39.0	19.5	58.5	100.0	2.7
권역									
도심권	(35)	0.0	26.7	26.7	21.7	51.7	73.3	100.0	3.3
동남권	(142)	13.2	42.8	56.0	27.6	16.4	44.0	100.0	2.5

구분	(N)								
동북권	(154)	10.0	39.4	49.4	34.5	16.2	50.6	100.0	2.6
서남권	(130)	6.3	40.5	46.8	38.6	14.6	53.2	100.0	2.6
서북권	(70)	2.4	40.2	42.6	30.6	26.8	57.4	100.0	2.8
고등학교 유형1									
일반고	(379)	8.7	42.2	50.9	29.7	19.4	49.1	100.0	2.6
자율고	(54)	10.0	37.4	47.5	41.0	11.5	52.5	100.0	2.5
특성화고	(62)	6.0	41.0	46.9	26.3	26.7	53.1	100.0	2.7
특수목적고	(35)	5.7	15.8	21.5	57.7	20.8	78.5	100.0	2.9
고등학교 유형2									
남녀 공학	(261)	7.8	35.9	43.7	35.8	20.5	56.3	100.0	2.7
성별 분리	(269)	8.8	43.7	52.5	28.9	18.6	47.5	100.0	2.6
고등학교 학년									
1학년	(258)	7.1	40.0	47.1	34.2	18.7	52.9	100.0	2.7
2학년	(272)	9.4	39.7	49.1	30.5	20.3	50.9	100.0	2.6
고등학교 계열									
인문계열	(165)	11.7	31.6	43.4	39.5	17.1	56.6	100.0	2.6
자연계열	(251)	8.0	42.1	50.1	30.7	19.2	49.9	100.0	2.6
기타	(114)	3.9	46.8	50.7	25.4	23.9	49.3	100.0	2.7

[부록 2] 청소년 정치인식 조사 결과

[표 Q14_3A] 국가 위기 상황 시 동의 정도 – 3. 국가 위기 상황이라는 정부에 반대하는 시위를 허용해야 한다

[Q14] 국가 위기 상황이라면 귀하는 다음 의견에 얼마나 동의하십니까?

단위: %, 점

전체	사례수 (명)	① 매우 동의한다	② 동의한다	①+② 동의한다	③ 동의하지 않는다	④ 전혀 동의하지 않는다	③+④ 동의하지 않는다	계	평균
■ 전체 ■	(530)	14.0	48.1	62.1	27.4	10.5	37.9	100.0	2.3
성별									
남성	(260)	11.3	45.3	56.6	26.0	17.4	43.4	100.0	2.5
여성	(270)	16.6	50.8	67.4	28.7	3.8	32.6	100.0	2.2
권역									
도심권	(35)	0.0	36.4	36.4	52.0	11.6	63.6	100.0	2.8
동남권	(142)	14.0	48.9	62.9	24.0	13.1	37.1	100.0	2.4
동북권	(154)	9.0	48.9	57.8	31.8	10.4	42.2	100.0	2.4
서남권	(130)	19.6	50.3	69.9	22.6	7.5	30.1	100.0	2.2
서북권	(70)	21.6	46.7	68.3	21.3	10.4	31.7	100.0	2.2
고등학교 유형1									
일반고	(379)	15.3	52.5	67.8	21.8	10.4	32.2	100.0	2.3
자율고	(54)	9.8	52.9	62.7	28.7	8.6	37.3	100.0	2.4
특성화고	(62)	7.3	30.0	37.3	45.3	17.4	62.7	100.0	2.7
특수목적고	(35)	18.4	25.8	44.1	54.0	1.8	55.9	100.0	2.4
고등학교 유형2									
남녀 공학	(261)	13.4	45.8	59.2	31.1	9.7	40.8	100.0	2.4

	사례수(명)							계	평균
성별 분리	(269)	14.6	50.3	65.0	23.8	11.3	35.0	100.0	2.3
고등학교 학년									
1학년	(258)	13.4	45.1	58.5	28.6	12.9	41.5	100.0	2.4
2학년	(272)	14.6	51.0	65.6	26.2	8.2	34.4	100.0	2.3
고등학교 계열									
인문계열	(165)	16.9	50.5	67.4	24.8	7.8	32.6	100.0	2.2
자연계열	(251)	13.7	51.4	65.1	23.8	11.1	34.9	100.0	2.3
기타	(114)	10.5	37.3	47.8	39.2	13.0	52.2	100.0	2.6

[표 Q14_4A] 국가 위기 상황 시 동의 정도 - 4. 국가 위기 상황이라도 정부에 대한 언론의 감시와 견제기능을 보장해야 한다
[Q14] 국가 위기 상황이라면 귀하는 다음 의견에 얼마나 동의하십니까?

단위: %, 점

	사례수(명)	① 매우 동의한다	② 동의한다	①+② 동의한다	③ 동의하지 않는다	④ 전혀 동의하지 않는다	③+④ 동의하지 않는다	계	평균
전체									
■ 전체 ■	(530)	27.3	46.5	73.8	17.5	8.7	26.2	100.0	2.1
성별									
남성	(260)	21.1	46.2	67.3	20.5	12.2	32.7	100.0	2.2
여성	(270)	33.3	46.8	80.2	14.5	5.4	19.8	100.0	1.9
권역									
도시권	(35)	21.7	47.2	68.8	19.5	11.6	31.2	100.0	2.2
동남권	(142)	28.0	44.6	72.6	17.3	10.0	27.4	100.0	2.1

동북권	(154)	21.4	52.0	73.3	19.3	7.3	26.7	100.0	2.1
서남권	(130)	30.1	47.1	77.2	14.0	8.8	22.8	100.0	2.0
서북권	(70)	36.6	37.0	73.6	19.0	7.4	26.4	100.0	2.0
고등학교 유형1									
일반고	(379)	28.6	47.1	75.7	15.2	9.1	24.3	100.0	2.1
자율고	(54)	21.4	50.0	71.4	21.9	6.8	28.6	100.0	2.1
특성화고	(62)	20.5	46.8	67.3	22.5	10.2	32.7	100.0	2.2
특수목적고	(35)	34.2	34.9	69.2	25.7	5.1	30.8	100.0	2.0
고등학교 유형2									
남녀 공학	(261)	26.4	44.0	70.4	20.8	8.8	29.6	100.0	2.1
성별 분리	(269)	28.2	49.0	77.2	14.2	8.6	22.8	100.0	2.0
고등학교 학년									
1학년	(258)	24.6	46.4	71.1	20.1	8.9	28.9	100.0	2.1
2학년	(272)	29.8	46.6	76.5	14.9	8.6	23.5	100.0	2.0
고등학교 계열									
인문계열	(165)	32.4	44.0	76.4	16.7	6.8	23.6	100.0	2.0
자연계열	(251)	25.0	49.0	74.0	16.8	9.2	26.0	100.0	2.1
기타	(114)	25.0	44.7	69.7	20.0	10.3	30.3	100.0	2.2

[표 Q15_1] 동의 정도 – 1. 나랏일은 국민이 직접 뽑은 사람이 하는 것이 낫다.
[Q15] 귀하는 다음 의견에 얼마나 동의하십니까?

단위: %, 점

	사례수 (명)	① 매우 동의한다	② 동의한다	①+② 동의한다	③ 동의하지 않는다	④ 전혀 동의하지 않는다	③+④ 동의하지 않는다	계	평균
전체	(1,058)	33.4	53.3	86.7	10.6	2.6	13.3	100.0	1.8
■ 전체 ■									
성별									
남성	(543)	32.3	51.7	84.0	12.4	3.6	16.0	100.0	1.9
여성	(515)	34.7	55.0	89.7	8.7	1.6	10.3	100.0	1.8
권역									
도심권	(87)	25.6	44.6	70.2	25.2	4.6	29.8	100.0	2.1
동남권	(264)	33.4	53.6	86.9	10.8	2.2	13.1	100.0	1.8
동북권	(300)	35.6	54.1	89.6	8.4	2.0	10.4	100.0	1.8
서남권	(292)	34.9	53.2	88.1	9.1	2.9	11.9	100.0	1.8
서북권	(115)	30.3	57.5	87.8	8.9	3.2	12.2	100.0	1.9
고등학교 유형1									
일반고	(773)	32.9	55.1	88.0	9.4	2.6	12.0	100.0	1.8
자율고	(87)	45.1	44.1	89.2	10.8	0.0	10.8	100.0	1.7
특성화고	(137)	31.0	50.9	81.9	13.4	4.6	18.1	100.0	1.9
특수목적고	(61)	29.0	49.1	78.2	20.0	1.9	21.8	100.0	2.0
고등학교 유형2									
남녀 공학	(509)	31.7	52.7	84.4	12.7	2.9	15.6	100.0	1.9

[부록 2] 청소년 정치인식 조사 결과

	사례수 (명)	① 매우 동의한다	② 동의한다	①+② 동의한다	③ 동의하지 않는다	④ 전혀 동의하지 않는다	③+④ 동의하지 않는다	계	평균
성별 분리	(549)	35.1	53.8	88.9	8.7	2.4	11.1	100.0	1.8
고등학교 학년									
1학년	(476)	31.9	54.7	86.6	10.8	2.6	13.4	100.0	1.8
2학년	(582)	34.7	52.2	86.9	10.5	2.6	13.1	100.0	1.8
고등학교 계열									
인문계열	(342)	34.6	54.6	89.2	9.5	1.3	10.8	100.0	1.8
자연계열	(488)	35.0	51.4	86.4	10.9	2.8	13.6	100.0	1.8
기타	(228)	28.4	55.4	83.8	11.9	4.3	16.2	100.0	1.9

[표 Q15_2] 동의 정도 – 2. 나랏일을 각 분야 전문가에게 맡긴다면 더 잘 할 것이다

[Q15] 귀하는 다음 의견에 얼마나 동의하십니까?

단위: %, 점

	사례수 (명)	① 매우 동의한다	② 동의한다	①+② 동의한다	③ 동의하지 않는다	④ 전혀 동의하지 않는다	③+④ 동의하지 않는다	계	평균
전체	(1,058)	32.5	52.0	84.4	12.5	2.9	15.6	100.0	1.9
■ 전체 ■									
성별									
남성	(543)	33.7	49.7	83.4	11.3	4.8	16.6	100.0	1.9
여성	(515)	31.1	54.4	85.5	13.5	1.0	14.5	100.0	1.8
권역									
도심권	(87)	39.0	39.6	78.6	16.7	4.6	21.4	100.0	1.9
동남권	(264)	33.4	51.3	84.7	12.5	2.8	15.3	100.0	1.9

	(N)								
동북권	(300)	33.7	52.2	85.9	11.2	2.9	14.1	100.0	1.8
서남권	(292)	29.3	56.1	85.4	11.7	3.0	14.6	100.0	1.9
서북권	(115)	30.1	52.0	82.1	15.9	1.9	17.9	100.0	1.9
고등학교 유형1									
일반고	(773)	31.7	53.4	85.1	12.6	2.3	14.9	100.0	1.9
자율고	(87)	33.9	53.3	87.2	11.8	1.1	12.8	100.0	1.8
특성화고	(137)	37.4	45.6	82.9	10.8	6.3	17.1	100.0	1.9
특수목적고	(61)	29.4	46.5	76.0	18.3	5.8	24.0	100.0	2.0
고등학교 유형2									
남녀 공학	(509)	31.6	52.1	83.7	12.7	3.6	16.3	100.0	1.9
성별 분리	(549)	33.2	51.9	85.1	12.6	2.3	14.9	100.0	1.8
고등학교 학년									
1학년	(476)	29.8	55.6	85.4	11.8	2.8	14.6	100.0	1.9
2학년	(582)	34.6	49.1	83.7	13.3	3.1	16.3	100.0	1.9
고등학교 계열									
인문계열	(342)	31.2	54.2	85.4	13.6	1.0	14.6	100.0	1.8
자연계열	(488)	32.7	52.6	85.3	11.6	3.1	14.7	100.0	1.9
기타	(228)	33.9	47.3	81.2	13.2	5.6	18.8	100.0	1.9

[표 Q15_3] 동의 정도 – 3. 나랏일을 성공한 기업인에게 맡긴다면 더 잘 할 것이다
[Q15] 귀하는 다음 의견에 얼마나 동의하십니까?

단위: %, 점

전체	사례수(명)	① 매우 동의한다	② 동의한다	①+② 동의한다	③ 동의하지 않는다	④ 전혀 동의하지 않는다	③+④ 동의하지 않는다	계	평균
전체	(1,058)	8.5	26.9	35.4	48.4	16.3	64.6	100.0	2.7
■ 전체									
성별									
남성	(543)	12.0	26.3	38.2	46.9	14.8	61.8	100.0	2.7
여성	(515)	4.9	27.5	32.4	49.9	17.8	67.6	100.0	2.8
권역									
도심권	(87)	0.0	33.6	33.6	54.0	12.4	66.4	100.0	2.8
동남권	(264)	9.6	28.7	38.3	43.9	17.8	61.7	100.0	2.7
동북권	(300)	8.2	23.5	31.7	51.8	16.5	68.3	100.0	2.8
서남권	(292)	9.7	27.0	36.7	47.3	16.0	63.3	100.0	2.7
서북권	(115)	10.2	26.0	36.1	48.2	15.7	63.9	100.0	2.7
고등학교 유형1									
일반고	(773)	8.8	26.5	35.3	50.2	14.5	64.7	100.0	2.7
자율고	(87)	9.3	37.2	46.5	37.3	16.2	53.5	100.0	2.6
특성화고	(137)	9.3	22.5	31.9	45.7	22.4	68.1	100.0	2.8
특수목적고	(61)	2.1	26.2	28.3	47.3	24.4	71.7	100.0	2.9
고등학교 유형2									
남녀 공학	(509)	8.3	25.3	33.6	47.7	18.7	66.4	100.0	2.8

	사례수	8.7	28.3	37.0	49.0	14.0	63.0	100.0	2.7
성별 분리	(549)	8.7	28.3	37.0	49.0	14.0	63.0	100.0	2.7
고등학교 학년									
1학년	(476)	8.3	28.1	36.4	47.7	16.0	63.6	100.0	2.7
2학년	(582)	8.7	25.8	34.6	48.9	16.5	65.4	100.0	2.7
고등학교 계열									
인문계열	(342)	8.1	25.8	33.9	49.8	16.3	66.1	100.0	2.7
자연계열	(488)	8.2	26.4	34.6	51.1	14.4	65.4	100.0	2.7
기타	(228)	9.9	29.4	39.3	40.4	20.3	60.7	100.0	2.7

[표 Q16_1A] 동의 정도 – 1. 정치인은 자신의 신념보다 국민의 의견에 따라 정책을 결정해야 한다
[Q16] 귀하는 다음 의견에 얼마나 동의하십니까?

단위: %, 점

전체	사례수 (명)	① 매우 동의한다	② 동의한다	①+② 동의한다	③ 동의하지 않는다	④ 전혀 동의하지 않는다	③+④ 동의하지 않는다	계	평균
■ 전체 ■	(530)	32.9	48.2	81.0	14.5	4.5	19.0	100.0	1.9
성별									
남성	(260)	29.1	45.7	74.8	18.5	6.7	25.2	100.0	2.0
여성	(270)	36.4	50.6	87.0	10.6	2.4	13.0	100.0	1.8
권역									
도심권	(35)	32.5	36.4	68.8	31.2	0.0	31.2	100.0	2.0
동남권	(142)	36.8	47.6	84.4	7.3	8.3	15.6	100.0	1.9

[부록 2] 청소년 정치인식 조사 결과

동북권	(154)	31.2	48.3	79.5	16.7	3.8	20.5	100.0	1.9
서남권	(130)	29.8	53.1	82.9	15.4	3.7	17.1	100.0	1.9
서북권	(70)	34.4	45.5	80.0	17.9	2.1	20.0	100.0	1.9
고등학교 유형1									
일반고	(379)	32.8	50.0	82.8	12.5	4.7	17.2	100.0	1.9
자율고	(54)	23.0	57.8	80.9	15.7	3.4	19.1	100.0	2.0
특성화고	(62)	39.7	37.3	77.0	15.2	3.8	23.0	100.0	1.9
특수목적고	(35)	36.6	32.4	68.9	26.1	4.9	31.1	100.0	2.0
고등학교 유형2									
남녀공학	(261)	34.1	45.5	79.6	15.7	4.7	20.4	100.0	1.9
성별 분리	(269)	31.7	50.7	82.4	13.3	4.3	17.6	100.0	1.9
고등학교 학년									
1학년	(258)	32.9	49.5	82.4	12.4	5.2	17.6	100.0	1.9
2학년	(272)	32.8	46.9	79.7	16.4	3.9	20.3	100.0	1.9
고등학교 계열									
인문계열	(165)	32.1	51.6	83.7	14.0	2.3	16.3	100.0	1.9
자연계열	(251)	33.2	47.1	80.2	15.2	4.5	19.8	100.0	1.9
기타	(114)	33.3	45.5	78.9	15.5	7.7	21.1	100.0	2.0

[표 Q16_2A] 동의 정도 – 2. 나라의 중요한 일은 정치인이 아니라 일반 국민이 결정해야 한다
[Q16] 귀하는 다음 의견에 얼마나 동의하십니까?

단위: %, 점

	사례수 (명)	① 매우 동의한다	② 동의한다	①+② 동의한다	③ 동의하지 않는다	④ 전혀 동의하지 않는다	③+④ 동의하지 않는다	계	평균
전체	(530)	20.1	48.2	68.3	26.5	5.1	31.7	100.0	2.2
■ 전체 ■									
성별									
남성	(260)	18.0	43.9	61.9	30.6	7.5	38.1	100.0	2.3
여성	(270)	22.1	52.4	74.5	22.6	2.8	25.5	100.0	2.1
권역									
도심권	(35)	21.7	27.2	48.8	51.2	0.0	51.2	100.0	2.3
동남권	(142)	21.6	49.9	71.5	21.0	7.5	28.5	100.0	2.1
동북권	(154)	19.3	49.5	68.8	25.9	5.2	31.2	100.0	2.2
서남권	(130)	17.8	50.7	68.5	25.5	6.0	31.5	100.0	2.2
서북권	(70)	22.1	47.9	70.0	28.8	1.2	30.0	100.0	2.1
고등학교 유형1									
일반고	(379)	19.0	51.7	70.7	23.6	5.7	29.3	100.0	2.2
자율고	(54)	21.4	39.4	60.8	37.5	1.7	39.2	100.0	2.2
특성화고	(62)	23.8	44.8	68.6	27.6	3.7	31.4	100.0	2.1
특수목적고	(35)	23.0	30.6	53.6	39.9	6.6	46.4	100.0	2.3
고등학교 유형2									
남녀 공학	(261)	21.1	48.6	69.7	25.0	5.3	30.3	100.0	2.1

[부록 2] 청소년 정치인식 조사 결과

	사례수(명)	①매우동의한다	②동의한다	①+②동의한다	③동의하지 않는다	④전혀 동의하지 않는다	③+④동의하지 않는다	계	평균
성별 분리	(269)	19.1	47.9	66.9	28.0	5.0	33.1	100.0	2.2
고등학교 학년									
1학년	(258)	18.1	46.9	65.0	28.7	5.3	35.0	100.0	2.2
2학년	(272)	21.9	49.5	71.4	23.6	5.0	28.6	100.0	2.1
고등학교 계열									
인문계열	(165)	22.6	47.4	70.0	27.0	3.0	30.0	100.0	2.1
자연계열	(251)	17.4	48.5	66.0	29.1	4.9	34.0	100.0	2.2
기타	(114)	22.3	48.8	71.2	20.2	8.7	28.8	100.0	2.2

[표 Q16_3A] 동의 정도 – 3. 보통 사람이 국회의원이 된다면 직업 정치인보다 나의 입장을 잘 대변해 줄 것이다
[Q16] 귀하는 다음 의견에 얼마나 동의하십니까?

단위: %, 점

전체	사례수(명)	①매우동의한다	②동의한다	①+②동의한다	③동의하지 않는다	④전혀 동의하지 않는다	③+④동의하지 않는다	계	평균
■ 전체 ■	(530)	10.9	42.9	53.9	35.6	10.5	46.1	100.0	2.5
성별									
남성	(260)	10.8	41.1	51.9	34.5	13.6	48.1	100.0	2.5
여성	(270)	11.1	44.7	55.8	36.6	7.5	44.2	100.0	2.4
권역									
도심권	(35)	0.0	57.5	57.5	42.5	0.0	42.5	100.0	2.4
동남권	(142)	12.3	40.3	52.6	35.8	17.6	47.4	100.0	2.5

	(N)								
동북권	(154)	10.5	41.4	51.9	40.2	7.9	48.1	100.0	2.5
서남권	(130)	7.8	46.8	54.6	35.7	9.7	45.4	100.0	2.5
서북권	(70)	20.5	37.2	57.6	33.7	8.7	42.4	100.0	2.3
고등학교 유형1									
일반고	(379)	11.7	43.2	54.8	34.4	10.8	45.2	100.0	2.4
자율고	(54)	9.6	43.9	53.5	32.9	13.6	46.5	100.0	2.5
특성화고	(62)	8.9	41.4	50.3	44.0	5.7	49.7	100.0	2.5
특수목적고	(35)	8.9	41.7	50.6	38.0	11.5	49.4	100.0	2.5
고등학교 유형2									
남녀 공학	(261)	9.8	43.1	52.8	37.7	9.5	47.2	100.0	2.5
성별 분리	(269)	12.1	42.8	54.9	33.6	11.5	45.1	100.0	2.5
고등학교 학년									
1학년	(258)	11.9	44.0	55.9	33.0	11.1	44.1	100.0	2.4
2학년	(272)	10.1	41.9	52.0	38.1	10.0	48.0	100.0	2.5
고등학교 계열									
인문계열	(165)	12.4	42.5	54.9	35.1	10.0	45.1	100.0	2.4
자연계열	(251)	10.6	42.3	52.9	35.1	12.0	47.1	100.0	2.5
기타	(114)	9.6	45.0	54.6	37.5	7.9	45.4	100.0	2.4

[부록 2] 청소년 정치인식 조사 결과

[표 Q16_4A] 동의 정도 – 4. 정치인은 국민의 이익보다 자신의 이익 추구에 더 관심이 있다
[Q16] 귀하는 다음 의견에 얼마나 동의하십니까?

단위: %, 점

	사례수 (명)	① 매우 동의한다	② 동의한다	①+② 동의한다	③ 동의하지 않는다	④ 전혀 동의하지 않는다	③+④ 동의하지 않는다	계	평균
전체									
■ 전체 ■	(530)	33.4	52.8	86.3	10.4	3.3	13.7	100.0	1.8
성별									
남성	(260)	34.6	46.5	81.1	14.1	4.8	18.9	100.0	1.9
여성	(270)	32.3	58.9	91.2	6.9	1.8	8.8	100.0	1.8
권역									
도심권	(35)	32.5	36.4	68.8	31.2	0.0	31.2	100.0	2.0
동남권	(142)	37.7	48.6	86.3	7.6	6.1	13.7	100.0	1.8
동북권	(154)	33.6	54.7	88.3	9.1	2.7	11.7	100.0	1.8
서남권	(130)	28.9	58.7	87.6	10.0	2.3	12.4	100.0	1.9
서북권	(70)	33.5	54.3	87.9	9.6	2.5	12.1	100.0	1.8
고등학교 유형1									
일반고	(379)	33.6	54.6	88.2	8.3	3.5	11.8	100.0	1.8
자율고	(54)	29.9	52.8	82.7	15.6	1.7	17.3	100.0	1.9
특성화고	(62)	32.6	51.5	84.0	14.1	1.9	16.0	100.0	1.9
특수목적고	(35)	38.2	36.5	74.7	18.8	6.6	25.3	100.0	1.9
고등학교 유형2									
남녀 공학	(261)	29.8	54.6	84.4	12.2	3.4	15.6	100.0	1.9

	사례수(명)	① 매우 동의한다	② 동의한다	①+② 동의한다	③ 동의하지 않는다	④ 전혀 동의하지 않는다	③+④ 동의하지 않는다	계	평균
성별 분리	(269)	36.9	51.1	88.0	8.8	3.2	12.0	100.0	1.8
고등학교 학년									
1학년	(258)	32.1	52.4	84.5	12.4	3.1	15.5	100.0	1.9
2학년	(272)	34.7	53.2	87.9	8.5	3.6	12.1	100.0	1.8
고등학교 계열									
인문계열	(165)	37.6	53.4	91.1	7.6	1.3	8.9	100.0	1.7
자연계열	(251)	33.6	51.4	85.1	11.5	3.4	14.9	100.0	1.9
기타	(114)	26.9	55.0	81.8	12.2	5.9	18.2	100.0	2.0

[표 Q16_5A] 동의 정도 - 5. 정치에서는 양보와 타협보다 신념과 원칙을 지키는 것이 중요하다
[Q16] 귀하는 다음 의견에 얼마나 동의하십니까?

단위: %, 점

전체	사례수(명)	① 매우 동의한다	② 동의한다	①+② 동의한다	③ 동의하지 않는다	④ 전혀 동의하지 않는다	③+④ 동의하지 않는다	계	평균
■ 전체 ■	(530)	15.8	40.3	56.1	38.2	5.7	43.9	100.0	2.3
성별									
남성	(260)	17.0	38.1	55.1	36.9	8.0	44.9	100.0	2.4
여성	(270)	14.6	42.3	57.0	39.5	3.5	43.0	100.0	2.3
권역									
도심권	(35)	10.8	46.7	57.5	42.5	0.0	42.5	100.0	2.3
동남권	(142)	16.7	39.0	55.7	34.9	9.4	44.3	100.0	2.4

동북권	(154)	12.5	41.3	53.9	40.6	5.6	46.1	100.0	2.4
서남권	(130)	19.3	41.1	60.4	35.9	3.7	39.6	100.0	2.2
서북권	(70)	16.9	36.0	52.9	42.2	5.0	47.1	100.0	2.4
고등학교 유형1									
일반고	(379)	14.6	41.4	56.0	38.1	5.9	44.0	100.0	2.4
자율고	(54)	19.8	36.7	56.5	36.7	6.9	43.5	100.0	2.3
특성화고	(62)	24.3	33.3	57.6	38.7	3.7	42.4	100.0	2.2
특수목적고	(35)	7.5	46.1	53.6	41.3	5.1	46.4	100.0	2.4
고등학교 유형2									
남녀 공학	(261)	14.6	41.0	55.6	37.5	6.9	44.4	100.0	2.4
성별 분리	(269)	16.9	39.6	56.5	39.0	4.5	43.5	100.0	2.3
고등학교 학년									
1학년	(258)	13.4	43.3	56.7	36.8	6.5	43.3	100.0	2.4
2학년	(272)	18.0	37.4	55.5	39.6	4.9	44.5	100.0	2.3
고등학교 계열									
인문계열	(165)	16.3	42.2	58.4	38.4	3.1	41.6	100.0	2.3
자연계열	(251)	15.7	38.6	54.3	39.5	6.2	45.7	100.0	2.4
기타	(114)	15.2	41.2	56.5	35.1	8.4	43.5	100.0	2.4

[표 Q17_1] 동의 정도 – 1. 자녀의 양육은 주로 어머니의 역할이다
[Q17] 귀하는 다음 의견에 얼마나 동의하십니까?

단위: %, 점

	사례수 (명)	① 매우 동의한다	② 동의한다	①+② 동의한다	③ 동의하지 않는다	④ 전혀 동의하지 않는다	③+④ 동의하지 않는다	계	평균
전체	(1,058)	4.7	30.8	35.5	41.2	23.3	64.5	100.0	2.8
■ 전체 ■									
성별									
남성	(543)	7.0	34.4	41.4	42.2	16.4	58.6	100.0	2.7
여성	(515)	2.3	26.9	29.2	40.1	30.7	70.8	100.0	3.0
권역									
도심권	(87)	0.0	22.1	22.1	51.6	26.3	77.9	100.0	3.0
동남권	(264)	9.0	31.3	40.3	38.8	20.9	59.7	100.0	2.7
동북권	(300)	4.6	30.7	35.3	41.6	23.1	64.7	100.0	2.8
서남권	(292)	3.2	30.5	33.6	41.6	24.7	66.4	100.0	2.9
서북권	(115)	2.8	36.9	39.7	36.5	23.8	60.3	100.0	2.8
고등학교 유형1									
일반고	(773)	4.5	31.6	36.2	41.2	22.7	63.8	100.0	2.8
자율고	(87)	6.1	35.5	41.6	44.2	14.2	58.4	100.0	2.7
특성화고	(137)	5.2	28.8	34.0	38.3	27.7	66.0	100.0	2.9
특수목적고	(61)	4.1	17.2	21.3	43.4	35.3	78.7	100.0	3.1
고등학교 유형2									
남녀 공학	(509)	4.6	26.8	31.4	42.9	25.6	68.6	100.0	2.9

[부록 2] 청소년 정치인식 조사 결과

	사례수(명)	①매우동의한다	②동의한다	①+②동의한다	③동의하지않는다	④전혀동의하지않는다	③+④동의하지않는다	계	평균
성별 분리	(549)	4.8	34.4	39.2	35.5	21.2	60.8	100.0	2.8
고등학교 학년									
1학년	(476)	4.8	30.1	34.8	42.0	23.2	65.2	100.0	2.8
2학년	(582)	4.7	31.3	36.0	40.5	23.5	64.5	100.0	2.8
고등학교 계열									
인문계열	(342)	4.7	29.3	34.0	45.1	20.9	66.0	100.0	2.8
자연계열	(488)	4.6	32.6	37.2	40.5	22.3	62.8	100.0	2.8
기타	(228)	5.1	28.9	34.0	36.6	29.3	66.0	100.0	2.9

[표 Q17_2] 동의 정도 - 2. 전반적으로 정치는 여성보다 남성에게 맡기는 것이 낫다
[Q17] 귀하는 다음 의견에 얼마나 동의하십니까?

단위: %, 점

전체	사례수(명)	①매우동의한다	②동의한다	①+②동의한다	③동의하지않는다	④전혀동의하지않는다	③+④동의하지않는다	계	평균
■ 전체 ■	(1,058)	4.7	16.0	20.6	44.1	35.2	79.4	100.0	3.1
성별									
남성	(543)	7.9	22.9	30.8	46.4	22.8	69.2	100.0	2.8
여성	(515)	1.3	8.6	10.0	41.7	48.4	90.0	100.0	3.4
권역									
도시권	(87)	0.0	27.0	27.0	40.6	32.4	73.0	100.0	3.1
동남권	(264)	7.5	13.8	21.3	45.5	33.2	78.7	100.0	3.0

동북권	(300)	3.8	15.9	19.7	42.6	37.6	80.3	100.0	3.1
서남권	(292)	5.0	14.3	19.3	46.8	33.8	80.7	100.0	3.1
서북권	(115)	3.0	17.0	20.1	40.5	39.5	79.9	100.0	3.2
고등학교 유형1									
일반고	(773)	4.4	15.6	20.0	44.6	35.4	80.0	100.0	3.1
자율고	(87)	8.2	23.0	31.3	36.7	32.0	68.7	100.0	2.9
특성화고	(137)	4.3	12.9	17.2	48.5	34.3	82.8	100.0	3.1
특수목적고	(61)	4.2	16.6	20.9	38.6	40.5	79.1	100.0	3.2
고등학교 유형2									
남녀 공학	(509)	3.6	14.1	17.6	48.3	34.0	82.4	100.0	3.1
성별 분리	(549)	5.7	17.7	23.4	40.2	36.4	76.6	100.0	3.1
고등학교 학년									
1학년	(476)	5.5	14.9	20.5	43.1	36.4	79.5	100.0	3.1
2학년	(582)	4.0	16.8	20.8	44.9	34.3	79.2	100.0	3.1
고등학교 계열									
인문계열	(342)	4.6	12.4	17.1	49.1	33.9	82.9	100.0	3.1
자연계열	(488)	4.5	18.8	23.3	42.0	34.8	76.7	100.0	3.1
기타	(228)	5.1	15.2	20.3	41.3	38.4	79.7	100.0	3.1

[표 Q17_3] 동의 정도 – 3. 여성도 남성과 마찬가지로 군대를 가야 한다
[Q17] 귀하는 다음 의견에 얼마나 동의하십니까?

단위: %, 점

전체	사례수 (명)	① 매우 동의한다	② 동의한다	①+② 동의한다	③ 동의하지 않는다	④ 전혀 동의하지 않는다	③+④ 동의하지 않는다	계	평균
■ 전체 ■	(1,058)	16.3	32.9	49.1	34.7	16.2	50.9	100.0	2.5
성별									
남성	(543)	28.8	35.8	64.5	26.5	9.0	35.5	100.0	2.2
여성	(515)	3.1	29.9	32.9	43.4	23.7	67.1	100.0	2.9
권역									
도성권	(87)	20.2	48.4	68.6	27.1	4.3	31.4	100.0	2.2
동남권	(264)	19.1	31.3	50.4	34.5	15.0	49.6	100.0	2.5
동북권	(300)	11.7	34.0	45.7	38.0	16.3	54.3	100.0	2.6
서남권	(292)	17.1	29.6	46.6	35.3	18.1	53.4	100.0	2.5
서북권	(115)	16.5	30.3	46.8	30.6	22.6	53.2	100.0	2.6
고등학교 유형1									
일반고	(773)	16.5	31.0	47.6	36.1	16.3	52.4	100.0	2.5
자율고	(87)	16.5	37.2	53.7	33.4	12.9	46.3	100.0	2.4
특성화고	(137)	12.1	34.3	46.4	34.3	19.3	53.6	100.0	2.6
특수목적고	(61)	21.7	47.0	68.7	19.0	12.3	31.3	100.0	2.2
고등학교 유형2									
남녀 공학	(509)	15.0	30.9	46.0	37.2	16.8	54.0	100.0	2.6

	사례수(명)	① 매우 동의한다	② 동의한다	①+② 동의한다	③ 동의하지 않는다	④ 전혀 동의하지 않는다	③+④ 동의하지 않는다	계	평균
성별 분리	(549)	17.4	34.7	52.1	32.4	15.5	47.9	100.0	2.5
고등학교 학년									
1학년	(476)	15.3	33.3	48.5	35.4	16.0	51.5	100.0	2.5
2학년	(582)	17.1	32.6	49.7	34.1	16.3	50.3	100.0	2.5
고등학교 계열									
인문계열	(342)	16.1	28.9	45.0	37.8	17.2	55.0	100.0	2.6
자연계열	(488)	17.2	37.0	54.2	32.3	13.5	45.8	100.0	2.4
기타	(228)	14.5	30.1	44.6	35.2	20.2	55.4	100.0	2.6

[표 Q17_4] 동의 정도 – 4. 우리 사회에서 양성평등은 여성에 대한 특혜이다

[Q17] 귀하는 다음 의견에 얼마나 동의하십니까?

단위: %, 점

	사례수(명)	① 매우 동의한다	② 동의한다	①+② 동의한다	③ 동의하지 않는다	④ 전혀 동의하지 않는다	③+④ 동의하지 않는다	계	평균
■ 전체	(1,058)	12.6	23.2	35.8	36.9	27.4	64.2	100.0	2.8
성별									
남성	(543)	22.8	30.9	53.7	34.6	11.7	46.3	100.0	2.4
여성	(515)	1.9	15.0	16.8	39.2	43.9	83.2	100.0	3.3
권역									
도심권	(87)	8.4	52.9	61.3	23.8	15.0	38.7	100.0	2.5
동남권	(264)	13.6	22.6	36.2	36.0	27.8	63.8	100.0	2.8

	(N)							100.0	
동북권	(300)	11.4	19.2	30.6	42.0	27.3	69.4	100.0	2.9
서남권	(292)	15.8	20.0	35.9	34.2	30.0	64.1	100.0	2.8
서북권	(115)	8.4	20.2	28.6	42.1	29.4	71.4	100.0	2.9
고등학교 유형1									
일반고	(773)	12.2	22.7	34.9	37.6	27.5	65.1	100.0	2.8
자율고	(87)	15.8	31.5	47.3	30.6	22.1	52.7	100.0	2.6
특성화고	(137)	11.3	18.3	29.6	43.8	26.6	70.4	100.0	2.9
특수목적고	(61)	16.7	27.7	44.4	20.3	35.3	55.6	100.0	2.7
고등학교 유형2									
남녀 공학	(509)	11.8	20.5	32.3	35.2	28.5	67.7	100.0	2.8
성별 분리	(549)	13.4	25.6	39.0	34.7	26.3	61.0	100.0	2.7
고등학교 학년									
1학년	(476)	13.4	23.2	36.6	37.5	25.9	63.4	100.0	2.8
2학년	(582)	12.0	23.1	35.1	36.3	28.6	64.9	100.0	2.8
고등학교 계열									
인문계열	(342)	11.3	19.0	30.4	35.7	29.9	69.6	100.0	2.9
자연계열	(488)	13.7	27.1	40.8	35.8	23.3	59.2	100.0	2.7
기타	(228)	12.2	20.8	33.0	34.8	32.2	67.0	100.0	2.9

[표 Q18_1_N1A] 우리나라 사회 집단에 대한 감정 – 1. 부모님 세대

[Q18-1] 다음이 우리나라 사회 집단에 대해 귀하가 느끼는 감정을 0에서 10 사이의 숫자로 응답해 주십시오. 0에서 4까지는 부정적인 감정을, 6에서 10까지는 긍정적인 감정을 의미합니다. 긍정도 부정도 아닌 경우는 5를 선택해 주십시오.

단위: %, 점

	사례수(명)	0 매우 부정적	1	2	3	4	5 긍정도 부정도 아님	6	7	8	9	10 매우 긍정적	계	평균
전체	(530)	1.0	1.1	1.8	7.1	12.7	35.6	12.2	13.2	9.3	2.7	3.3	100.0	5.5
성별														
남성	(260)	0.7	1.2	2.0	5.1	11.7	32.0	14.7	12.5	9.8	4.0	6.3	100.0	5.8
여성	(270)	1.3	1.1	1.7	9.0	13.6	39.0	9.8	13.9	8.9	1.3	0.4	100.0	5.2
권역														
도심권	(35)	0.0	0.0	0.0	10.8	0.0	28.8	8.7	20.0	31.5	0.0	0.0	100.0	6.2
동남권	(142)	1.9	0.8	1.3	5.2	16.6	32.1	10.5	13.3	8.6	2.8	6.8	100.0	5.6
동북권	(154)	0.6	2.1	1.0	5.8	11.5	39.8	14.7	13.7	5.7	2.5	2.6	100.0	5.5
서남권	(130)	0.7	0.7	3.5	7.9	13.9	37.0	13.1	8.5	8.1	3.7	3.0	100.0	5.4
서북권	(70)	1.3	1.2	2.5	10.2	11.3	34.2	10.3	17.1	9.9	2.1	0.0	100.0	5.3
고등학교 유형1														
일반고	(379)	1.2	0.7	2.1	6.7	13.1	37.0	12.2	13.2	8.5	2.2	3.0	100.0	5.5
자율고	(54)	1.6	1.6	1.7	5.1	9.8	31.1	19.4	9.7	8.2	5.0	6.8	100.0	5.8
특성화고	(62)	0.0	3.8	0.0	15.0	18.9	37.0	3.6	7.7	8.3	3.8	1.9	100.0	5.0
특수목적고	(35)	0.0	0.0	1.9	0.0	1.9	24.8	16.8	28.2	21.5	1.7	3.2	100.0	6.5
고등학교 유형2														
남녀공학	(261)	0.7	1.6	2.0	6.1	12.8	37.1	11.0	13.6	10.3	2.9	2.0	100.0	5.5

구분	사례수(명)	0매우부정적	1	2	3	4	5중간정도 부정도 긍정도 아님	6	7	8	9	10매우긍정적	계	평균
성별 분리	(269)	1.3	0.7	1.7	8.0	12.6	34.2	13.4	12.8	8.3	2.4	4.6	100.0	5.5
고등학교 학년														
1학년	(258)	1.4	0.7	2.1	6.3	11.8	30.7	11.7	17.1	9.3	4.4	4.5	100.0	5.7
2학년	(272)	0.7	1.5	1.6	7.8	13.5	40.2	12.7	9.5	9.4	1.0	2.1	100.0	5.3
고등학교 계열														
인문계열	(165)	0.5	0.6	2.0	10.0	15.1	32.2	11.7	12.1	13.0	1.7	1.1	100.0	5.4
자연계열	(251)	1.1	1.1	2.2	4.5	12.1	35.4	13.0	15.3	9.4	3.3	2.7	100.0	5.6
기타	(114)	1.6	2.1	0.8	8.6	10.5	41.0	11.3	10.2	3.7	2.6	7.7	100.0	5.5

[표 Q18_1_N1B] 우리나라 사회 집단에 대한 긍정 - 1. 기성 세대

[Q18-1] 다음이 우리나라 사회 집단에 대해 귀하가 느끼는 감정을 0에서 10 사이의 숫자로 응답해 주십시오. 0에서 4까지는 부정적인 감정을, 6에서 10까지는 긍정적인 감정을 의미합니다. 긍정도 부정도 아닌 경우는 5를 선택해 주십시오.

단위: %, 점

구분	사례수(명)	0매우부정적	1	2	3	4	5중간정도 부정도 긍정도 아님	6	7	8	9	10매우긍정적	계	평균
■ 전체	(528)	3.3	1.9	5.3	12.2	11.6	46.2	6.6	5.4	3.9	1.3	2.4	100.0	4.7
성별														
남성	(283)	4.5	1.3	4.4	11.7	8.7	46.0	6.9	6.2	4.6	1.8	4.1	100.0	4.9
여성	(245)	2.0	2.5	6.3	12.7	15.0	46.4	6.2	4.6	3.1	0.7	0.4	100.0	4.5
권역														
도심권	(52)	7.7	0.0	0.0	11.6	5.8	62.7	0.0	6.1	0.0	0.0	6.1	100.0	4.8
동남권	(122)	1.3	3.1	6.1	16.6	8.4	48.5	2.3	2.4	7.5	0.8	3.1	100.0	4.7
동북권	(146)	4.2	1.4	4.7	10.0	12.4	45.6	10.4	4.9	3.5	2.2	0.7	100.0	4.7

서남권	(162)	1.8	0.7	5.6	11.0	14.0	45.3	8.0	7.4	3.2	1.1	1.8	100.0	4.8
서북권	(45)	6.6	6.5	9.7	12.0	15.7	25.8	8.1	7.6	2.3	1.9	3.9	100.0	4.3
고등학교 유형1														
일반고	(394)	1.9	1.2	6.1	13.3	11.5	46.5	6.4	5.4	3.6	1.4	2.7	100.0	4.8
자율고	(33)	2.6	2.7	5.1	10.8	10.5	43.8	13.7	8.2	0.0	0.0	2.7	100.0	4.7
특성화고	(75)	10.0	4.3	3.1	7.7	13.7	45.7	2.9	4.7	6.3	1.7	0.0	100.0	4.3
특수목적고	(26)	6.7	4.5	0.0	9.0	8.4	45.2	11.2	4.2	6.7	0.0	4.2	100.0	4.8
고등학교 유형2														
남녀 공학	(248)	4.4	1.2	4.6	12.6	13.0	46.9	6.8	2.3	4.1	1.3	2.7	100.0	4.6
성별 분리	(280)	2.3	2.4	5.9	11.8	10.4	45.5	6.3	8.2	3.7	1.3	2.1	100.0	4.8
고등학교 학년														
1학년	(218)	2.5	1.9	4.6	11.7	10.4	49.0	7.2	4.2	5.8	0.9	1.7	100.0	4.8
2학년	(310)	3.9	1.8	5.7	12.5	12.4	44.2	6.1	6.3	2.5	1.6	2.9	100.0	4.7
고등학교 계열														
인문계열	(177)	1.6	0.6	5.8	13.7	12.2	45.8	8.2	5.1	3.2	1.7	2.1	100.0	4.8
자연계열	(237)	3.6	2.4	4.5	13.6	12.7	44.8	6.6	4.5	3.5	1.2	2.5	100.0	4.6
기타	(114)	5.5	2.9	6.1	6.8	8.3	49.5	3.8	8.0	5.7	0.9	2.6	100.0	4.7

[표 Q18_1_N2] 우리나라 사회 집단에 대한 감정 – 2. 내 또래의 남자

[Q18-1] 다음의 우리나라 사회 집단에 대해 귀하가 느끼는 감정을 0에서 10 사이의 숫자로 응답해 주십시오. 00에서 4까지는 부정적인 감정을, 6에서 10까지는 긍정적인 감정을 의미합니다. 긍정도 부정도 아닌 경우는 5를 선택해 주시기 바랍니다.

단위: %, 점

	사례수 (명)	0매우 부정적	1	2	3	4	5긍정도 부정도 아님	6	7	8	9	10매우 긍정적	계	평균
■ 전체 ■	(1,058)	4.7	1.9	4.8	9.1	9.1	39.3	8.1	10.1	7.1	2.2	3.7	100.0	5.0
성별														
남성	(543)	3.2	0.7	1.8	8.7	7.6	39.8	8.9	11.7	8.3	3.3	6.0	100.0	5.5
여성	(515)	6.3	3.1	7.9	9.5	10.6	38.8	7.2	8.5	5.8	1.0	1.3	100.0	4.6
권역														
도심권	(87)	12.4	3.5	0.0	15.1	7.2	34.2	4.3	8.0	7.0	4.6	3.7	100.0	4.6
동남권	(264)	2.1	1.4	5.6	8.7	9.7	37.4	10.1	9.3	5.9	4.0	5.9	100.0	5.3
동북권	(300)	1.6	2.6	5.1	7.0	8.7	43.6	8.3	12.1	9.0	1.0	1.1	100.0	5.1
서남권	(292)	6.1	1.0	4.8	9.6	9.9	39.8	7.1	9.2	6.6	1.0	4.9	100.0	5.0
서북권	(115)	9.7	2.2	5.9	9.2	8.1	35.0	7.9	11.1	6.0	2.4	2.4	100.0	4.7
고등학교 유형1														
일반고	(773)	3.9	2.1	5.2	9.3	9.8	40.2	7.8	10.5	6.7	1.5	3.2	100.0	5.0
자율고	(87)	4.0	2.1	5.1	7.2	7.1	37.2	8.3	10.2	6.6	5.1	7.3	100.0	5.4
특성화고	(137)	10.4	1.6	0.8	10.4	7.7	39.7	6.8	5.9	6.9	5.5	4.2	100.0	4.9
특수목적고	(61)	3.6	0.0	8.3	5.8	5.7	30.1	13.9	14.8	13.8	0.0	4.0	100.0	5.5
고등학교 유형2														

	사례수(명)	0 매우 부정적	1	2	3	4	5 긍정도 부정도 아님	6	7	8	9	10 매우 긍정적	계	평균
남녀공학	(509)	5.1	1.1	3.9	8.9	9.1	40.7	8.5	9.2	8.3	2.4	2.7	100.0	5.1
성별 분리	(549)	4.4	2.6	5.6	9.1	9.0	38.0	7.6	11.1	5.9	2.0	4.6	100.0	5.0
고등학교 학년														
1학년	(476)	4.5	1.8	4.3	8.7	8.3	37.0	8.4	11.7	7.4	3.3	4.7	100.0	5.2
2학년	(582)	4.9	2.0	5.2	9.4	9.8	41.2	7.8	8.9	6.8	1.3	2.8	100.0	4.9
고등학교 계열														
인문계열	(342)	4.1	2.7	6.6	8.0	9.0	40.4	9.4	8.5	6.0	2.3	2.9	100.0	4.9
자연계열	(488)	4.6	1.3	3.9	10.6	10.0	37.5	7.8	10.9	6.8	2.5	4.0	100.0	5.1
기타	(228)	5.9	1.8	3.9	7.2	7.3	41.4	6.6	10.9	9.4	1.4	4.2	100.0	5.1

[표 Q18_1_N3] 우리나라 사회 집단에 대한 감정 - 3. 도래의 여자

[Q18-1] 다음의 우리나라 사회 집단에 대해 귀하가 느끼는 감정을 0에서 10 사이의 숫자로 응답해 주십시오. 0에서 4까지는 부정적인 감정을, 6에서 10까지는 긍정적인 감정을 의미합니다. 긍정도 부정도 아닌 경우는 5를 선택해 주십시오.

단위: %, 점

	사례수(명)	0 매우 부정적	1	2	3	4	5 긍정도 부정도 아님	6	7	8	9	10 매우 긍정적	계	평균
전체	(1,058)	2.2	0.6	2.9	5.2	6.4	41.0	9.7	13.2	10.0	3.8	4.8	100.0	5.7
■ 전체														
성별														
남성	(543)	3.9	0.9	3.2	7.4	6.5	43.3	8.3	12.7	6.4	2.3	5.0	100.0	5.3
여성	(515)	0.3	0.4	2.7	3.0	6.4	38.6	11.2	13.7	13.7	5.5	4.6	100.0	6.0
권역														
도시권	(87)	8.3	0.0	4.3	3.7	7.2	34.2	4.3	11.8	11.3	7.8	7.2	100.0	5.6

동남권	(264)	1.3	0.7	2.9	6.4	6.7	39.1	9.4	13.6	9.4	4.5	6.0	100.0	5.8
동북권	(300)	1.9	0.0	3.6	3.3	6.7	42.3	11.4	14.5	11.4	3.8	1.1	100.0	5.6
서남권	(292)	0.9	0.9	1.7	5.8	6.5	44.7	9.1	12.5	8.6	2.3	6.9	100.0	5.7
서북권	(115)	3.2	1.7	3.2	7.3	4.6	37.9	12.1	11.9	10.1	3.2	4.8	100.0	5.5
고등학교 유형1														
일반고	(773)	1.7	0.7	1.7	5.7	6.8	42.4	10.4	12.7	9.9	3.7	4.4	100.0	5.7
자율고	(87)	2.0	0.0	6.1	3.2	3.1	43.4	6.2	16.8	8.0	5.0	6.2	100.0	5.8
특성화고	(137)	4.7	0.8	8.6	5.0	4.5	37.0	7.7	16.7	6.8	2.4	5.8	100.0	5.3
특수목적고	(61)	2.1	0.0	1.1	3.1	11.5	29.0	11.6	6.9	20.3	7.9	6.5	100.0	6.2
고등학교 유형2														
남녀 공학	(509)	2.2	0.6	2.8	6.5	7.5	41.1	9.7	12.7	9.5	3.4	4.0	100.0	5.6
성별 분리	(549)	2.1	0.7	3.1	4.0	5.5	41.0	9.8	13.6	10.4	4.3	5.5	100.0	5.8
고등학교 학년														
1학년	(476)	1.5	0.6	1.8	5.4	6.0	38.9	10.6	14.6	12.0	4.0	4.6	100.0	5.8
2학년	(582)	2.7	0.6	3.8	5.1	6.8	42.8	9.0	12.1	8.3	3.8	5.0	100.0	5.5
고등학교 계열														
인문계열	(342)	1.5	1.1	1.9	4.8	6.3	41.1	12.3	12.1	8.9	4.6	5.5	100.0	5.8
자연계열	(488)	3.0	0.2	2.3	6.9	8.2	39.7	9.0	14.8	9.8	2.7	3.4	100.0	5.5
기타	(228)	1.4	0.8	5.9	2.4	2.9	43.8	7.4	11.4	12.0	5.2	6.8	100.0	5.9

[표 Q19_1] 대상에 대한 생각 – 1. 우리나라 사람과 결혼한 외국인(결혼이주여성)
[Q19] 귀하는 다음 대상에 대해 어떠한 이미지를 가지고 계십니까?

단위: %, 점

	사례수 (명)	① 매우 긍정적	② 긍정적	①+② 긍정적	③ 보통	④ 부정적	⑤ 매우 부정적	④+⑤ 부정적	계	평균
전체										2.4
■ 전체 ■	(1,058)	17.7	35.5	53.3	38.7	5.9	2.1	8.1	100.0	2.4
성별										
남성	(543)	17.6	34.3	52.0	38.1	6.7	3.1	9.9	100.0	2.4
여성	(515)	17.9	36.8	54.6	39.2	5.1	1.1	6.1	100.0	2.4
권역										
도심권	(87)	14.3	43.0	57.3	29.1	9.0	4.6	13.6	100.0	2.5
동남권	(264)	17.4	35.1	52.5	37.3	7.5	2.7	10.1	100.0	2.4
동북권	(300)	17.0	36.8	53.8	40.9	3.9	1.3	5.3	100.0	2.4
서남권	(292)	20.2	33.4	53.6	39.7	5.0	1.6	6.7	100.0	2.4
서북권	(115)	16.7	32.8	49.5	40.5	7.5	2.5	9.9	100.0	2.5
고등학교 유형1										
일반고	(773)	17.1	36.2	53.3	39.4	5.5	1.8	7.3	100.0	2.4
자율고	(87)	16.1	36.9	53.1	42.8	4.1	0.0	4.1	100.0	2.4
특성화고	(137)	22.9	29.9	52.9	32.8	8.8	5.5	14.3	100.0	2.4
특수목적고	(61)	16.1	38.1	54.2	36.8	7.1	1.9	9.0	100.0	2.4
고등학교 유형2										
남녀 공학	(509)	16.7	34.0	50.7	39.9	6.6	2.7	9.4	100.0	2.5

[표 Q19_2] 대상에 대한 생각 - 2. 다문화가정 자녀

[Q19] 귀하는 다음 대상에 대해 어떠한 이미지를 가지고 계십니까?

단위: %, 점

전체	사례수 (명)	① 매우 긍정적	② 긍정적	①+② 긍정적	③ 보통	④ 부정적	⑤ 매우 부정적	④+⑤ 부정적	계	평균
■ 전체 ■	(1,058)	17.7	36.8	54.5	37.5	5.9	2.1	8.0	100.0	2.4
성별										
남성	(543)	16.8	33.2	50.0	38.3	8.4	3.4	11.7	100.0	2.5
여성	(515)	18.6	40.6	59.3	36.6	3.4	0.7	4.1	100.0	2.3
권역										
도심권	(87)	7.2	44.9	52.0	30.7	12.6	4.6	17.3	100.0	2.6
동남권	(264)	17.2	35.0	52.2	38.9	5.8	3.1	8.9	100.0	2.4

성별 분리	(549)	18.7	36.9	55.6	37.5	5.3	1.6	6.9	100.0	2.3
고등학교 학년										
1학년	(476)	18.8	38.5	57.4	34.8	5.5	2.3	7.8	100.0	2.3
2학년	(582)	16.8	33.1	49.9	41.8	6.3	2.0	8.3	100.0	2.4
고등학교 계열										
인문계열	(342)	18.2	31.7	49.9	43.0	6.8	0.3	7.1	100.0	2.4
자연계열	(488)	16.7	39.8	56.5	35.9	5.0	2.6	7.6	100.0	2.4
기타	(228)	19.2	32.2	51.4	38.1	6.6	3.9	10.5	100.0	2.4

동북권	(300)	18.5	37.1	55.7	37.6	5.4	1.3	6.7	100.0	2.3
서남권	(292)	20.2	36.8	57.1	36.7	4.9	1.3	6.2	100.0	2.3
서북권	(115)	18.5	33.8	52.3	40.8	5.2	1.7	6.9	100.0	2.4
고등학교 유형1										
일반고	(773)	17.1	38.0	55.1	38.8	4.8	1.3	6.1	100.0	2.4
자율고	(87)	15.2	31.7	46.9	43.8	7.2	2.1	9.3	100.0	2.5
특성화고	(137)	23.1	31.5	54.7	28.2	10.8	6.4	17.2	100.0	2.5
특수목적고	(61)	16.9	40.7	57.6	32.7	7.9	1.9	9.7	100.0	2.4
고등학교 유형2										
남녀 공학	(509)	19.5	35.1	54.6	36.8	5.4	3.2	8.6	100.0	2.4
성별 분리	(549)	16.1	38.4	54.5	38.1	6.4	1.0	7.5	100.0	2.4
고등학교 학년										
1학년	(476)	19.0	38.0	57.0	34.7	6.5	1.9	8.4	100.0	2.3
2학년	(582)	16.7	35.8	52.5	39.7	5.5	2.3	7.7	100.0	2.4
고등학교 계열										
인문계열	(342)	17.9	35.9	53.8	39.6	6.3	0.3	6.6	100.0	2.4
자연계열	(488)	16.0	39.1	55.1	37.4	5.1	2.4	7.5	100.0	2.4
기타	(228)	21.1	33.3	54.4	34.4	7.0	4.2	11.2	100.0	2.4

[부록 2] 청소년 정치인식 조사 결과

[표 Q19_3] 대상에 대한 생각 – 3. 우리나라에서 일하는 외국인 노동자
[Q19] 귀하는 다음 대상에 대해 어떠한 이미지를 가지고 계십니까?

단위: %, 점

전체	사례수 (명)	① 매우 긍정적	② 긍정적	①+② 긍정적	③ 보통	④ 부정적	⑤ 매우 부정적	④+⑤ 부정적	계	평균
■ 전체 ■	(1,058)	15.1	35.4	50.4	39.0	7.3	3.2	10.5	100.0	2.5
성별										
남성	(543)	16.5	33.0	49.4	37.9	8.2	4.4	12.6	100.0	2.5
여성	(515)	13.6	37.9	51.5	40.2	6.3	2.0	8.3	100.0	2.5
권역										
도심권	(87)	3.7	44.0	47.7	34.4	9.0	9.0	17.9	100.0	2.8
동남권	(264)	14.1	33.9	48.1	37.0	9.9	5.0	15.0	100.0	2.6
동북권	(300)	16.9	37.7	54.6	39.7	4.0	1.6	5.7	100.0	2.4
서남권	(292)	17.2	33.2	50.5	40.0	7.6	1.8	9.5	100.0	2.4
서북권	(115)	15.4	31.6	47.0	42.9	7.6	2.5	10.1	100.0	2.5
고등학교 유형1										
일반고	(773)	14.4	36.5	50.9	40.4	6.5	2.2	8.6	100.0	2.5
자율고	(87)	14.3	35.1	49.4	39.3	11.4	0.0	11.4	100.0	2.5
특성화고	(137)	19.5	28.4	47.9	33.4	10.5	8.2	18.6	100.0	2.6
특수목적고	(61)	14.4	37.2	51.6	33.3	5.0	10.1	15.1	100.0	2.6
고등학교 유형2										
남녀 공학	(509)	16.4	34.0	50.4	37.1	7.3	5.2	12.5	100.0	2.5

[표 Q19_4] 대상에 대한 생각 - 4. 우리나라에서 사는 조선족 동포
[Q19] 귀하는 다음 대상에 대해 어떠한 이미지를 가지고 계십니까?

단위: %, 점

	사례수(명)	①매우긍정적	②긍정적	①+②긍정적	③보통	④부정적	⑤매우부정적	④+⑤부정적	계	평균
전체										
■ 전체 ■	(1,058)	7.8	16.6	24.3	39.3	22.5	13.9	36.3	100.0	3.2
성별										
남성	(543)	9.1	13.4	22.5	36.1	23.3	18.1	41.4	100.0	3.3
여성	(515)	6.4	19.9	26.3	42.7	21.6	9.4	31.0	100.0	3.1
권역										
도심권	(87)	0.0	30.9	30.9	32.8	22.0	14.3	36.3	100.0	3.2
동남권	(264)	8.2	19.3	27.6	36.5	20.9	15.0	36.0	100.0	3.2
성별 분리	(549)	13.8	36.7	50.5	40.8	7.3	1.4	8.7	100.0	2.5
고등학교 학년										
1학년	(476)	14.6	40.2	54.9	35.4	6.9	2.8	9.8	100.0	2.4
2학년	(582)	15.4	31.4	46.8	42.0	7.6	3.6	11.1	100.0	2.5
고등학교 계열										
인문계열	(342)	15.3	34.3	49.7	41.0	8.3	1.1	9.4	100.0	2.5
자연계열	(488)	13.7	38.1	51.8	39.0	6.2	3.1	9.2	100.0	2.5
기타	(228)	17.5	31.2	48.8	36.2	8.2	6.8	15.0	100.0	2.6

동북권	(300)	7.4	16.0	23.4	41.8	20.8	14.0	34.8	100.0	3.2
서남권	(292)	9.1	12.5	21.6	40.9	25.0	12.5	37.4	100.0	3.2
서북권	(115)	10.0	11.2	21.3	40.2	24.3	14.2	38.6	100.0	3.2
고등학교 유형1										
일반고	(773)	7.0	15.9	22.9	40.3	23.5	13.2	36.7	100.0	3.2
자율고	(87)	9.1	15.4	24.4	38.7	23.6	13.3	36.9	100.0	3.2
특성화고	(137)	12.0	20.6	32.6	34.4	14.7	18.3	33.0	100.0	3.1
특수목적고	(61)	5.7	17.8	23.5	38.3	24.9	13.3	38.2	100.0	3.2
고등학교 유형2										
남녀 공학	(509)	8.5	16.8	25.3	36.8	23.4	14.4	37.9	100.0	3.2
성별 분리	(549)	7.1	16.4	23.5	41.6	21.5	13.4	34.9	100.0	3.2
고등학교 학년										
1학년	(476)	8.2	19.7	27.9	38.6	20.6	12.9	33.5	100.0	3.1
2학년	(582)	7.4	14.0	21.4	39.9	23.9	14.7	38.7	100.0	3.3
고등학교 계열										
인문계열	(342)	6.2	16.0	22.2	40.0	25.0	12.8	37.8	100.0	3.2
자연계열	(488)	6.9	15.5	22.4	38.5	24.3	14.8	39.1	100.0	3.3
기타	(228)	12.0	19.8	31.8	40.0	14.5	13.7	28.3	100.0	3.0

[표 Q19_5] 대상에 대한 생각 - 5. 우리나라에서 사는 북한 이탈 주민
[Q19] 귀하는 다음 대상에 대해 어떠한 이미지를 가지고 계십니까?

단위: %, 점

	사례수 (명)	① 매우 긍정적	② 긍정적	①+② 긍정적	③ 보통	④ 부정적	⑤ 매우 부정적	④+⑤ 부정적	계	평균
전체	(1,058)	14.3	32.8	47.1	41.6	7.6	3.7	11.3	100.0	2.5
■ 전체										
성별										
남성	(543)	16.1	29.3	45.4	39.5	9.5	5.6	15.1	100.0	2.6
여성	(515)	12.5	36.3	48.8	43.8	5.5	1.8	7.4	100.0	2.5
권역										
도서권	(87)	0.0	46.7	46.7	39.8	13.6	0.0	13.6	100.0	2.7
동남권	(264)	14.9	32.0	46.9	38.2	6.9	8.0	14.9	100.0	2.6
동북권	(300)	17.2	29.2	46.4	44.2	7.5	2.0	9.4	100.0	2.5
서남권	(292)	15.6	32.0	47.6	42.6	7.2	2.6	9.8	100.0	2.5
서북권	(115)	13.0	35.3	48.3	41.5	6.0	4.2	10.2	100.0	2.5
고등학교 유형1										
일반고	(773)	13.2	32.2	45.4	43.5	7.7	3.4	11.1	100.0	2.6
자율고	(87)	17.4	30.0	47.3	41.4	6.3	5.0	11.3	100.0	2.5
특성화고	(137)	22.3	31.3	53.5	31.0	10.4	5.1	15.4	100.0	2.5
특수목적고	(61)	6.5	46.8	53.4	41.9	1.9	2.9	4.8	100.0	2.5
고등학교 유형2										
남녀 공학	(509)	14.2	34.3	48.5	39.9	7.4	4.2	11.6	100.0	2.5

	사례수(명)	① 매우 도움이 된다	② 약간 도움이 된다	①+② 도움이 된다	③ 별다른 영향이 없다	④ 약간 손해가 된다	⑤ 매우 손해가 된다	④+⑤ 손해가 된다	계	평균
성별 분리	(549)	14.5	31.3	45.8	43.2	7.8	3.3	11.1	100.0	2.5
고등학교 학년										
1학년	(476)	16.1	36.7	52.8	36.1	6.8	4.2	11.1	100.0	2.5
2학년	(582)	12.9	29.5	42.4	46.1	8.2	3.3	11.5	100.0	2.6
고등학교 계열										
인문계열	(342)	12.0	34.0	46.0	41.2	10.7	2.2	12.9	100.0	2.6
자연계열	(488)	14.2	32.8	47.0	43.3	5.4	4.2	9.6	100.0	2.5
기타	(228)	18.0	30.8	48.8	38.6	7.6	5.1	12.6	100.0	2.5

[표 Q20] 이민자들의 한국 경제 도움 정도에 대한 의견

[Q20] 귀하는 다른 나라에서 오는 이민자들이 한국 경제에 도움이 된다고 생각하십니까? 아니면 손해가 된다고 생각하십니까?

단위: %, 점

	사례수(명)	① 매우 도움이 된다	② 약간 도움이 된다	①+② 도움이 된다	③ 별다른 영향이 없다	④ 약간 손해가 된다	⑤ 매우 손해가 된다	④+⑤ 손해가 된다	계	평균
■ 전체 ■	(1,058)	12.7	46.8	59.5	28.8	10.0	1.7	11.7	100.0	2.4
성별										
남성	(543)	16.4	46.8	63.2	25.6	8.8	2.4	11.2	100.0	2.3
여성	(515)	8.8	46.8	55.6	32.2	11.2	1.0	12.1	100.0	2.5
권역										
도심권	(87)	11.0	46.6	57.6	25.8	16.6	0.0	16.6	100.0	2.5
동남권	(264)	13.5	46.0	59.4	29.3	8.5	2.8	11.3	100.0	2.4

	(N)									
동북권	(300)	11.2	48.4	59.6	30.2	8.5	1.8	10.3	100.0	2.4
서남권	(292)	14.3	45.2	59.5	28.2	11.0	1.3	12.3	100.0	2.4
서북권	(115)	12.2	48.7	60.8	28.3	9.4	1.5	10.9	100.0	2.4
고등학교 유형1										
일반고	(773)	13.3	46.2	59.4	28.7	10.1	1.8	11.9	100.0	2.4
자율고	(87)	11.4	56.3	67.7	28.2	4.1	0.0	4.1	100.0	2.3
특성화고	(137)	10.0	42.3	52.3	34.6	11.3	1.8	13.0	100.0	2.5
특수목적고	(61)	13.4	51.4	64.8	18.6	13.7	2.8	16.6	100.0	2.4
고등학교 유형2										
남녀 공학	(509)	11.9	48.0	59.9	27.7	10.5	1.9	12.4	100.0	2.4
성별 분리	(549)	13.4	45.7	59.1	29.9	9.4	1.6	11.0	100.0	2.4
고등학교 학년										
1학년	(476)	16.5	48.5	65.0	25.8	7.7	1.5	9.2	100.0	2.3
2학년	(582)	9.6	45.4	55.0	31.3	11.8	1.9	13.7	100.0	2.5
고등학교 계열										
인문계열	(342)	13.6	51.0	64.5	27.0	7.7	0.8	8.5	100.0	2.3
자연계열	(488)	12.8	48.3	61.2	27.3	10.1	1.5	11.5	100.0	2.4
기타	(228)	11.1	37.2	48.3	34.9	13.2	3.6	16.7	100.0	2.6

[부록 2] 청소년 정치인식 조사 결과

[표 Q21] 이민자들이 한국을 더 살기 좋은 곳으로 만드는지에 대한 의견

[Q21] 귀하는 이민자들이 한국을 더 살기 좋은 곳으로 만든다고 보십니까, 아니면 더 살기 나쁜 곳으로 만든다고 보십니까?

단위: %, 점

		사례수 (명)	① 훨씬 더 살기 좋은 곳으로 만든다	② 약간 더 살기 좋은 곳으로 만든다	①+② 살기 좋은 곳으로 만든다	③ 별다른 영향이 없다	④ 약간 더 살기 나쁜 곳으로 만든다	⑤ 훨씬 더 살기 나쁜 곳으로 만든다	④+⑤ 살기 나쁜 곳으로 만든다	계	평균
전체		(1,058)	7.3	25.7	33.0	51.1	13.3	2.7	15.9	100.0	2.8
■ 전체 ■											
성별	남성	(543)	8.9	25.1	34.0	48.9	13.1	4.0	17.1	100.0	2.8
	여성	(515)	5.5	26.4	31.9	53.4	13.4	1.3	14.7	100.0	2.8
권역	도심권	(87)	11.6	30.1	41.8	40.9	12.7	4.6	17.3	100.0	2.7
	동남권	(264)	8.3	26.2	34.5	50.7	11.9	2.9	14.8	100.0	2.8
	동북권	(300)	5.1	28.7	33.8	53.5	10.6	2.1	12.7	100.0	2.8
	서남권	(292)	7.7	23.6	31.3	49.8	16.3	2.6	19.0	100.0	2.8
	서북권	(115)	6.1	18.7	24.9	56.9	16.0	2.3	18.3	100.0	2.9
고등학교 유형1	일반고	(773)	6.6	25.9	32.5	53.3	11.8	2.4	14.2	100.0	2.8
	자율고	(87)	8.1	28.8	36.9	45.4	16.7	1.0	17.7	100.0	2.7
	특성화고	(137)	7.6	22.6	30.1	47.9	16.4	5.6	22.0	100.0	2.9
	특수목적고	(61)	13.7	25.6	39.3	39.1	19.9	1.8	21.6	100.0	2.7
고등학교 유형2											

	사례수(명)							
남녀 공학	(509)	8.1	24.2	32.3	50.7	14.1	2.9	17.0	100.0	2.8
성별 분리	(549)	6.5	27.1	33.6	51.5	12.5	2.4	14.9	100.0	2.8
고등학교 학년										
1학년	(476)	8.0	28.9	36.9	45.0	14.4	3.7	18.1	100.0	2.8
2학년	(582)	6.6	23.1	29.7	56.1	12.3	1.9	14.2	100.0	2.8
고등학교 계열										
인문계열	(342)	6.8	26.8	33.5	51.8	12.4	2.3	14.7	100.0	2.8
자연계열	(488)	7.0	26.9	33.9	50.1	14.0	2.1	16.0	100.0	2.8
기타	(228)	8.5	21.6	30.1	52.3	13.0	4.5	17.6	100.0	2.8

[표 Q22] 취업을 목적으로 온 외국인에게 정부가 취해야 하는 정책

[Q22] 귀하는 취업을 목적으로 한국에 온 외국인에게 정부가 어떤 정책을 취해야 한다고 생각하십니까?

단위: %

	사례수(명)	외국인의 국내 취업을 제한함이 없이 허용해야 한다	노동력이 부족한 분야에만 외국인의 국내 취업을 허용해야 한다	국내 취업 기능한 외국인의 수를 엄격히 제한해야 한다	외국인의 국내 취업을 전면 금지해야 한다	계
■ 전체 ■	(1,058)	26.7	59.6	11.8	1.9	100.0
성별						
남성	(543)	25.1	59.7	12.4	2.8	100.0
여성	(515)	28.3	59.5	11.2	0.9	100.0

권역					
도심권	(87)	11.5	68.3	12.5	7.8	100.0
동남권	(264)	26.3	57.6	13.3	2.7	100.0
동북권	(300)	29.2	57.8	12.3	0.7	100.0
서남권	(292)	27.1	62.7	9.6	0.6	100.0
서북권	(115)	31.1	54.8	12.5	1.5	100.0
고등학교 유형1						
일반고	(773)	27.0	61.2	10.8	1.0	100.0
자율고	(87)	18.3	64.7	11.4	5.6	100.0
특성화고	(137)	32.3	50.1	12.2	5.4	100.0
특수목적고	(61)	21.4	54.4	24.2	0.0	100.0
고등학교 유형2						
남녀 공학	(509)	30.1	55.8	12.5	1.6	100.0
성별 분리	(549)	23.5	63.2	11.2	2.1	100.0
고등학교 학년						
1학년	(476)	28.0	59.4	10.9	1.7	100.0
2학년	(582)	25.5	59.8	12.6	2.0	100.0
고등학교 계열						
인문계열	(342)	29.4	62.9	7.7	0.0	100.0
자연계열	(488)	24.4	60.9	12.3	2.4	100.0
기타	(228)	27.4	52.0	17.1	3.5	100.0

[표 Q23] 본인이 한국인이라는 것에 대한 생각

[Q23] 귀하는 본인이 한국인이라는 것에 대해 어떻게 생각하십니까?

단위: %, 점

	사례수(명)	① 매우 자랑스럽다	② 약간 자랑스럽다	①+② 자랑스럽다	③ 보통이다	④ 별로 자랑스럽지 않다	⑤ 전혀 자랑스럽지 않다	④+⑤ 자랑스럽지 않다	계	평균
전체										
■ 전체 ■	(1,058)	17.9	31.6	49.5	37.9	9.8	2.9	12.6	100.0	2.5
성별										
남성	(543)	23.7	31.2	54.9	31.8	10.1	3.2	13.3	100.0	2.4
여성	(515)	11.7	32.1	43.8	44.2	9.5	2.5	11.9	100.0	2.6
권역										
도심권	(87)	19.6	25.8	45.4	30.1	16.7	7.8	24.5	100.0	2.7
동남권	(264)	20.9	27.1	48.1	38.7	9.9	3.3	13.2	100.0	2.5
동북권	(300)	16.1	33.2	49.3	42.6	6.9	1.2	8.1	100.0	2.4
서남권	(292)	15.5	36.4	51.9	36.8	7.9	3.3	11.2	100.0	2.5
서북권	(115)	19.9	30.3	50.2	32.1	16.2	1.5	17.7	100.0	2.5
고등학교 유형1										
일반고	(773)	16.9	32.4	49.4	39.3	9.1	2.3	11.4	100.0	2.5
자율고	(87)	21.4	36.6	58.1	33.4	5.5	3.1	8.6	100.0	2.3
특성화고	(137)	22.1	25.5	47.6	35.7	11.4	5.3	16.6	100.0	2.5
특수목적고	(61)	15.2	28.0	43.1	31.5	21.5	3.9	25.3	100.0	2.7
고등학교 유형2										

[부록 2] 청소년 정치인식 조사 결과

	사례수								계	
남녀 공학	(509)	18.4	31.8	50.2	37.4	9.6	2.8	12.4	100.0	2.5
성별 분리	(549)	17.4	31.5	48.9	38.3	9.9	2.9	12.9	100.0	2.5
고등학교 학년										
1학년	(476)	21.3	31.1	52.5	32.5	11.4	3.6	15.1	100.0	2.5
2학년	(582)	15.0	32.0	47.1	42.3	8.4	2.2	10.6	100.0	2.5
고등학교 계열										
인문계열	(342)	19.2	30.7	49.9	38.6	9.7	1.8	11.5	100.0	2.4
자연계열	(488)	16.0	34.5	50.5	38.3	8.5	2.7	11.2	100.0	2.5
기타	(228)	19.8	27.0	46.7	35.9	12.5	4.9	17.3	100.0	2.6

[표 Q24_1A] 우리 사회를 표현하는 데 적절한 단어 – 1. 평등한 vs 차별적인

[Q24] 다음의 대비되는 단어쌍에서 우리 사회를 표현하는 데 적절한 단어를 선택해주십시오.

단위: %

	사례수(명)	평등한	소수 차별적인	계
전체				
■ 전체 ■	(530)	32.7	67.3	100.0
성별				
남성	(260)	33.8	66.2	100.0
여성	(270)	31.6	68.4	100.0
권역				
도심권	(35)	29.1	70.9	100.0

동남권	(142)	36.9	63.1	100.0
동북권	(154)	33.0	67.0	100.0
서남권	(130)	33.6	66.4	100.0
서북권	(70)	23.6	76.4	100.0
고등학교 유형1				
일반고	(379)	31.5	68.5	100.0
자율고	(54)	37.5	62.5	100.0
특성화고	(62)	38.2	61.8	100.0
특수목적고	(35)	28.9	71.1	100.0
고등학교 유형2				
남녀 공학	(261)	34.6	65.4	100.0
성별 분리	(269)	30.8	69.2	100.0
고등학교 학년				
1학년	(258)	34.7	65.3	100.0
2학년	(272)	30.7	69.3	100.0
고등학교 계열				
인문계열	(165)	30.4	69.6	100.0
자연계열	(251)	34.1	65.9	100.0
기타	(114)	32.9	67.1	100.0

[부록 2] 청소년 정치인식 조사 결과

[표 Q24_2A] 우리 사회를 표현하는 데 적절한 단어 – 2. 소수자 배려 vs 소수자 차별
[Q24] 다음의 대비되는 단어쌍에서 우리 사회를 표현하는 데 적합한 단어를 선택해주십시오.

단위: %

	사례수(명)	소수자 배려	소수자 차별	계
전체				
■ 전체 ■	(530)	35.3	64.7	100.0
성별				
남성	(260)	42.3	57.7	100.0
여성	(270)	28.6	71.4	100.0
권역				
도심권	(35)	30.4	69.6	100.0
동남권	(142)	36.5	63.5	100.0
동북권	(154)	33.6	66.4	100.0
서남권	(130)	38.3	61.7	100.0
서북권	(70)	33.7	66.3	100.0
고등학교 유형1				
일반고	(379)	34.5	65.5	100.0
자율고	(54)	48.2	51.8	100.0
특성화고	(62)	30.5	69.5	100.0
특수목적고	(35)	33.4	66.6	100.0
고등학교 유형2				
남녀 공학	(261)	35.4	64.6	100.0

	사례수(명)			계
성별 분리	(269)	35.3	64.7	100.0
고등학교 학년				
1학년	(258)	35.2	64.8	100.0
2학년	(272)	35.5	64.5	100.0
고등학교 계열				
인문계열	(165)	24.2	75.8	100.0
자연계열	(251)	38.7	61.3	100.0
기타	(114)	44.0	56.0	100.0

[표 Q24_3A] 우리 사회를 표현하는 데 적절한 단어 - 3. 안전한 vs 위험한

[Q24] 다음의 대비되는 단어쌍에서 우리 사회를 표현하는 데 적합한 단어를 선택해주십시오.

단위: %

	사례수(명)	안전한	위험한	계
전체				
■ 전체 ■	(530)	69.9	30.1	100.0
성별				
남성	(260)	76.4	23.6	100.0
여성	(270)	63.7	36.3	100.0
권역				
도심권	(35)	38.0	62.0	100.0
동남권	(142)	75.6	24.4	100.0

[부록 2] 청소년 정치인식 조사 결과

동북권	(154)	75.0	25.0	100.0
서남권	(130)	68.4	31.6	100.0
서북권	(70)	65.8	34.2	100.0
고등학교 유형1				
일반고	(379)	72.4	27.6	100.0
자율고	(54)	79.7	20.3	100.0
특성화고	(62)	60.1	39.9	100.0
특수목적고	(35)	46.1	53.9	100.0
고등학교 유형2				
남녀 공학	(261)	66.0	34.0	100.0
성별 분리	(269)	73.7	26.3	100.0
고등학교 학년				
1학년	(258)	69.2	30.8	100.0
2학년	(272)	70.6	29.4	100.0
고등학교 계열				
인문계열	(165)	64.5	35.5	100.0
자연계열	(251)	78.4	21.6	100.0
기타	(114)	59.1	40.9	100.0

[표 Q24_4A] 우리 사회를 표현하는 데 적절한 단어 – 4. 법이 지켜지는 vs 법이 지켜지지 않는
[Q24] 다음의 대비되는 단어쌍에서 우리 사회를 표현하는 데 적합한 단어를 선택해주십시오.

단위: %

	사례수(명)	법이 지켜지는	법이 지켜지지 않는	계
전체				
■ 전체 ■	(530)	57.2	42.8	100.0
성별				
남성	(260)	59.7	40.3	100.0
여성	(270)	54.8	45.2	100.0
권역				
도심권	(35)	57.5	42.5	100.0
동남권	(142)	62.5	37.5	100.0
동북권	(154)	58.2	41.8	100.0
서남권	(130)	58.5	41.5	100.0
서북권	(70)	41.8	58.2	100.0
고등학교 유형1				
일반고	(379)	57.1	42.9	100.0
자율고	(54)	62.1	37.9	100.0
특성화고	(62)	44.7	55.3	100.0
특수목적고	(35)	73.1	26.9	100.0
고등학교 유형2				
남녀 공학	(261)	56.5	43.5	100.0

[부록 2] 청소년 정치인식 조사 결과

	사례수(명)	타인을 배려하는	자기 중심적인	계
성별 분리	(269)	57.9	42.1	100.0
고등학교 학년				
1학년	(258)	59.0	41.0	100.0
2학년	(272)	55.5	44.5	100.0
고등학교 계열				
인문계열	(165)	47.1	52.9	100.0
자연계열	(251)	65.2	34.8	100.0
기타	(114)	54.4	45.6	100.0

[표 Q24_5A] 우리 사회를 표현하는 데 적절한 단어 – 5. 타인을 배려하는 vs 자기 중심적인
[Q24] 다음의 대비되는 단어쌍에서 우리 사회를 표현하는 데 적절한 단어를 선택해주십시오.

단위: %

	사례수(명)	타인을 배려하는	자기 중심적인	계
전체				
■ 전체 ■	(530)	25.2	74.8	100.0
성별				
남성	(260)	24.8	75.2	100.0
여성	(270)	25.6	74.4	100.0
권역				
도심권	(35)	8.8	91.2	100.0
동남권	(142)	28.5	71.5	100.0

	(N)			
동북권	(154)	27.2	72.8	100.0
서남권	(130)	25.8	74.2	100.0
서북권	(70)	21.2	78.8	100.0
고등학교 유형1				
일반고	(379)	27.1	72.9	100.0
자율고	(54)	26.7	73.3	100.0
특성화고	(62)	18.6	81.4	100.0
특수목적고	(35)	14.5	85.5	100.0
고등학교 유형2				
남녀 공학	(261)	25.3	74.7	100.0
성별 분리	(269)	25.2	74.8	100.0
고등학교 학년				
1학년	(258)	26.0	74.0	100.0
2학년	(272)	24.4	75.6	100.0
고등학교 계열				
인문계열	(165)	19.9	80.1	100.0
자연계열	(251)	27.1	72.9	100.0
기타	(114)	28.6	71.4	100.0

[표 Q25] 성공하는 데 있어서 가장 중요한 것

[Q25] 성공하는 데 있어서 귀하는 다음 중 무엇이 가장 중요하다고 생각하십니까?

단위: %

	사례수(명)	열심히 노력하는 것	부모님이나 주변 사람의 도움을 받는 것	운이 좋은 것	계
전체	(1,058)	55.5	19.1	25.4	100.0
■ 전체 ■					
성별					
남성	(543)	54.4	19.5	26.1	100.0
여성	(515)	56.8	18.7	24.6	100.0
권역					
도심권	(87)	48.6	28.6	22.9	100.0
동남권	(264)	55.3	17.9	26.9	100.0
동북권	(300)	57.9	19.0	23.1	100.0
서남권	(292)	54.6	18.3	27.1	100.0
서북권	(115)	57.6	17.0	25.4	100.0
고등학교 유형1					
일반고	(773)	55.4	17.2	27.4	100.0
자율고	(87)	60.5	18.6	20.8	100.0
특성화고	(137)	56.9	22.9	20.2	100.0
특수목적고	(61)	47.8	34.5	17.6	100.0
고등학교 유형2					
남녀 공학	(509)	60.7	16.1	23.2	100.0

	사례수				계
전체	(549)	50.8	21.9	27.3	100.0
고등학교 학년					
1학년	(476)	60.9	15.6	23.5	100.0
2학년	(582)	51.2	21.9	26.9	100.0
고등학교 계열					
인문계열	(342)	53.3	21.7	24.9	100.0
자연계열	(488)	54.7	18.6	26.7	100.0
기타	(228)	60.7	16.2	23.1	100.0

[표 Q26_1A] 동의 정도 - 1. 우리나라는 빈부격차가 너무 크다

[Q26] 귀하는 한국 사회에 대한 다음 의견에 얼마나 동의하십니까?

단위: %, 점

	사례수(명)	① 매우 동의한다	② 동의한다	①+② 동의한다	③ 동의하지 않는다	④ 전혀 동의하지 않는다	③+④ 동의하지 않는다	계	평균
전체									
■ 전체	(530)	26.9	58.0	84.9	13.3	1.8	15.1	100.0	1.9
성별									
남성	(260)	26.9	56.2	83.1	14.3	2.6	16.9	100.0	1.9
여성	(270)	26.8	59.8	86.6	12.3	1.1	13.4	100.0	1.9
권역									
도심권	(35)	19.6	69.6	89.2	10.8	0.0	10.8	100.0	1.9
동남권	(142)	31.8	52.1	83.9	10.7	5.4	16.1	100.0	1.9

[부록 2] 청소년 정치인식 조사 결과

동북권	(154)	22.5	65.4	87.9	11.4	0.6	12.1	100.0	1.9
서남권	(130)	31.2	50.7	81.9	18.1	0.0	18.1	100.0	1.9
서북권	(70)	22.3	61.4	83.7	14.7	1.6	16.3	100.0	2.0
고등학교 유형1									
일반고	(379)	28.2	57.2	85.4	13.1	1.5	14.6	100.0	1.9
자율고	(54)	21.4	61.6	83.0	13.6	3.4	17.0	100.0	2.0
특성화고	(62)	26.9	62.2	89.1	9.1	1.8	10.9	100.0	1.9
특수목적고	(35)	21.0	53.2	74.2	22.5	3.2	25.8	100.0	2.1
고등학교 유형2									
남녀 공학	(261)	24.3	61.0	85.3	12.4	2.3	14.7	100.0	1.9
성별 분리	(269)	29.4	55.1	84.4	14.2	1.4	15.6	100.0	1.9
고등학교 학년									
1학년	(258)	26.9	58.4	85.4	12.8	1.8	14.6	100.0	1.9
2학년	(272)	26.8	57.6	84.4	13.7	1.9	15.6	100.0	1.9
고등학교 계열									
인문계열	(165)	27.5	60.1	87.6	12.4	0.0	12.4	100.0	1.9
자연계열	(251)	28.6	57.4	86.0	10.9	3.1	14.0	100.0	1.9
기타	(114)	22.3	56.2	78.5	19.8	1.7	21.5	100.0	2.0

[표 Q26_2A] 동의 정도 – 2. 우리나라에서 대부분의 사람들은 자신이 원하는 만큼의 교육을 받을 수 있는 기회를 가진다
[Q26] 귀하는 한국 사회에 대한 다음 의견에 얼마나 동의하십니까?

단위: %, 점

	사례수(명)	① 매우 동의한다	② 동의한다	①+② 동의한다	③ 동의하지 않는다	④ 전혀 동의하지 않는다	③+④ 동의하지 않는다	계	평균
전체	(530)	14.0	44.4	58.4	32.0	9.6	41.6	100.0	2.4
■ 전체									
성별									
남성	(260)	19.1	45.7	64.7	28.3	6.9	35.3	100.0	2.2
여성	(270)	9.2	43.1	52.3	35.5	12.2	47.7	100.0	2.5
권역									
도심권	(35)	8.8	51.7	60.5	28.7	10.8	39.5	100.0	2.4
동남권	(142)	14.2	40.7	54.8	33.4	11.7	45.2	100.0	2.4
동북권	(154)	16.0	46.8	62.8	27.5	9.7	37.2	100.0	2.3
서남권	(130)	15.1	42.5	57.6	34.4	8.0	42.4	100.0	2.4
서북권	(70)	10.1	46.4	56.4	36.1	7.5	43.6	100.0	2.4
고등학교 유형1									
일반고	(379)	14.6	42.9	57.5	32.8	9.8	42.5	100.0	2.4
자율고	(54)	16.7	50.1	66.8	30.0	3.2	33.2	100.0	2.2
특성화고	(62)	15.2	47.6	62.8	23.9	13.3	37.2	100.0	2.4
특수목적고	(35)	1.9	46.0	47.9	40.6	11.5	52.1	100.0	2.6
고등학교 유형2									
남녀공학	(261)	12.5	47.4	59.9	31.1	9.0	40.1	100.0	2.4

	사례수(명)	① 매우 동의한다	② 동의한다	①+② 동의한다	③ 동의하지 않는다	④ 전혀 동의하지 않는다	③+④ 동의하지 않는다	계	평균
성별 분리	(269)	15.5	41.5	57.0	32.8	10.2	43.0	100.0	2.4
고등학교 학년									
1학년	(258)	12.3	43.1	55.4	32.2	12.4	44.6	100.0	2.5
2학년	(272)	15.7	45.6	61.3	31.8	7.0	38.7	100.0	2.3
고등학교 계열									
인문계열	(165)	14.9	43.2	58.1	34.1	7.8	41.9	100.0	2.4
자연계열	(251)	14.7	42.5	57.1	32.7	10.2	42.9	100.0	2.4
기타	(114)	11.4	50.3	61.7	27.3	11.1	38.3	100.0	2.4

[표 Q26_3A] 동의 정도 – 3. 우리나라에서 대부분의 사람들은 자신이 원하는 직업을 가질 수 있는 기회를 가진다

[Q26] 귀하는 한국 사회에 대한 다음 의견에 얼마나 동의하십니까?

단위: %, 점

	사례수(명)	① 매우 동의한다	② 동의한다	①+② 동의한다	③ 동의하지 않는다	④ 전혀 동의하지 않는다	③+④ 동의하지 않는다	계	평균
전체									
■ 전체 ■	(530)	8.7	28.6	37.3	40.2	22.5	62.7	100.0	2.8
성별									
남성	(260)	11.0	31.4	42.4	37.4	20.2	57.6	100.0	2.7
여성	(270)	6.5	25.8	32.3	42.5	24.7	67.7	100.0	2.9
권역									
도심권	(35)	19.6	31.7	51.3	27.1	21.7	48.7	100.0	2.5
동남권	(142)	12.1	27.4	39.5	33.1	27.4	60.5	100.0	2.8

청소년의 정치사회화

	(N)						계	
동북권	(154)	4.1	32.9	37.0	45.5	17.5	63.0	100.0	2.8
서남권	(130)	7.4	22.6	30.0	45.2	24.8	70.0	100.0	2.9
서북권	(70)	9.0	31.0	40.0	40.1	19.9	60.0	100.0	2.7
고등학교 유형1									
일반고	(379)	7.9	25.0	32.9	43.1	24.1	67.1	100.0	2.8
자율고	(54)	9.9	39.9	49.8	35.4	14.8	50.2	100.0	2.6
특성화고	(62)	11.5	45.5	56.9	29.8	13.3	43.1	100.0	2.5
특수목적고	(35)	10.7	19.7	30.5	35.3	34.3	69.5	100.0	2.9
고등학교 유형2									
남녀 공학	(261)	8.2	31.5	39.7	37.0	23.2	60.3	100.0	2.8
성별 분리	(269)	9.2	25.7	34.9	43.3	21.8	65.1	100.0	2.8
고등학교 학년									
1학년	(258)	8.5	28.0	36.5	39.0	24.5	63.5	100.0	2.8
2학년	(272)	8.9	29.1	38.0	41.3	20.7	62.0	100.0	2.7
고등학교 계열									
인문계열	(165)	5.2	29.9	35.0	45.1	19.9	65.0	100.0	2.8
자연계열	(251)	10.0	24.3	34.3	39.5	26.1	65.7	100.0	2.8
기타	(114)	10.9	36.1	47.0	34.6	18.4	53.0	100.0	2.6

[부록 2] 청소년 정치인식 조사 결과

[표 Q26_4A] 동의 정도 - 4. 우리나라에서 대부분의 사람들은 열심히 노력하면 성공할 수 있는 기회를 가진다

[Q26] 귀하는 한국 사회에 대한 다음 의견에 얼마나 동의하십니까?

단위: %, 점

전체	사례수(명)	① 매우 동의한다	② 동의한다	①+② 동의한다	③ 동의하지 않는다	④ 전혀 동의하지 않는다	③+④ 동의하지 않는다	계	평균
■ 전체 ■	(530)	10.9	42.3	53.2	33.3	13.5	46.8	100.0	2.5
성별									
남성	(260)	14.6	45.8	60.3	28.5	11.2	39.7	100.0	2.4
여성	(270)	7.4	39.0	46.4	37.9	15.7	53.6	100.0	2.6
권역									
도심권	(35)	8.8	49.6	58.3	30.9	10.8	41.7	100.0	2.4
동남권	(142)	13.2	40.0	53.3	31.0	15.7	46.7	100.0	2.5
동북권	(154)	9.3	46.1	55.5	30.5	14.0	44.5	100.0	2.5
서남권	(130)	12.9	36.0	48.9	40.4	10.7	51.1	100.0	2.5
서북권	(70)	6.8	46.8	53.6	31.9	14.5	46.4	100.0	2.5
고등학교 유형1									
일반고	(379)	10.4	42.5	52.9	34.2	12.9	47.1	100.0	2.5
자율고	(54)	10.1	50.1	60.2	31.6	8.1	39.8	100.0	2.4
특성화고	(62)	17.0	41.9	58.9	24.0	17.1	41.1	100.0	2.4
특수목적고	(35)	7.0	28.9	35.9	42.0	22.1	64.1	100.0	2.8
고등학교 유형2									
남녀 공학	(261)	9.6	47.1	56.7	31.1	12.1	43.3	100.0	2.5

	사례수(명)	① 매우 동의한다	② 동의한다	①+② 동의한다	③ 동의하지 않는다	④ 전혀 동의하지 않는다	③+④ 동의하지 않는다	계	평균
성별 분리	(269)	12.2	37.7	49.8	35.4	14.8	50.2	100.0	2.5
고등학교 학년									
1학년	(258)	11.4	43.5	54.9	31.5	13.6	45.1	100.0	2.5
2학년	(272)	10.4	41.2	51.6	35.0	13.4	48.4	100.0	2.5
고등학교 계열									
인문계열	(165)	11.0	41.9	53.0	33.2	13.8	47.0	100.0	2.5
자연계열	(251)	10.2	42.8	53.0	33.9	13.1	47.0	100.0	2.5
기타	(114)	12.3	41.8	54.1	32.0	13.9	45.9	100.0	2.5

[표 Q27_1A] 동의 정도 – 1. 모든 사람에게 소득이 평등하게 분배되는 사회가 공정하다

[Q27] 귀하는 다음 의견에 얼마나 동의하십니까?

단위: %, 점

	사례수(명)	① 매우 동의한다	② 동의한다	①+② 동의한다	③ 동의하지 않는다	④ 전혀 동의하지 않는다	③+④ 동의하지 않는다	계	평균
전체	(530)	6.5	23.8	30.3	49.1	20.6	69.7	100.0	2.8
■ 전체 ■ 성별									
남성	(260)	8.3	24.5	32.8	40.9	26.3	67.2	100.0	2.9
여성	(270)	4.8	23.1	27.9	57.0	15.0	72.1	100.0	2.8
권역									
도심권	(35)	0.0	40.8	40.8	59.2	0.0	59.2	100.0	2.6
동남권	(142)	8.6	20.4	29.0	42.9	28.1	71.0	100.0	2.9

동북권	(154)	6.4	22.5	28.9	51.0	20.1	71.1	100.0	2.9
서남권	(130)	6.3	24.7	30.9	47.5	21.6	69.1	100.0	2.8
서북권	(70)	6.2	23.5	29.6	55.8	14.6	70.4	100.0	2.8
고등학교 유형1									
일반고	(379)	7.6	24.4	32.0	47.6	20.4	68.0	100.0	2.8
자율고	(54)	4.9	15.0	19.9	51.7	28.3	80.1	100.0	3.0
특성화고	(62)	2.0	31.1	33.1	49.8	17.1	66.9	100.0	2.8
특수목적고	(35)	5.2	17.7	22.8	60.1	17.1	77.2	100.0	2.9
고등학교 유형2									
남녀 공학	(261)	4.9	24.3	29.1	48.8	22.1	70.9	100.0	2.9
성별 분리	(269)	8.1	23.4	31.4	49.4	19.1	68.6	100.0	2.8
고등학교 학년									
1학년	(258)	6.0	24.7	30.7	47.5	21.8	69.3	100.0	2.9
2학년	(272)	6.9	23.0	29.9	50.7	19.4	70.1	100.0	2.8
고등학교 계열									
인문계열	(165)	5.2	29.7	34.9	49.5	15.6	65.1	100.0	2.8
자연계열	(251)	7.5	19.5	27.0	47.3	25.7	73.0	100.0	2.9
기타	(114)	6.2	24.8	31.0	52.5	16.5	69.0	100.0	2.8

[표 Q27_2A] 동의 정도 - 2. 열심히 노력한 사람들이 남들보다 더 많은 소득을 가지는 사회는 공정하다

[Q27] 귀하는 다음 의견에 얼마나 동의하십니까?

단위: %, 점

전체	사례수 (명)	① 매우 동의한다	② 동의한다	①+② 동의한다	③ 동의하지 않는다	④ 전혀 동의하지 않는다	③+④ 동의하지 않는다	계	평균
■ 전체 ■	(530)	29.2	57.7	86.9	10.3	2.7	13.1	100.0	1.9
성별									
남성	(260)	34.2	51.2	85.5	11.6	2.9	14.5	100.0	1.8
여성	(270)	24.4	64.0	88.4	9.1	2.5	11.6	100.0	1.9
권역									
도심권	(35)	0.0	80.5	80.5	19.5	0.0	19.5	100.0	2.2
동남권	(142)	34.4	55.1	89.5	6.0	4.5	10.5	100.0	1.8
동북권	(154)	32.8	51.6	84.4	11.7	3.9	15.6	100.0	1.9
서남권	(130)	26.5	61.8	88.3	10.1	1.6	11.7	100.0	1.9
서북권	(70)	30.3	57.9	88.2	11.8	0.0	11.8	100.0	1.8
고등학교 유형1									
일반고	(379)	29.5	58.5	88.0	9.7	2.3	12.0	100.0	1.9
자율고	(54)	29.8	54.4	84.2	12.5	3.3	15.8	100.0	1.9
특성화고	(62)	30.6	52.5	83.1	15.0	1.9	16.9	100.0	1.9
특수목적고	(35)	22.3	64.2	86.5	5.1	8.4	13.5	100.0	2.0
고등학교 유형2									
남녀 공학	(261)	27.7	57.7	85.4	11.3	3.3	14.6	100.0	1.9

	사례수(명)	① 매우 동의한다	② 동의한다	①+② 동의한다	③ 동의하지 않는다	④ 전혀 동의하지 않는다	③+④ 동의하지 않는다	계	평균
성별 분리	(269)	30.7	57.8	88.5	9.4	2.2	11.5	100.0	1.8
고등학교 학년									
1학년	(258)	28.1	59.4	87.5	8.5	4.1	12.5	100.0	1.9
2학년	(272)	30.3	56.2	86.4	12.1	1.5	13.6	100.0	1.9
고등학교 계열									
인문계열	(165)	29.0	64.7	93.8	5.5	0.7	6.2	100.0	1.8
자연계열	(251)	32.3	54.5	86.8	9.3	3.4	13.2	100.0	1.8
기타	(114)	22.6	54.9	77.4	18.5	4.1	22.6	100.0	2.0

[표 Q27_3A] 동의 정도 - 3. 부자들에게 세금을 더 걷어서 가난한 사람들에게 분배하는 사회가 공정하다 [Q27] 귀하는 다음 의견에 얼마나 동의하십니까?

단위: %, 점

	사례수(명)	① 매우 동의한다	② 동의한다	①+② 동의한다	③ 동의하지 않는다	④ 전혀 동의하지 않는다	③+④ 동의하지 않는다	계	평균
전체 ■									
■ 전체 ■	(530)	14.7	51.8	66.6	27.3	6.1	33.4	100.0	2.3
성별									
남성	(260)	15.4	45.8	61.1	30.3	8.1	38.9	100.0	2.3
여성	(270)	14.2	57.7	71.8	23.9	4.2	28.2	100.0	2.2
권역									
도심권	(35)	10.8	40.8	51.7	39.5	8.7	48.3	100.0	2.5
동남권	(142)	16.8	52.8	69.6	19.5	10.8	30.4	100.0	2.2

청소년의 정치사회화

동북권	(154)	10.6	53.3	63.8	30.0	6.2	36.2	100.0	2.3
서남권	(130)	13.7	55.3	69.1	29.4	1.6	30.9	100.0	2.2
서북권	(70)	23.8	45.8	69.5	26.8	3.7	30.5	100.0	2.1
고등학교 유형1									
일반고	(379)	15.2	51.8	67.0	28.0	5.0	33.0	100.0	2.2
자율고	(54)	14.8	51.3	66.1	18.1	15.8	33.9	100.0	2.4
특성화고	(62)	13.4	56.7	70.1	26.2	3.7	29.9	100.0	2.2
특수목적고	(35)	12.0	44.5	56.4	35.2	8.4	43.6	100.0	2.4
고등학교 유형2									
남녀 공학	(261)	13.8	55.4	69.2	24.1	6.7	30.8	100.0	2.2
성별 분리	(269)	15.7	48.4	64.1	30.3	5.6	35.9	100.0	2.3
고등학교 학년									
1학년	(258)	16.5	48.8	65.3	28.7	5.9	34.7	100.0	2.2
2학년	(272)	13.1	54.7	67.8	25.9	6.3	32.2	100.0	2.3
고등학교 계열									
인문계열	(165)	17.0	55.0	72.0	23.9	4.1	28.0	100.0	2.2
자연계열	(251)	15.0	48.4	63.3	27.6	9.0	36.7	100.0	2.3
기타	(114)	11.0	55.0	65.9	31.4	2.6	34.1	100.0	2.3

[표 Q27_4A] 동의 정도 - 4. 가난하고 도움이 필요한 사람들을 국가가 나서서 돌보는 사회가 공정하다
[Q27] 귀하는 다음 의견에 얼마나 동의하십니까?

단위: %, 점

전체	사례수 (명)	① 매우 동의한다	② 동의한다	①+② 동의한다	③ 동의하지 않는다	④ 전혀 동의하지 않는다	③+④ 동의하지 않는다	계	평균
■ 전체 ■	(530)	25.7	60.6	86.3	10.9	2.8	13.7	100.0	1.9
성별									
남성	(260)	22.2	61.7	83.8	13.1	3.0	16.2	100.0	2.0
여성	(270)	29.2	59.5	88.7	8.7	2.6	11.3	100.0	1.9
권역									
도심권	(35)	10.8	69.6	80.4	19.6	0.0	19.6	100.0	2.1
동남권	(142)	27.4	53.6	81.0	12.2	6.8	19.0	100.0	2.0
동북권	(154)	25.1	64.8	89.8	7.5	2.6	10.2	100.0	1.9
서남권	(130)	29.7	59.9	89.6	9.5	0.9	10.4	100.0	1.8
서북권	(70)	23.7	62.5	86.2	13.8	0.0	13.8	100.0	1.9
고등학교 유형1									
일반고	(379)	26.9	60.7	87.7	9.6	2.8	12.3	100.0	1.9
자율고	(54)	21.4	63.7	85.1	13.2	1.7	14.9	100.0	2.0
특성화고	(62)	22.6	62.5	85.0	11.2	3.7	15.0	100.0	2.0
특수목적고	(35)	25.1	50.9	76.0	20.3	3.2	24.0	100.0	2.0
고등학교 유형2									
남녀 공학	(261)	21.7	64.6	86.3	10.9	2.8	13.7	100.0	2.0

	사례수(명)	① 매우 동의한다	② 동의한다	①+② 동의한다	③ 동의하지 않는다	④ 전혀 동의하지 않는다	③+④ 동의하지 않는다	계	평균
성별 분리	(269)	29.6	56.7	86.3	10.9	2.8	13.7	100.0	1.9
고등학교 학년									
1학년	(258)	22.9	62.7	85.6	10.7	3.8	14.4	100.0	2.0
2학년	(272)	28.4	58.6	87.0	11.1	1.9	13.0	100.0	1.9
고등학교 계열									
인문계열	(165)	29.1	63.7	92.8	6.6	0.6	7.2	100.0	1.8
자연계열	(251)	25.6	58.3	83.9	11.8	4.3	16.1	100.0	2.0
기타	(114)	21.1	61.2	82.2	15.1	2.6	17.8	100.0	2.0

[표 Q27_5A] 동의 정도 - 5. 가난한 사람들은 대부분 열심히 노력하지 않았기 때문에 가난한 것이다.
[Q27] 귀하는 다음 의견에 얼마나 동의하십니까?

단위: %, 점

	사례수(명)	① 매우 동의한다	② 동의한다	①+② 동의한다	③ 동의하지 않는다	④ 전혀 동의하지 않는다	③+④ 동의하지 않는다	계	평균
전체									
■ 전체 ■	(530)	5.9	25.1	31.0	38.9	30.1	69.0	100.0	2.9
성별									
남성	(260)	9.1	31.7	40.8	37.6	21.6	59.2	100.0	2.7
여성	(270)	2.8	18.8	21.6	40.2	38.2	78.4	100.0	3.1
권역									
도심권	(35)	0.0	49.6	49.6	20.0	30.4	50.4	100.0	2.8
동남권	(142)	11.2	22.3	33.6	37.6	28.8	66.4	100.0	2.8

동북권	(154)	3.7	24.5	28.2	42.2	29.6	71.8	100.0	3.0
서남권	(130)	6.1	22.8	28.9	40.2	31.0	71.1	100.0	3.0
서북권	(70)	2.5	24.3	26.7	41.2	32.1	73.3	100.0	3.0
고등학교 유형1									
일반고	(379)	5.9	23.5	29.4	41.2	29.4	70.6	100.0	2.9
자율고	(54)	5.0	31.9	36.9	36.1	27.0	63.1	100.0	2.9
특성화고	(62)	5.9	32.7	38.6	27.5	33.9	61.4	100.0	2.9
특수목적고	(35)	6.9	19.1	26.0	38.2	35.8	74.0	100.0	3.0
고등학교 유형2									
남녀 공학	(261)	4.9	25.9	30.9	39.1	30.0	69.1	100.0	2.9
성별 분리	(269)	6.8	24.3	31.1	38.7	30.1	68.9	100.0	2.9
고등학교 학년									
1학년	(258)	6.6	26.2	32.7	39.8	27.5	67.3	100.0	2.9
2학년	(272)	5.3	24.1	29.4	38.1	32.5	70.6	100.0	3.0
고등학교 계열									
인문계열	(165)	5.3	25.2	30.4	34.2	35.4	69.6	100.0	3.0
자연계열	(251)	6.6	24.7	31.3	42.0	26.7	68.7	100.0	2.9
기타	(114)	5.2	26.0	31.2	38.9	29.9	68.8	100.0	2.9

[표 Q28_1] 정부 책임 정도 - 1. 고소득층과 저소득층 사이의 소득 격차를 줄이는 것
[Q28] 귀하는 다음 사항에 대해 정부에게 얼마나 책임이 있다고 생각하십니까?

단위: %, 점

전체	사례수(명)	① 전적으로 책임이 있다	② 상당 부분 책임이 있다	①+② 책임이 있다	③ 일부만 책임이 있다	④ 책임이 없다	③+④ 책임이 없다	계	평균
■ 전체 ■	(1,058)	22.7	50.5	73.3	23.5	3.2	26.7	100.0	2.1
성별									
남성	(543)	20.1	46.6	66.7	28.4	4.9	33.3	100.0	2.2
여성	(515)	25.5	54.7	80.2	18.3	1.5	19.8	100.0	2.0
권역									
도심권	(87)	20.7	52.4	73.1	26.9	0.0	26.9	100.0	2.1
동남권	(264)	22.1	47.3	69.4	25.9	4.7	30.6	100.0	2.1
동북권	(300)	21.0	54.2	75.3	21.8	2.9	24.7	100.0	2.1
서남권	(292)	26.2	47.0	73.1	23.5	3.3	26.9	100.0	2.0
서북권	(115)	21.4	55.9	77.3	19.6	3.0	22.7	100.0	2.0
고등학교 유형1									
일반고	(773)	22.5	51.7	74.2	22.2	3.7	25.8	100.0	2.1
자율고	(87)	22.2	44.4	66.6	32.4	1.0	33.4	100.0	2.1
특성화고	(137)	17.8	53.9	71.8	25.7	2.5	28.2	100.0	2.1
특수목적고	(61)	37.9	36.7	74.6	22.6	2.8	25.4	100.0	1.9
고등학교 유형2									

	사례수(명)							계	평균
남녀 공학	(509)	23.2	49.5	72.7	23.3	4.0	27.3	100.0	2.1
성별 분리	(549)	22.3	51.5	73.8	23.6	2.6	26.2	100.0	2.1
고등학교 학년									
1학년	(476)	25.0	47.8	72.9	24.2	3.0	27.1	100.0	2.1
2학년	(582)	20.9	52.7	73.6	22.9	3.5	26.4	100.0	2.1
고등학교 계열									
인문계열	(342)	28.1	49.4	77.5	19.8	2.8	22.5	100.0	2.0
자연계열	(488)	20.4	53.4	73.8	23.3	2.9	26.2	100.0	2.1
기타	(228)	19.7	46.0	65.7	29.6	4.7	34.3	100.0	2.2

[표 Q28_2] 정부 책임 정도 – 2. 가난하고 도움이 필요한 사람들을 돌보는 것

[Q28] 귀하는 다음 사항에 대해 정부에게 얼마나 책임이 있다고 생각하십니까?

단위: %, 점

	사례수(명)	① 전적으로 책임이 있다	② 상당 부분 책임이 있다	①+② 책임이 있다	③ 일부만 책임이 있다	④ 책임이 없다	③+④ 책임이 없다	계	평균
전체									
■ 전체 ■	(1,058)	31.7	50.7	82.5	15.0	2.5	17.5	100.0	1.9
성별									
남성	(543)	25.7	51.9	77.5	19.2	3.3	22.5	100.0	2.0
여성	(515)	38.1	49.5	87.7	10.6	1.7	12.3	100.0	1.8
권역									
도시권	(87)	27.7	52.7	80.4	15.3	4.3	19.6	100.0	2.0

동남권	(264)	32.4	51.1	83.4	12.9	3.7	16.6	100.0	1.9
동북권	(300)	29.2	53.6	82.8	14.9	2.3	17.2	100.0	1.9
서남권	(292)	34.5	48.1	82.6	16.0	1.4	17.4	100.0	1.8
서북권	(115)	32.9	47.7	80.5	17.6	1.9	19.5	100.0	1.9
고등학교 유형1									
일반고	(773)	32.5	50.8	83.3	14.6	2.1	16.7	100.0	1.9
자율고	(87)	28.3	51.7	80.0	18.9	1.0	20.0	100.0	1.9
특성화고	(137)	24.2	55.3	79.5	17.3	3.3	20.5	100.0	2.0
특수목적고	(61)	43.7	38.6	82.4	9.6	8.0	17.6	100.0	1.8
고등학교 유형2									
남녀 공학	(509)	31.2	51.1	82.3	14.0	3.7	17.7	100.0	1.9
성별 분리	(549)	32.3	50.4	82.7	15.9	1.4	17.3	100.0	1.9
고등학교 학년									
1학년	(476)	33.1	49.3	82.5	14.6	2.9	17.5	100.0	1.9
2학년	(582)	30.6	51.9	82.5	15.3	2.2	17.5	100.0	1.9
고등학교 계열									
인문계열	(342)	35.4	50.8	86.2	13.5	0.3	13.8	100.0	1.8
자연계열	(488)	31.7	50.6	82.2	15.1	2.6	17.8	100.0	1.9
기타	(228)	26.4	51.0	77.5	16.9	5.6	22.5	100.0	2.0

[표 Q28_3] 정부 책임 정도 - 3. 모든 국민에게 경제적 안정과 적절한 생활수준을 보장하는 것

[Q28] 귀하는 다음 사항에 대해 정부에게 얼마나 책임이 있다고 생각하십니까?

단위: %, 점

		사례수 (명)	① 전적으로 책임이 있다	② 상당 부분 책임이 있다	①+② 책임이 있다	③ 일부만 책임이 있다	④ 책임이 없다	③+④ 책임이 없다	계	평균
전체	■ 전체	(1,058)	41.1	42.9	84.0	14.2	1.9	16.0	100.0	1.8
성별	남성	(543)	34.3	42.5	76.8	20.5	2.7	23.2	100.0	1.9
	여성	(515)	48.2	43.3	91.5	7.5	1.0	8.5	100.0	1.6
권역	도심권	(87)	31.2	53.3	84.5	15.5	0.0	15.5	100.0	1.8
	동남권	(264)	38.7	42.2	80.9	15.4	3.6	19.1	100.0	1.8
	동북권	(300)	41.0	44.7	85.7	12.6	1.7	14.3	100.0	1.8
	서남권	(292)	45.6	38.0	83.6	15.0	1.3	16.4	100.0	1.7
	서북권	(115)	42.7	44.1	86.8	12.2	1.0	13.2	100.0	1.7
고등학교 유형1	일반고	(773)	40.9	43.8	84.6	13.5	1.8	15.4	100.0	1.8
	자율고	(87)	37.7	43.6	81.3	17.6	1.0	18.7	100.0	1.8
	특성화고	(137)	40.5	40.3	80.8	17.5	1.7	19.2	100.0	1.8
고등학교 유형2	특수목적고	(61)	49.6	36.7	86.3	10.0	3.8	13.7	100.0	1.7

	사례수								계	
남녀 공학	(509)	39.6	44.2	83.8	14.0	2.2	16.2		100.0	1.8
성별 분리	(549)	42.5	41.7	84.1	14.3	1.6	15.9		100.0	1.8
고등학교 학년										
1학년	(476)	39.1	44.6	83.7	13.8	2.5	16.3		100.0	1.8
2학년	(582)	42.7	41.5	84.2	14.5	1.3	15.8		100.0	1.7
고등학교 계열										
인문계열	(342)	44.5	43.1	87.7	11.4	0.9	12.3		100.0	1.7
자연계열	(488)	37.5	45.6	83.1	15.1	1.8	16.9		100.0	1.8
기타	(228)	43.6	36.7	80.3	16.2	3.5	19.7		100.0	1.8

[표 Q29_N1] 향후 10년간 이루어야 할 중요한 국가목표 - 1순위

[Q29] 귀하가 생각할 때 향후 10년간 이루어야 할 국가목표 가운데 가장 중요한 것은 무엇입니까? 중요한 순서대로 2가지를 선택해 주십시오.

단위: %

	사례수 (명)	안보와 질서 유지	정치에 국민의견 반영 확대	경제성장과 물가상승 억제	언론과 표현의 자유 확대	계
전체						
■ 전체	(1,058)	27.6	17.6	48.6	6.1	100.0
성별						
남성	(543)	30.8	18.4	46.1	4.7	100.0
여성	(515)	24.3	16.8	51.2	7.6	100.0
권역						

도심권	(87)	22.8	22.8	50.1	4.3	100.0
동남권	(264)	28.6	17.5	49.9	4.0	100.0
동북권	(300)	29.0	16.9	47.8	6.3	100.0
서남권	(292)	26.2	14.7	50.5	8.7	100.0
서북권	(115)	29.4	23.7	41.7	5.2	100.0
고등학교 유형1						
일반고	(773)	27.8	17.2	49.3	5.7	100.0
자율고	(87)	27.8	22.9	42.2	7.1	100.0
특성화고	(137)	31.6	13.7	50.3	4.4	100.0
특수목적고	(61)	17.1	24.5	44.6	13.8	100.0
고등학교 유형2						
남녀 공학	(509)	29.6	18.4	46.0	6.0	100.0
성별 분리	(549)	25.8	17.0	51.0	6.3	100.0
고등학교 학년						
1학년	(476)	29.4	17.7	46.6	6.3	100.0
2학년	(582)	26.2	17.6	50.3	5.9	100.0
고등학교 계열						
인문계열	(342)	30.4	16.5	48.5	4.6	100.0
자연계열	(488)	27.4	17.7	49.8	5.1	100.0
기타	(228)	24.1	19.3	46.1	10.6	100.0

[표 Q29_N2] 향후 10년간 이루어야 할 중요한 국가목표 - 2순위

[Q29] 귀하가 생각할 때 향후 10년간 이루어야 할 국가목표 가운데 가장 중요한 것은 무엇입니까?
중요한 순서대로 2가지를 선택해 주십시오.

단위: %

	사례수 (명)	안보와 질서 유지	정치에 국민의견 반영 확대	경제성장과 물가 상승 억제	언론과 표현의 자유 확대	계
전체						
■ 전체 ■	(1,058)	25.8	29.6	32.7	12.0	100.0
성별						
남성	(543)	23.1	31.7	34.4	10.8	100.0
여성	(515)	28.6	27.4	30.9	13.2	100.0
권역						
도심권	(87)	23.2	35.2	34.4	7.2	100.0
동남권	(264)	27.1	28.4	32.0	12.6	100.0
동북권	(300)	21.6	31.0	34.3	13.1	100.0
서남권	(292)	27.8	31.5	30.7	10.0	100.0
서북권	(115)	30.4	19.6	33.8	16.2	100.0
고등학교 유형1						
일반고	(773)	26.1	29.8	32.1	12.0	100.0
자율고	(87)	27.6	23.6	36.6	12.2	100.0
특성화고	(137)	23.8	33.7	32.3	10.1	100.0
특수목적고	(61)	23.0	26.6	35.1	15.3	100.0
고등학교 유형2						

	사례수					계
남녀공학	(509)	26.7	27.5	33.2	12.6	100.0
성별 분리	(549)	24.9	31.6	32.1	11.3	100.0
고등학교 학년						
1학년	(476)	24.6	29.8	33.8	11.7	100.0
2학년	(582)	26.7	29.4	31.7	12.1	100.0
고등학교 계열						
인문계열	(342)	26.4	29.2	32.2	12.2	100.0
자연계열	(488)	25.4	31.2	32.3	11.1	100.0
기타	(228)	25.7	27.0	34.1	13.3	100.0

[표 Q30] 현재 가족이 속한 사회 계층

[Q30] 한국 사회의 최하층을 1로 하고 최상층을 10으로 한다면 현재 귀하의 가족은 어디에 속한다고 생각하십니까?

단위: %, 점

전체	사례수(명)	1 최하층	2	3	4	5	6	7	8	9	10 최상층	계	평균
■ 전체	(1,058)	0.8	0.8	5.7	11.9	24.2	23.5	19.2	9.3	2.5	2.1	100.0	5.8
성별													
남성	(543)	1.4	0.5	5.5	11.4	24.7	21.6	17.6	9.5	4.0	3.8	100.0	5.9
여성	(515)	0.2	1.2	5.8	12.4	23.6	25.5	20.9	9.1	0.9	0.4	100.0	5.7
권역													
도심권	(87)	4.6	0.0	12.7	10.8	15.1	22.3	19.1	8.1	3.5	3.7	100.0	5.6
동남권	(264)	0.4	0.4	4.1	6.8	18.6	20.8	25.7	15.2	3.9	4.0	100.0	6.4

청소년의 정치사회화

	(N)											계	평균
동북권	(300)	0.0	1.3	5.0	14.1	25.4	26.4	18.0	7.5	1.2	1.0	100.0	5.7
서남권	(292)	0.5	0.3	6.2	14.1	29.8	23.6	15.9	6.2	1.9	1.4	100.0	5.6
서북권	(115)	1.5	2.2	4.2	13.0	26.2	22.7	16.1	9.2	3.3	1.5	100.0	5.7
고등학교 유형1													
일반고	(773)	0.5	0.6	4.6	13.1	25.5	25.2	18.0	8.9	1.3	2.3	100.0	5.8
자율고	(87)	0.0	0.0	1.0	6.0	12.2	20.7	31.9	15.4	10.7	2.1	100.0	6.8
특성화고	(137)	2.9	2.4	12.8	13.5	24.5	18.7	14.5	6.3	2.5	1.6	100.0	5.3
특수목적고	(61)	1.0	1.0	9.9	1.1	23.3	16.9	26.5	12.8	5.7	1.9	100.0	6.1
고등학교 유형2													
남녀 공학	(509)	1.3	1.0	6.8	12.0	23.9	21.1	20.5	9.5	2.3	1.8	100.0	5.8
성별 분리	(549)	0.3	0.7	4.6	11.8	24.4	25.7	18.1	9.2	2.7	2.5	100.0	5.9
고등학교 학년													
1학년	(476)	0.5	0.8	5.7	10.7	21.4	23.8	19.9	12.0	3.2	2.0	100.0	6.0
2학년	(582)	1.0	0.8	5.6	12.8	26.5	23.2	18.7	7.2	1.9	2.2	100.0	5.7
고등학교 계열													
인문계열	(342)	0.0	1.4	6.1	13.4	27.4	23.0	17.8	7.9	1.4	1.7	100.0	5.7
자연계열	(488)	1.3	0.1	4.0	10.2	20.5	22.9	24.1	11.6	3.3	2.0	100.0	6.1
기타	(228)	0.8	1.4	8.6	13.3	27.2	25.5	10.9	6.7	2.6	3.1	100.0	5.6

[표 Q31] 부모님 나이가 되었을 때 속할 것으로 예상하는 사회 계층

[Q31] 한국 사회의 최하층을 1로 하고 최상층을 10으로 한다면 귀하가 부모님의 나이 정도가 되었을 때는 어디에 속할 것이라고 예상하십니까?

단위: %, 점

	사례수(명)	1 최하층	2	3	4	5	6	7	8	9	10 최상층	계	평균
■ 전체 ■ 전체	(1,058)	1.2	0.7	4.5	10.2	25.8	23.8	16.1	10.7	2.8	4.3	100.0	6.0
성별													
남성	(543)	1.4	0.4	3.9	9.2	25.4	22.9	16.5	11.3	2.8	6.2	100.0	6.1
여성	(515)	0.9	1.2	5.0	11.3	26.1	24.7	15.6	10.0	2.8	2.3	100.0	5.8
권역													
도심권	(87)	9.0	0.0	7.2	12.7	21.7	14.9	7.2	19.6	4.3	3.5	100.0	5.6
동남권	(264)	0.4	0.7	2.6	7.4	19.6	24.2	18.6	12.6	4.3	9.5	100.0	6.5
동북권	(300)	0.6	1.3	5.0	8.7	30.3	26.1	15.0	8.8	1.9	2.2	100.0	5.8
서남권	(292)	0.3	0.7	4.1	12.1	25.8	26.2	17.9	8.8	1.8	2.3	100.0	5.8
서북권	(115)	0.8	0.0	6.0	14.1	31.2	16.6	15.2	9.4	3.0	3.8	100.0	5.8
고등학교 유형1													
일반고	(773)	0.6	0.7	4.7	10.1	27.7	25.1	16.6	8.6	1.9	3.9	100.0	5.9
자율고	(87)	0.0	0.0	1.1	5.1	20.7	18.6	19.3	19.8	7.2	8.3	100.0	6.8
특성화고	(137)	5.7	1.6	5.9	13.7	24.1	23.1	10.1	11.5	0.9	3.4	100.0	5.5
특수목적고	(61)	0.0	0.0	2.8	11.7	11.8	15.2	18.1	22.5	12.0	5.9	100.0	6.8
고등학교 유형2													

	사례수												
남녀 공학	(509)	2.3	0.8	4.0	11.2	24.3	20.8	16.5	13.4	2.7	4.1	100.0	6.0
성별 분리	(549)	0.2	0.7	4.9	9.3	27.1	26.5	15.7	8.2	2.9	4.5	100.0	6.0
고등학교 학년													
1학년	(476)	1.6	1.0	3.4	11.6	24.1	22.8	16.2	12.4	3.2	3.7	100.0	6.0
2학년	(582)	0.8	0.5	5.3	9.1	27.1	24.6	16.0	9.2	2.4	4.8	100.0	5.9
고등학교 계열													
인문계열	(342)	0.3	1.4	6.7	8.9	28.2	22.3	17.9	9.4	1.6	3.4	100.0	5.8
자연계열	(488)	1.4	0.0	2.4	9.9	22.9	24.1	18.1	13.0	3.2	5.1	100.0	6.2
기타	(228)	2.1	1.4	5.5	12.9	28.1	25.4	8.9	7.6	3.8	4.2	100.0	5.7

[표 Q32] 경험한 고등학교 직책

[Q32] 귀하는 고등학교에서 아래 직책을 맡은 적이 있으십니까? 해당하는 직책을 모두 골라주십시오.

단위: %

전체	사례수(명)	전교학생회장/부회장	학급회장/부회장	동아리 회장	기타	해당 사항 없음
■ 전체	(1,058)	8.3	41.7	30.0	6.4	41.9
성별						
남성	(543)	9.9	41.7	27.6	5.9	43.4
여성	(515)	6.5	41.7	32.5	6.9	40.3
권역						
도심권	(87)	13.9	37.1	35.0	10.6	37.4

	(N)					
동남권	(264)	7.4	36.5	29.7	6.8	44.6
동북권	(300)	8.7	45.8	32.4	5.0	40.8
서남권	(292)	5.9	44.0	28.1	5.8	40.8
서북권	(115)	10.9	40.3	25.3	7.4	44.6
고등학교 유형1						
일반고	(773)	6.1	38.6	28.7	5.9	45.3
자율고	(87)	12.1	48.3	38.0	12.6	28.7
특성화고	(137)	11.4	44.9	24.8	5.1	43.4
특수목적고	(61)	22.7	63.9	46.8	6.5	13.9
고등학교 유형2						
남녀공학	(509)	10.0	42.9	28.3	6.3	43.1
성별 분리	(549)	6.6	40.5	31.5	6.4	40.8
고등학교 학년						
1학년	(476)	9.9	41.5	26.4	6.6	41.9
2학년	(582)	6.9	41.8	32.9	6.2	41.9
고등학교 계열						
인문계열	(342)	6.8	36.9	25.7	7.0	49.9
자연계열	(488)	8.8	46.0	31.7	7.0	37.7
기타	(228)	9.4	39.5	32.5	4.2	39.0

[표 Q33] 학교생활에서 전교/학급 학생회의 영향

[Q33] 귀하는 전교 또는 학급 학생회와 같은 조직이 학생들의 학교생활에 얼마나 영향을 미친다고 생각하십니까?

단위: %, 점

		사례수(명)	① 매우 영향이 있다	② 조금 영향이 있다	①+② 영향이 있다	③ 별로 영향이 없다	④ 전혀 영향이 없다	③+④ 영향이 없다	계	평균
전체	■ 전체 ■	(1,058)	17.4	49.3	66.7	27.5	5.9	33.3	100.0	2.2
성별	남성	(543)	14.3	45.3	59.6	31.2	9.1	40.4	100.0	2.4
	여성	(515)	20.6	53.5	74.1	23.5	2.4	25.9	100.0	2.1
권역	도심권	(87)	15.6	39.0	54.6	41.7	3.7	45.4	100.0	2.3
	동남권	(264)	13.3	51.5	64.8	27.5	7.7	35.2	100.0	2.3
	동북권	(300)	19.9	49.0	68.9	25.5	5.6	31.1	100.0	2.2
	서남권	(292)	18.1	50.5	68.6	26.1	5.3	31.4	100.0	2.2
	서북권	(115)	19.7	49.6	69.3	25.2	5.6	30.7	100.0	2.2
고등학교 유형1	일반고	(773)	14.7	51.2	65.9	28.2	5.9	34.1	100.0	2.3
	자율고	(87)	24.0	45.6	69.5	22.2	8.3	30.5	100.0	2.2
	특성화고	(137)	25.5	42.5	68.0	27.7	4.3	32.0	100.0	2.1
	특수목적고	(61)	23.4	46.0	69.4	25.1	5.5	30.6	100.0	2.1
고등학교 유형2										

	사례수							계	
남녀 공학	(509)	17.9	47.0	64.9	2E.0	6.1	35.1	100.0	2.2
성별 분리	(549)	16.9	51.4	68.3	2E.1	5.6	31.7	100.0	2.2
고등학교 학년									
1학년	(476)	17.8	48.8	66.6	2E.7	4.7	33.4	100.0	2.2
2학년	(582)	17.0	49.7	66.7	2E.5	6.8	33.3	100.0	2.2
고등학교 계열									
인문계열	(342)	15.4	52.5	67.9	27.1	5.0	32.1	100.0	2.2
자연계열	(488)	18.8	47.3	66.1	27.3	6.6	33.9	100.0	2.2
기타	(228)	17.3	48.7	65.9	2E.4	5.6	34.1	100.0	2.2

[표 Q34] 일반사회 과목 학습 경험

[Q34] 귀하는 고등학교에서 '일반사회(정치와 법, 사회문화, 경제)'에 해당하는 과목을 배운 적이 있습니까?

단위: %

	사례수(명)	두 과목 이상 배웠다	한 과목 배웠다	배운 적이 없다	계
전체					
■ 전체	(1,058)	23.5	33.7	42.8	100.0
성별					
남성	(543)	22.1	32.8	45.1	100.0
여성	(515)	25.0	34.6	40.4	100.0
권역					
도시권	(87)	19.8	27.4	52.8	100.0

동남권	(264)	21.3	31.1	47.6	100.0
동북권	(300)	22.7	38.1	39.2	100.0
서남권	(292)	24.9	35.1	40.0	100.0
서북권	(115)	30.2	29.0	40.8	100.0
고등학교 유형1					
일반고	(773)	22.2	31.7	46.1	100.0
자율고	(87)	28.3	26.1	45.7	100.0
특성화고	(137)	27.2	44.8	28.0	100.0
특수목적고	(61)	26.1	44.1	29.8	100.0
고등학교 유형2					
남녀 공학	(509)	25.3	35.1	39.6	100.0
성별 분리	(549)	21.9	32.3	45.8	100.0
고등학교 학년					
1학년	(476)	24.0	31.0	45.0	100.0
2학년	(582)	23.1	35.8	41.0	100.0
고등학교 계열					
인문계열	(342)	37.4	34.6	27.9	100.0
자연계열	(488)	16.0	27.2	56.8	100.0
기타	(228)	18.9	46.0	35.1	100.0

[표 Q35] 현재 우리나라 국회의원 중 여성수
[Q35] 현재 우리나라 국회의원 중 여성수는 몇 명입니까?

단위: %

	사례수(명)	100명	200명	300명	400명	500명	모르겠다	계
전체	(1,058)	6.3	16.6	50.4	6.7	2.4	17.6	100.0
■ 전체								
성별								
남성	(543)	7.1	16.4	51.7	5.6	2.3	17.0	100.0
여성	(515)	5.5	16.8	49.1	7.9	2.5	18.2	100.0
권역								
도심권	(87)	12.4	15.0	45.8	4.3	3.7	18.8	100.0
동남권	(264)	6.2	14.2	54.2	4.8	2.1	18.4	100.0
동북권	(300)	5.8	15.5	49.2	8.3	1.7	19.5	100.0
서남권	(292)	4.2	21.5	52.5	5.6	3.5	12.8	100.0
서북권	(115)	8.6	13.6	43.3	11.2	1.5	21.8	100.0
고등학교 유형1								
일반고	(773)	5.9	17.3	50.4	6.5	3.0	16.8	100.0
자율고	(87)	3.1	12.2	62.5	4.9	0.0	17.3	100.0
특성화고	(137)	10.8	11.7	38.1	9.6	1.6	28.2	100.0
특수목적고	(61)	5.7	24.5	61.2	4.7	0.0	3.9	100.0
고등학교 유형2								
남녀 공학	(509)	5.9	15.5	48.9	7.5	3.2	18.9	100.0

구분	사례수(명)	3년	4년	5년	6년	7년	모르겠다	계
	(549)	6.7	17.6	51.8	5.9	1.7	16.3	100.0
고등학교 학년								
1학년	(476)	5.5	16.6	53.1	6.0	2.5	16.2	100.0
2학년	(582)	7.0	16.6	48.2	7.2	2.4	18.7	100.0
고등학교 계열								
인문계열	(342)	5.9	14.6	56.4	6.0	2.9	14.2	100.0
자연계열	(488)	6.0	17.7	52.0	6.9	2.2	15.3	100.0
기타	(228)	7.7	17.3	38.0	7.4	2.2	27.5	100.0

[표 Q36] 현재 우리나라 대통령 임기
[Q36] 현재 우리나라 대통령의 임기는 몇 년입니까?

단위: %

구분	사례수(명)	3년	4년	5년	6년	7년	모르겠다	계
■ **전체** ■	(1,058)	2.3	25.8	68.3	1.4	0.3	2.0	100.0
성별								
남성	(543)	2.7	24.1	68.5	2.0	0.6	2.2	100.0
여성	(515)	1.8	27.6	68.0	0.7	0.0	1.8	100.0
권역								
도심권	(87)	8.1	25.4	57.5	4.6	0.0	4.3	100.0
동남권	(264)	2.1	23.6	68.7	2.6	0.0	3.1	100.0

동북권	(300)	2.2	27.0	69.2	0.3	0.0	1.3	100.0
서남권	(292)	0.7	27.9	69.4	0.6	0.4	0.9	100.0
서북권	(115)	2.2	22.7	70.3	0.7	1.7	2.2	100.0
고등학교 유형1								
일반고	(773)	1.7	25.3	70.0	1.0	0.1	1.9	100.0
자율고	(87)	0.0	25.1	72.8	2.1	0.0	0.0	100.0
특성화고	(137)	7.4	28.8	53.9	3.8	1.7	4.5	100.0
특수목적고	(61)	1.1	26.8	72.1	0.0	0.0	0.0	100.0
고등학교 유형2								
남녀 공학	(509)	2.7	23.2	69.6	1.6	0.6	2.3	100.0
성별 분리	(549)	1.9	28.2	67.1	1.2	0.0	1.7	100.0
고등학교 학년								
1학년	(476)	2.2	24.0	69.3	2.0	0.4	2.0	100.0
2학년	(582)	2.3	27.2	67.5	0.8	0.2	2.0	100.0
고등학교 계열								
인문계열	(342)	0.8	25.8	70.9	1.7	0.0	0.8	100.0
자연계열	(488)	1.9	26.5	70.8	0.2	0.2	0.4	100.0
기타	(228)	5.3	24.2	59.0	3.4	0.9	7.2	100.0

[표 Q37A] 대통령 탄핵 최종 결정 기구
[Q37] 다음 중 대통령의 탄핵을 최종 결정하는 기구는 어디입니까?

단위: %

	사례수(명)	국회	대법원	헌법재판소	중앙선거관리위원회	모르겠다	계
전체	(530)	14.3	18.0	55.0	3.1	9.6	100.0
■ 전체 ■							
성별							
남성	(260)	10.8	16.6	60.5	4.8	7.2	100.0
여성	(270)	17.7	19.2	49.7	1.4	11.9	100.0
권역							
도서권	(35)	32.5	0.0	58.8	8.7	0.0	100.0
동남권	(142)	13.1	16.6	57.4	3.3	9.5	100.0
동북권	(154)	12.9	20.2	54.8	2.4	9.8	100.0
서남권	(130)	13.4	17.6	52.3	2.2	14.5	100.0
서북권	(70)	12.7	25.5	53.9	2.9	5.1	100.0
고등학교 유형1							
일반고	(379)	12.6	20.0	56.4	2.0	9.0	100.0
자율고	(54)	13.2	11.6	64.7	5.6	4.9	100.0
특성화고	(62)	24.9	11.4	34.0	9.5	20.2	100.0
특수목적고	(35)	15.9	16.9	62.0	0.0	5.2	100.0
고등학교 유형2							
남녀 공학	(261)	15.6	17.7	52.2	4.0	10.6	100.0

	사례수(명)						계
성별 분리	(269)	13.1	18.3	57.7	2.3	8.7	100.0
고등학교 학년							
1학년	(258)	14.0	15.8	57.5	2.9	9.9	100.0
2학년	(272)	14.6	20.1	52.5	3.3	9.4	100.0
고등학교 계열							
인문계열	(165)	12.5	18.8	59.2	1.1	8.4	100.0
자연계열	(251)	12.4	17.0	60.4	3.7	6.4	100.0
기타	(114)	21.2	18.8	37.1	4.5	18.4	100.0

[표 Q38A] 현재 존재하지 않는 정당
[Q38] 다음 중 현재 존재하지 않는 정당은 무엇입니까?

단위 : %

	사례수(명)	더불어민주당	국민의힘	정의당	기본소득당	통합진보당	모르겠다	계
전체								
■ 전체 ■	(530)	0.7	0.8	4.7	38.4	43.5	11.9	100.0
성별								
남성	(260)	1.5	1.0	4.9	37.9	45.4	9.3	100.0
여성	(270)	0.0	0.7	4.5	38.9	41.5	14.4	100.0
권역								
도심권	(35)	0.0	0.0	0.0	37.5	51.7	10.8	100.0
동남권	(142)	0.7	1.1	6.7	37.1	40.1	14.3	100.0

	(N)							
동북권	(154)	0.0	1.2	6.2	41.6	42.8	8.1	100.0
서남권	(130)	0.7	0.0	0.7	38.7	45.4	14.6	100.0
서북권	(70)	2.9	1.3	7.0	33.7	43.9	11.2	100.0
고등학교 유형1								
일반고	(379)	0.7	0.7	4.9	37.4	45.6	10.6	100.0
자율고	(54)	0.0	1.6	5.1	53.2	31.9	8.2	100.0
특성화고	(62)	1.8	0.0	0.0	35.7	38.8	23.7	100.0
특수목적고	(35)	0.0	1.8	10.0	30.8	46.6	10.7	100.0
고등학교 유형2								
남녀 공학	(261)	0.8	0.6	4.9	36.4	44.6	12.7	100.0
성별 분리	(269)	0.7	1.0	4.4	40.3	42.4	11.2	100.0
고등학교 학년								
1학년	(258)	0.4	1.0	4.8	38.4	43.0	12.4	100.0
2학년	(272)	1.1	0.6	4.6	38.4	43.9	11.5	100.0
고등학교 계열								
인문계열	(165)	0.5	1.1	5.1	31.2	50.9	11.2	100.0
자연계열	(251)	1.2	0.8	4.4	43.2	41.7	8.7	100.0
기타	(114)	0.0	0.6	4.7	38.1	36.6	20.1	100.0

[표 Q39A] 선출직 공무원

[Q39] 다음 중 선출직 공무원, 즉 선거로 선출되는 공무원은 누구입니까?

단위: %

		사례수(명)	감사원장	대법원장	중앙선거관리위원장	서울시교육감	헌법재판소장	모르겠다	계
전체		(530)	4.4	7.7	14.7	39.7	7.7	25.8	100.0
■ 전체 ■									
성별	남성	(260)	5.5	9.3	16.7	35.2	8.8	24.4	100.0
	여성	(270)	3.4	6.1	12.7	44.0	6.6	27.2	100.0
권역	도심권	(35)	0.0	8.7	22.5	59.7	9.2	0.0	100.0
	동남권	(142)	4.7	9.0	11.8	40.9	10.9	22.7	100.0
	동북권	(154)	3.7	6.8	15.4	34.4	9.3	30.4	100.0
	서남권	(130)	7.3	5.7	14.1	39.3	4.0	29.7	100.0
	서북권	(70)	2.5	10.0	16.1	39.9	3.8	27.8	100.0
고등학교 유형1	일반고	(379)	4.9	6.3	14.4	39.0	8.7	26.7	100.0
	자율고	(54)	5.1	15.6	14.7	38.1	1.6	24.8	100.0
	특성화고	(62)	1.9	9.6	17.9	33.7	5.8	31.2	100.0
	특수목적고	(35)	3.1	6.8	11.7	61.1	8.8	8.5	100.0
고등학교 유형2	남녀 공학	(261)	3.7	8.4	13.1	41.6	7.3	25.9	100.0

	(N)							
성별 분리	(269)	5.1	6.9	16.2	37.9	8.0	25.8	100.0
고등학교 학년								
1학년	(258)	5.9	7.5	13.9	39.6	8.0	25.2	100.0
2학년	(272)	3.1	7.8	15.4	39.9	7.4	26.4	100.0
고등학교 계열								
인문계열	(165)	3.3	5.7	19.0	46.8	6.9	18.2	100.0
자연계열	(251)	5.2	8.7	12.9	37.8	8.7	26.7	100.0
기타	(114)	4.4	8.2	12.2	33.6	6.6	35.0	100.0